北京第二外国语学院校级精品教材

成 本 会 计 学

代冰彬　陈咏英　主编

南开大学出版社
天　津

图书在版编目(CIP)数据

成本会计学 / 代冰彬,陈咏英主编. —天津:南开大学出版社,2015.12
ISBN 978-7-310-05009-3

Ⅰ.①成… Ⅱ.①代… ②陈… Ⅲ.①成本会计—教材 Ⅳ.①F234.2

中国版本图书馆 CIP 数据核字(2015)第 255319 号

版权所有　侵权必究

南开大学出版社出版发行
出版人:孙克强
地址:天津市南开区卫津路 94 号　邮政编码:300071
营销部电话:(022)23508339　23500755
营销部传真:(022)23508542　邮购部电话:(022)23502200

*

天津市蓟县宏图印务有限公司印刷
全国各地新华书店经销

*

2015 年 12 月第 1 版　　2015 年 12 月第 1 次印刷
210×148 毫米　32 开本　8.875 印张　253 千字
定价:24.00 元

如遇图书印装质量问题,请与本社营销部联系调换,电话:(022)23507125

前 言

本书充分考虑了当前我国会计制度的变革以及企业成本会计实践的需求，融合了西方国家成本会计教材的先进成果，无论在内容还是形式上，都进行了一些新的尝试。

本书作为成本会计的一本入门教材，尽最多的笔墨讲述了成本会计学的基本原理。对成熟的理论作了系统讲述，让读者能够系统学习成本会计的理论知识，同时本书内容紧跟我国会计准则与会计法规的新变化，每一章的知识链接都会涉及中西方会计理论和实践的最新发展，让读者了解并掌握成本会计的前沿内容。为了能让读者带着问题阅读每一章的内容，我们在每章的篇首，用一个小例子将本章的主要内容引出。我们还在每章的后面安排了案例题与练习题，使读者学习完每一章内容之后，能够通过这些习题使相关知识得以巩固与加深。

本书对成本会计进行了全面系统地阐述，内容丰富，通俗易懂，适用于开设成本会计的本、专科教材，以及作为经济管理类人员在职培训的教材和自学参考书。

本书由代冰彬和陈咏英主编。具体的写作分工为：第一章至第七章由代冰彬执笔，第八章至第十一章由陈咏英执笔。初稿完成后，由代冰彬进行了统一定稿。

由于编者水平有限，书中难免存在一些不妥之处以及尚未发现的错误，请广大读者批评指正。

目 录

前　言 ··· 1
第一章　总　论 ··· 1
　　导入案例 ··· 1
　　本章引言 ··· 2
　　第一节　成本的含义与作用 ··· 2
　　第二节　成本会计的产生和发展 ··· 5
　　第三节　成本会计的职能和任务 ··· 9
　　第四节　成本会计工作的组织 ·· 12
　　　知识链接 ··· 14
　　　案例讨论 ··· 17
　　　练习题 ·· 17
第二章　成本核算的要求和一般程序 ·· 18
　　导入案例 ·· 18
　　本章引言 ·· 19
　　第一节　制造业成本核算概述 ·· 19
　　第二节　生产费用的分类 ··· 23
　　第三节　成本对象及成本分配 ·· 26
　　第四节　产品成本核算的一般程序 ····································· 28
　　　知识链接 ··· 35
　　　案例讨论 ··· 37
　　　练习题 ·· 38

第三章　要素费用的归集和分配 ······ 39
　　导入案例 ······ 39
　　本章引言 ······ 40
　第一节　材料费用的归集和分配 ······ 40
　第二节　燃料及动力费用的归集和分配 ······ 48
　第三节　职工薪酬的归集和分配 ······ 51
　第四节　折旧费用的归集和分配 ······ 59
　第五节　其他费用的归集和分配 ······ 61
　　知识链接 ······ 62
　　案例讨论 ······ 65
　　练习题 ······ 65

第四章　辅助生产费用的归集和分配 ······ 67
　　导入案例 ······ 67
　　本章引言 ······ 67
　第一节　辅助生产费用的归集 ······ 68
　第二节　辅助生产费用的分配 ······ 70
　　知识链接 ······ 80
　　案例讨论 ······ 83
　　练习题 ······ 83

第五章　制造费用的归集和分配 ······ 85
　　导入案例 ······ 85
　　本章引言 ······ 86
　第一节　制造费用的归集 ······ 86
　第二节　制造费用的分配 ······ 87
　　知识链接 ······ 94
　　案例讨论 ······ 97
　　练习题 ······ 97

第六章　生产损失的归集和分配 ······ 99
　　导入案例 ······ 99
　　本章引言 ······ 99

第一节　废品损失的归集和分配……………………………………100
　　第二节　停工损失的归集和分配……………………………………105
　　　　知识链接………………………………………………………107
　　　　案例讨论………………………………………………………109
　　　　练习题…………………………………………………………110
第七章　完工产品成本和在产品成本核算……………………………111
　　　　导入案例………………………………………………………111
　　　　本章引言………………………………………………………112
　　第一节　在产品及其数量的核算……………………………………112
　　第二节　生产费用在完工产品和在产品之间分配…………………114
　　第三节　完工产品成本核算…………………………………………128
　　　　知识链接………………………………………………………129
　　　　案例讨论………………………………………………………131
　　　　练习题…………………………………………………………132
第八章　产品成本计算的基本方法——品种法和分批法……………133
　　　　导入案例………………………………………………………133
　　　　本章引言………………………………………………………133
　　第一节　生产特点和管理要求对产品成本计算的影响……………134
　　第二节　产品成本计算的品种法……………………………………136
　　第三节　产品成本计算的分批法……………………………………151
　　　　知识链接………………………………………………………162
　　　　案例讨论………………………………………………………164
　　　　练习题…………………………………………………………165
第九章　产品成本计算的基本方法——分步法………………………167
　　　　导入案例………………………………………………………167
　　　　本章引言………………………………………………………167
　　第一节　分步法的特点与逐步结转分步法…………………………168
　　第二节　平行结转分步法……………………………………………180
　　　　知识链接………………………………………………………190
　　　　案例讨论………………………………………………………192

练习题 ································· 192
第十章　产品成本计算的辅助方法 ··············· 195
导入案例 ································ 195
本章引言 ································ 195
第一节　产品成本计算的分类法 ················· 196
第二节　产品成本计算的定额法 ················· 210
知识链接 ······························ 227
案例讨论 ······························ 229
练习题 ······························· 229
第十一章　成本报表与成本分析 ················ 231
导入案例 ································ 231
本章引言 ································ 231
第一节　成本报表 ························· 232
第二节　成本分析 ························· 245
知识链接 ······························ 272
案例讨论 ······························ 275
练习题 ······························· 275

第一章 总 论

导入案例

2011年12月,继雀巢宣布其上海冰淇淋工厂停产后,达能成为又一在沪停产的国际食品企业。

资料显示,这家在上海的酸奶厂,是达能在全国仅有的两个酸奶厂之一,主要负责生产"达能"牌乳酸菌饮料。它原属于妙士乳业,2007年底达能收购了该公司之后,认为其厂房、设备均不达标,并投资高达8亿元对工厂进行了改造。有知情人士透露,截至达能公开宣布该工厂停工,达能上海的酸奶工厂,仅仅投产数个月,且并未全部开工。

随着达能和雀巢的停工,以及百事可乐早先将其装瓶厂换购给康师傅控股,食品制造企业在中国地区的接连"撤退",均是巧合吗?

世界银行相关数据显示,随着成本上升,食品饮料行业面临更大的竞争压力,从2010年6月至2011年2月,农产品价格增长了45%。而相比中国的竞争对手,外资食品厂商在用地、税收、补贴等政策支持上,并无优势。同时在物流和渠道建设上,也无法做到像中资企业那样大面积布局。因此外资食品企业的成本,普遍要高于中资食品企业。一个显而易见的案例就是,蒙牛和光明有自己的牧场,他们原奶的收购价格就要比达能低不少。这让达能在价格战中,并不占优。

广州奶协理事长王丁棉表示,近年来,国内食品企业在资金规模、成本控制、渠道建设甚至技术上都达到和超过了外资食品企业。随着光明、蒙牛等中资乳企大举进军高附加值的酸奶领域,这给了达能巨大的压力。为了保证市场地位,达能不得不加入了残酷的价格战,这让达能的经营开始出现困境，甚至出现了亏本。而在连年的亏本下，达能最终"壮士断臂"，决心将上海的酸奶厂关闭。①

本章引言

成本作为企业价值创造的源泉，是企业产生利润的驱动力，任何一个企业的成功，都离不开成本会计。成本会计不仅能够提供产品、服务和客户等方面的成本信息，而且能够为管理者计划、控制和决策提供信息。因此，正确认识成本会计在企业管理中的地位和作用，对于提高企业经营管理、增强经济效益具有非常重要的意义。

通过本章学习，要求学生：
- 了解成本会计的含义和作用
- 掌握费用、成本概念的内在联系
- 了解成本会计的产生与发展
- 理解成本会计的职能与任务
- 了解成本会计工作的组织

第一节 成本的含义与作用

一、成本的概念

成本作为一个价值范畴，从概念上说有广义和狭义之分。广义上，成本是指为实现一定目的而耗费的人力、物力、财力的货币表现。按其是否实际被耗用，广义成本可分为未耗成本与已耗成本。未耗成本是指为了获得未来收入而发生的暂时没有耗用的支出，一般形成企业的资产；已耗成本是指为了获得当期收益而发生的已经耗用的支出，它形成企业的费用，应由当期的收入来补偿。

本书所谈的产品成本是狭义的成本概念，是指制造业为生产一定种

---

① 改编自陶斯然. 达能酸奶上海停产：外资食品制造商成本之重. 21世纪经济报道, 2011-12-13.

类和一定数量的产品所发生的各种耗费的货币表现。企业生产产品必然要耗费材料、支付生产工人的工资、发生机器设备的耗费等各项费用，把这些费用对象化到所生产的产品身上，就形成了产品成本。

马克思在《资本论》中，从耗用和补偿两个方面对产品成本进行了论述：从耗用的角度看，成本是产品生产中所消耗的物化劳动和活劳动中必要劳动的价值（即 C+V 部分），它是成本最基本的经济内涵，也称理论成本；从补偿的角度看，成本是补偿产品生产中资本消耗的价值尺度，它是成本最直接的表现形式。成本是已耗费而又必须在价值或实物上得到补偿的支出。这就意味着作为成本的耗费应该是有偿的。企业发生的耗费一旦无法得到补偿，就形成了损失。

在实际工作中，为了促使企业加强经济核算，节约资源耗费，减少生产损失，加强成本管理，对一些不形成产品价值的损失性耗用，如废品损失、停工损失等，也列入产品成本。同时为了简化成本核算工作，对于难以按产品归集的某些属于 C（生产中消耗的生产资料价值）或 V（劳动者为自己劳动创造的价值）的耗费，作为期间费用直接计入当期损益。因此，企业实际生产经营成本的构成和范围由国家通过有关法规制度来界定，与理论成本有一定差别。

二、支出、费用和成本的关系

支出、费用、成本是三个不同的概念，它们之间既有联系又有区别。正确区分成本与费用、支出是成本会计的重要前提。

支出是指一定期间内企业的资源因消耗或偿付等原因而流出企业，从而导致企业经济资源总量的减少。支出一般强调现金的流出，即现金支出。企业支出主要包括经营性支出、非经营性支出和偿付性支出。经营性支出是指企业为日常经营活动而发生的支出，可分为资本性支出和收益性支出：资本性支出是指某项效益及于多个会计年度（或多个营业周期）的支出，如企业购置固定资产的支出；收益性支出是指某项效益及于本会计年度（或一个营业周期）的支出，如企业购买材料、支付工资的支出。非经营性支出是指企业发生的与生产经营无直接关系的各项支出，如支付的各种罚款。偿付性支出是指企业为了偿还债务而发生的支出。其中，偿付性支出和非经营性支出与企业的生产经营无关，不能转化为费用；资本性支出在整个受益期内分期转入费用；收益性支出在发生时全部转作费用。从范围来看，支出大于费用，但费用并不完全包含在支出之内，有些费用并不一定要发生现金支出。

费用是指企业在一定周期内为生产经营活动所发生的各种耗费。费用强调的是企业一定期间内资源的耗费，不强调是否真正有现金支出。费用一般指的是生产经营费用，包括生产费用和经营管理费用。生产费用是指企业为生产产品所发生的耗费；经营管理费用主要是指管理费用、销售费用、财务费用。从范围来看，费用大于成本。

成本是指为生产一定种类和数量的产品所发生的各种生产耗费。产品成本与生产费用密切相关，与经营管理费用无关。生产费用是产品成本计算的基础，成本计算是将生产费用分配于各对象的过程，成本就是生产费用对象化之后的结果。因此，成本强调的是生产对象，费用强调的是期间。本期的产品生产成本包含本期的生产费用，也可能包含上期的生产费用。

三、成本的作用

成本的经济内涵，决定了成本在经济工作中具有重要作用，主要体现在以下几方面：

（一）成本是补偿企业生产耗费的尺度

企业为了保证再生产的持续进行，必须对生产耗费，即资金耗费进行补偿。成本是企业产品生产要素消耗量的货币表现。借助成本指标，可以明确揭示企业为生产产品所实际耗费的资本的数量，从而为企业维持简单再生产提出资金补偿的标准。因此，成本是衡量补偿份额大小的尺度，按照这个尺度补偿生产中的资本耗费，企业简单再生产才能顺利进行。同时，成本也是企业确定经营损益的重要依据，企业的生产耗费需用自身的销售收入来补偿。只有抵补了生产经营过程中发生的耗费后，企业才有可能盈利。

（二）成本是制定产品价格的基础

产品价格是产品价值的货币表现。企业在制定产品价格时，需要遵循价值规律的要求,使价格大体与产品价值相符。而在产品价值无法直接计算的情况下,只能通过产品成本间接地反映产品价值水平,并进而根据市场供求关系、国家经济政策等其他有关的定价因素制定产品的价格。成本作为价值构成的主要组成部分,是制定价格的底线。只有当销售价格高于产品成本时,企业才能盈利,这是企业发展的基本前提。

(三)成本是衡量企业经营管理水平的重要标志

成本指标直接反映成本水平的高低,并反映企业的生产经营情况和管理水平的优劣。劳动生产率的高低、原材料的利用程度、固定资产的使用效率、产品设计的好坏、生产工艺的合理程度、产品质量的优劣、产品产量的大小、生产和劳动组织等都会在成本中直接或间接地表现出来。因此,成本作为衡量企业工作质量的综合指标,始终是企业核算和管理的重要内容。

(四)成本是企业经营决策的重要参考

企业的任何生产经营决策,其最终目标都是提高经济效益,这就必然涉及"所得"与"所耗"的比较,而"所耗"即成本费用。在市场经济条件下,市场竞争在很大程度上就是价格竞争,产品成本作为价格的主要组成部分,其高低是决定企业有无竞争能力的关键,因此价格的竞争,实质上是成本费用的竞争。任何企业进行重大经营决策时,都要运用有关成本数据,分析和比较决策方案的经济效益,以便选择最优方案。值得注意的是,现实成本数据只能作为决策的参考。因为在产品质量和数量、管理水平及技术水平等诸多因素的影响下,成本是动态变化的,所以在对未来经营进行决策时,应在现实成本的基础上正确预测成本变动趋势。

第二节 成本会计的产生和发展

成本会计是随着经济社会的发展而逐渐产生和发展起来的,其成本计算方法与理论体系也经历了不同的发展阶段。

一、早期成本会计阶段

伴随着中世纪意大利的文艺复兴，当地的工商业也得到了发展，资本主义性质的简单协作和手工业工场已经出现。而手工业工场则是产生成本会计的摇篮。到了16世纪中叶，手工业工场得到进一步发展，行会势力也进一扩大，经济发展的影响力随之扩大到整个欧洲。而商业和银行业的发展促进了会计记录方式发生变革，于是复式记账应运而生。最早意大利佛罗伦萨市的梅蒂奇（Medici）家族在1553年建立毛纺业制造毛衣料，开始应用了成本明细分类账，并以此算出一个经营期内全部织物的利润。当时虽然开始计算成本，但由于都是外部加工，不用机械设备，所以间接成本往往忽略不计。虽然梅蒂奇（Medici）的会计记录还称不上是成本会计，但已经极为接近，这时成本会计已经开始萌芽。

18世纪中期英国爆发工业革命，标志着资本主义工场手工业向机器大工业迈进，促进生产与经营向社会化与规模化的方向发展，工厂制度开始建立，许多企业大批量生产产品以满足市场需求并达到规模经济效益，从而促使许多市场交易转到企业内部完成。在这种背景下，为满足定价、计算盈亏的需要，开始出现了简单的成本会计。企业主设计了一些指标，如工时成本，以及分步成本计算法、分批成本计算法，用来确定企业中间产品和最终产品的各种成本。到了19世纪，随着英国工业革命的完成，机器化生产代替了手工劳动，企业规模不断扩张，需要投入大量资金购置生产设备，致使折旧费用大幅增长，加之生产工艺的日趋复杂以及产品品种的多样化，使得间接费用的分配成为企业成本计算的一大难题。同时，由于企业间竞争日益加剧，企业管理中需要提供比较准确的成本数据，为了满足对成本信息的需求和企业管理的需要，成本计算由统计核算逐步纳入复式账簿系统，成本核算与会计核算逐步结合，成本记录与会计记录开始趋于一体化，从而形成了真正意义上的成本会计。

可见，成本会计体系产生的直接动因实际上是产业革命，以及随之而来的大生产方式和工厂制度。该阶段的成本会计取得了长足的发展，但其目的仅局限于对生产过程中的生产消耗进行系统的汇聚和计算，以确定存货成本和销货成本，采用的计算方法也主要是比较传统的分批法和分步法，实质上还是以记录为主的成本会计。

二、近代成本会计阶段

进入 20 世纪，科技迅速发展，企业管理也面临越来越高的要求。以泰勒为代表的科学管理学派对成本会计的发展产生了深刻的影响。美国会计学家提出的标准成本制度在企业中得到了应用。标准成本法的出现使成本计算方法和成本管理方法发生了巨大变化，成本会计进入了一个新的发展阶段。实施标准成本管理，使成本会计的职能扩大了，不但有事后的成本计算，还需要事前制定标准成本，成本会计成为管理成本和降低成本的有力工具。

与此同时，预算控制作为科学管理制度的另一方面也被引进成本会计体系中，预算控制的初始，是采用固定预算方法，即根据预算期间某一业务量（如产量）计划水平来确定其相应的预算数。但是，由于产量变动使预算数和实际数无法比较，影响了预算控制的实际效果。到了 1928 年，美国一些会计师和工程师根据成本和产量的关系，提出了分别制定弹性预算和固定预算的方法。所谓弹性预算是根据计划期内可以预见某一业务量的各种水平来确定相应的预算标准，使间接费用实际数同计划数更具有可比性的预算。这样，企业预算可以合理地控制不同属性的费用支出，有助于正确考核经营者的工作业绩。

至此，成本会计的应用范围也从原来的工业企业扩大到各种行业，并深入应用到企业内部的各个主要部门，并将成本核算与成本预算、成本控制等内容纳入成本管理中。美国尼科尔森和罗尔巴克合写的《成本会计》以及陀尔著的《成本会计原理和实务》等书，使成本会计成为一门独立的学科。

三、现代成本会计阶段

到了 20 世纪 50 年代，西方国家的经济进入了新的发展时期。一方面资本高度集中，跨国公司大量出现，企业规模日益扩大，生产经营日趋多元化；另一方面，在战争中发展起来的军用科学技术向民用工业转移,新产品不断涌现。在激烈的市场竞争面前,企业为了适应社会化大生产的客观要求,管理方法也在不断发展。随着管理的现代化,运筹学、系统工程和电子计算机等各种科学技术在成本会计中得到广泛应用,从而使成本会计发展到一个新的阶段,即成本会计的发展重点已经由如何对成本进行事中控制、事后计算转移到如何进行预测、决策和规划成本,形成了新的以管理为主的现代成本会计。

现代成本会计更加重视成本的管理,通过作业基础成本,使成本计算与成本控制有机地结合起来。同时成本控制与责任会计相辅相成,逐渐开始按照成本责任中心进行成本控制和成本考核。

20世纪80年代以来,随着计算机与网络的快速发展,生产方式的改变,产品生命周期的缩短,大大改变了产品成本结构,传统的大批量和标准化生产向小批量和个性化产品发展,从而迫使企业成本管理的理念发生巨大变化。成本管理从单纯的生产经营过程管理扩展到包括顾客需求及所有产品设计制造环节的生命周期管理。因此,成本管理逐渐过渡到由市场为导向的、以用户满意为目标的管理。成本会计的作用也得到了极大拓展,成为为企业提供战略管理信息的系统,因此战略成本管理开始成为成本会计实践中不可或缺的内容。

四、成本会计、管理会计与财务会计的关系

随着成本会计发展成为一个相对完整的理论和方法体系之后,其学科定位也备受关注。会计体系主要分为财务会计和管理会计两类。财务会计主要服务于投资者、债权人、政府机构等,其主要目的是发挥会计信息的社会职能,关注会计过去发生的经营活动;管理会计主要服务于企业内部管理人员,其主要目的是协助实现组织目标,管理会计强调未来,除提供历史报告外,还提供预算和其他预测信息。

成本会计是财务会计和管理会计的混合物,是计算及提供成本信息的会计方法。早期,成本会计主要服务于对外报告所需的销货成本和存货成本等信息,因此主要隶属于财务会计体系。近年来,随着竞争的加剧和企业管理会计的提升,企业内部管理对成本信息的需求越来越高,成本会计越来越多地服务于企业内部管理。因此,成本会计是既为财务

会计服务又为管理会计服务的一门相对独立的学科。

第三节 成本会计的职能和任务

一、成本会计的职能

成本会计的职能,是指成本会计作为一种管理经济的活动,在生产经营过程中所能发挥的作用。由于现代成本会计越来越多地服务于管理会计,因此,成本会计实际上包括了成本管理的事前、事中和事后的各个环节。现代成本会计的主要职能如下:

(一)成本预测

成本预测是指根据与成本有关的各种数据及其各种技术经济因素的依存关系,采用一定的程序、方法和模型,对未来的成本水平及其变化趋势作出科学的推测。通过成本预测,可以减少经营活动的盲目性,有利于选择最优方案,挖掘降低成本、费用的潜力。

(二)成本决策

成本决策是指在成本预测的基础上,按照既定或要求的目标,运用专门的方法,在若干个与经营活动成本有关的方案中,选择最优方案,据以制定目标成本。成本决策对于促进企业正确地制定成本计划、提高经济效益具有十分重要的意义。

(三)成本计划

成本计划是指根据成本决策所制定的目标成本,具体规定在计划期内为完成经营任务所需支出的成本、费用,确定各个成本对象的成本水平,并提出为达到成本水平所应采用的各种措施。成本计划是降低成本、费用的具体目标,也是进行成本控制、成本分析和成本考核的依据。

(四)成本控制

成本控制是指在经营活动过程中,根据成本计划具体制定原材料、燃料、动力和工时等消耗定额和各项费用定额,对各项实际发生的成本、费用进行审核、控制，并及时反馈实际费用与标准之间的差异及其原因，进而采取措施，以保证成本计划执行的一系列活动。通过成本控制，可以防止和克服生产经营过程中的损失和浪费现象，有利于实现预期的成本目标，并不断降低成本。

（五）成本核算

成本核算是对经营活动过程中实际发生的成本、费用按照一定的对象和标准进行归集和分配，并采用适当的成本计算方法，计算出各该对象的总成本和单位成本的活动。成本核算是对成本计划的执行结果，即成本控制结果的事后反映，成本核算还可以为制定产品价格提供依据。

（六）成本分析

成本分析是根据成本核算所提供的成本数据和其他有关资料，通过与本期计划成本、上年同期实际成本、本企业历史先进成本水平以及国内外先进企业的成本水平等进行比较，分析成本水平及构成的变动情况，研究成本变动的因素和原因，挖掘降低成本潜力的活动。通过成本分析，可以为成本考核提供依据，为未来成本的预测和决策，以及制定新的成本计划提供资料。

（七）成本考核

成本考核是指企业将计划成本或目标成本指标进行分解，制定企业内部的成本考核指标，分别下达给各内部责任单位，明确他们在完成成本指标时的经济责任，并定期对成本计划执行结果进行评定和考核。通过成本考核可以评价各责任单位成本管理的业绩，并根据成本考核的结果进行奖惩，以充分调动企业员工执行成本计划、提高经济效益的积极性。

二、成本会计的任务

根据我国现代经济发展的需要，成本会计的根本任务是促进企业尽可能节约生产经营过程中物化劳动和活劳动的消耗，不断提高经济效益。成本会计的具体任务主要包含以下四个方面：

（一）及时、正确地进行成本核算，为企业的经营管理提供有用信息

进行产品成本核算，是成本计算的基础。企业只有快速、正确地计

算产品成本，及时提供成本信息，才能保证盈亏计算和存货计价的正确性，有效地考核成本计划的完成情况，为成本的预测、决策和成本目标的规划，以及财务报表的编制提供成本信息。为此，企业要严格遵守成本开支范围规定，依据会计准则、企业会计制度和成本管理规定的有关要求，根据企业生产特点采用相应的成本计算方法，正确、及时地计算产品成本，这也是做好成本会计工作的最基本要求。

（二）加强成本预测，优化成本决策，确立目标成本

做好成本预测和决策工作，是成本会计适应社会生产发展而承担的新任务。成本预测和成本决策有着密切联系，加强成本预测是优化成本决策的前提，而优化成本决策是加强成本预测的结果。把二者有机地结合起来，可为企业挖掘降低成本的潜力、提高企业经济效益指明方向。开展成本预测，不仅要进行成本预测，而且要在产品投产前进行预测，要拥有充分的资料，并采用科学的计算方法，提高成本预测的准确程度。进行成本决策，要收集有关信息资料，通过经济评价，合理判断，作出正确决策，决策的结果必须是经济上合理、技术上先进、资源上充足，并有具体行动规划做保证。

（三）制定目标成本，实施成本控制

目标成本是企业在一定时期内为保证实现目标利润而制定的成本控制指标。目标成本制定的正确与否，直接影响着成本控制的有效性。因此，目标成本的制定，必须以可靠的数据为依据，必须切实可行，既能激发员工的积极性，又是经过主观努力可以实现的。这样制定的目标才能真正起到成本控制的作用。成本控制是目标成本的实施过程，可以促进目标成本更好地实现。成本控制是在目标成本分解的基础上进行的。实施成本控制，必须对目标成本的分解指标进行归口分级控制，以产品成本形成的全过程为对象，结合生产经营各阶段的特点进行有效控制，从人力、物力和财力的使用效果出发，立足于成本效益的提高。

（四）考核成本计划的完成情况，开展成本分析

按照成本计划对企业完成情况进行考核，是成本会计一项重要工作。通过成本考核，可以分清责任，正确评价企业以及企业内部各有关单位在成本管理工作中的业绩。同时，成本分析是在成本考核的基础上

进行的，通过成本考核，将实际成本与计划成本、上期实际成本等进行对比，可以确定差异，分析原因，以便采取相应措施，减少不必要的不利差异，增加有利差异，保证成本目标的实现。

第四节 成本会计工作的组织

一、成本会计机构

企业的成本会计机构，是在企业中直接从事成本会计工作的机构。成本会计机构的设置应该考虑企业规模的大小、内部成本管理的要求以及企业的管理体制。大中型企业可在会计部门中单设成本会计科或成本会计组，小型企业可在会计部门中指定专人负责成本会计工作。另外，供、产、销等其他职能部门和生产车间，也可根据需要设置成本会计组或专职的成本核算人员。

企业内部各级成本会计机构之间的组织分工，有集中工作和分散工作两种方式。

集中工作方式，是指成本会计工作中的核算、分析等工作，集中在厂部成本会计机构进行；车间等其他单位的成本会计机构或人员只负责原始记录的登记、原始凭证的填制以及初步审核、整理及汇总，为厂部成本会计机构进一步工作提供资料。在该方式下，车间等其他单位大多只配备专职或兼职的成本会计人员。但是，这种工作方式不便于企业内部从事生产经营的有关单位和职工及时掌握本单位的成本信息，影响其关心成本管理业绩的积极性，也不利于成本控制和成本责任制的实施。

分散工作方式，亦称非集中工作方式，是指成本会计工作中核算和分析等方面的工作，由车间等其他单位的成本会计机构或人员分别进行。企业内部根据管理需要分级设置成本核算单位，各级成本核算单位配备核算人员，对本单位发生的成本进行明细核算，并编制日常管理所需的成本报表；厂部会计部门则负责对各级核算单位成本会计工作的指导、监督和考核，处理不便于分散进行的成本会计工作，如汇总产品的成本、进行成本的综合分析等。但是,这种工作方式不便于厂部成本会计机构及时掌握企业整体的成本会计信息。

企业采用哪一种工作方式,应根据企业的规模大小和经营管理水平来决定。一般而言,大中型企业规模较大,组织结构复杂,为保证各级各部门进行成本控制的积极性,一般采用分散工作方式;小型企业规模较小,为提高成本会计工作的效率,可采用集中工作方式。

二、成本会计制度

成本会计制度是组织和从事成本会计工作必须遵守的规范,是会计法规和制度的重要组成部分。正确地制定和执行成本会计制度,是保证成本会计信息质量,满足企业管理需要的重要条件。

成本会计工作需要遵循的主要法规和制度有:《中华人民共和国会计法》《企业会计准则》《企业财务通则》《企业会计制度》等。此外,各企业还应根据上述各种法规和制度,结合本企业生产经营的特点和管理要求,具体制定本企业的成本会计制度、规程和办法。

以制造业企业为例,成本会计制度一般应包括以下几方面的内容:
(1) 关于成本预测和决策的制度;
(2) 关于成本定额制定和成本计划编制的制度;
(3) 关于成本控制的制度;
(4) 关于成本核算的制度;
(5) 关于成本报表的制度;
(6) 关于成本分析的制度;
(7) 关于企业内部价格制定和结算制度;
(8) 关于成本考核标准的制度;
(9) 其他有关成本会计的制度。

制定成本会计制度时,有关人员应进行广泛深入的调查工作,在反复试点的基础上进行成本会计制度的制定工作。成本会计制度一经确定,就应贯彻执行。但随着经济环境的变化和企业的发展,成本会计制度也要随之进行相应的修订和完善,以保证成本会计制度的科学性和先进性。

知识链接

优秀的成本管理不仅不会对利润构成影响，而且更有利于未来的稳定收益。成本是价值创造的源泉，也是产生收入的驱动力，资源以成本形式完成价值创造，而成本管理则是为了最大化和高效率利用组织资源而进行的管理行为。

1. 成本管理的三个阶段

我国企业的成本管理理论基本上完全引自苏联的体制，然后是对西方先进成本管理理论方法的学习与实践。概括而言，大约可以划分为三个阶段，即计划经济时代的成本管理阶段、市场经济时代的成本核算管理阶段和现代成本管理的萌芽阶段。前两阶段的管理手段都是成本核算，侧重于事后控制，以算代管；到了现代成本管理萌芽阶段，各种先进管理思维和成本管理手段大量涌入，并与企业管理现状产生巨大的冲突，表现为一种变革中的融合趋势。

但是，由于我国经济发展极度不平衡，从整体来看，只有少部分企业采用了一些新的成本管理方法，如标准成本法、目标成本法、ABC 作业成本法、BSC 平衡计分卡和 SCM 战略成本管理等，但所占的比重实在是太小了，不能成为中国企业成本管理的主流。绝大多数企业（尤其是私营和民营企业）连成本核算管理都不完善，更多小企业的成本管理和控制还是一团散沙，根本没有建立起自己的作业体系。所以，中国企业的成本管理现状从总体来看仍然处于传统的管理阶段，与国际现代成本管理的方法和模式差距很大。

2. 简单化误区

很多企业管理者都错误地认为成本管理就是成本核算，甚至以片面追求成本控制为主要目标，其实成本核算只是成本管理工作的一部分，单纯控制成本并不是可取的。单纯地追求削减成本，一般简单的做法都会考虑降低原材料的购进价格或档次，或者减少单一产品的物料投入（偷料），或者考虑降低工艺过程的工价。把成本的降低作为唯一目标，并不能够成为一个企业真正的核心竞争力，也不能使一个企业在市场竞争中长治久安。

整体而言，我国的成本管理有以下几大误区：

(1) 秋后算账，亡羊补牢

有很多企业管理者，一谈到成本就往产品和单位成本上去想。无论是核算还是分析，在管理实践中主要也是抓产品成本，主要研究的对象也是产品成本。这种方法最大的弊端就是事后控制，忽视了对成本的预先控制和发生过程的控制，最多只能是亡羊补牢，对本期所发生的成本没有任何可以挽回的余地。事实上成本是从作业流程中来的，产品消耗作业，作业消耗资源。如果不去关注产生成本的过程，那么产品成本信息的准确性是让人质疑的。

(2) 拆东墙补西墙，顾此失彼

很多企业没有把成本管理看成一个系统而全面实施控制，想起什么就管什么，采购成本高就控制采购成本，生产成本高就控制生产成本，拆了东墙补西墙，结果走进了顾此失彼的误区。比如，某企业制定了原材料消耗定额，但未制定原材料储备定额，结果控制住了原材料的消耗，却多占用了储备资金，既损失机会成本又损失了利息。

企业最好是用系统的管理思想，建立一个行之有效的成本管理体系，实行全面的成本管理与控制，从思想上、行为上、组织上、立法上、资源上、活动上、方法上全面提升成本保证能力，从根本上消除"顾此失彼"的现象并持续保持，实现企业利润的最大化。

(3) 花钱的人多管钱的人少

大多数企业都有一个共同的现象，那就是只依靠财务人员去管理成本，其他职能部门和人员都没有成本管理的职责，这样就进入了单纯依靠财务管理成本的误区。

成本管理是一项跨职能的工作，设计、开发、采购、生产、销售和服务等过程的运作都会发生成本。财务人员由于受专业的限制，对其他业务和作业流程不一定了解和熟悉，只能对一部分过程进行管理和控制，不能深入到所有过程和整个系统中，导致出现管理盲区。

所以，应该教育各级员工都应具有成本管理的职责和意识，只有全员、全面和全过程地去管理和控制才能最终实现降低成本的目的。

(4) 运动式管理

很多企业在成本管理过程中，只考虑如何降低成本，忽视了降低后的保持。导致这种现象的原因除了与中国特色的运动式管理思维有关外，还与企业的自身素质有关，没有形成节省成本和控制成本的企业文化，企业领导对成本的认识有局限，企业内部的许多部门和单位的人员甚至还排斥成本管理，加之多年来企业内部缺少成本和成本管理方面的教育和培训，成本管理队伍始终没有建立起来，导致了想管也没有人会管的局面。

成本无时不刻不在发生，对成本的控制和管理也应该是不间断的、持续的，不但要降低成本，还要保持住已降低的成本水平，只有保持住已降低的成本水平，降低成本的工作才有意义，成本管理的结果才能实现预期的目标。

3. 尊重成本

从工业学大庆开始，到学邯钢经验，中国的企业不断在加强企业成本管理意识，几乎所有的企业都认识到降低成本消耗的重要性，但是成本控制并不意味着缩减一切开支，因为有些开支是为企业带来利润的必要成本。低成本战略的管理实质就是高效率对资源的合理利用和组合，而不是无限度压榨资源。

我们对企业进行管理，从某种意义上来看就是对资源的管理，企业的效益也就是资源有效性的体现，而有效性最终体现在消耗的降低上。因此，对成本的尊重必须贯穿企业的管理始终，探求资源配置的有效性。

一个企业可以依据自己的产品进行资源组合。在生产过程中，企业消耗了可见的原材料和不可见的人力、智力等，而成本则是一种衡量资源消耗数量的尺度。成本领先是格外依赖于先发制人策略的一种战略，要想有长期效果，就只能从战略的高度来实施成本控制。

——周攀峰. 成本绝技：成本信仰的中国再造式. 中国商业评论，2005（7）.

案例讨论

华软公司 9 月份购买一台全新设备，支出 50 万元，为购买该设备支付增值税 8.5 万元。该设备预计使用年限为 10 年，净残值为 0。支付公司行政人员薪酬共 117.5 万元，生产管理人员工资 11.5 万元；支付广告费 50 万元，销售人员差旅费 5 万元；支付运动会赞助费 20 万元，被行政罚款 10 万元。本月折旧费 50 万元，其中公司管理部门 15 万元，车间 35 万元。本月应交所得税 20 万元；应分配给投资人利润 20 万元；生产领用材料 300 万元；购进材料 500 万元，款项已支付。

讨论一下华软公司 9 月份的支出、费用、生产费用和产品成本各有哪些？

练习题

1. 成本的含义是什么？与费用、支出有什么区别？
2. 成本会计的职能有哪些？试述各职能之间的关系。
3. 成本会计的任务有哪些？
4. 企业内部成本会计机构之间的组织分工有哪两种方式？这两种方式各有什么优缺点？

第二章 成本核算的要求和一般程序

导入案例

2005年7月7日,欧盟对原产于中国的皮鞋进行反倾销立案调查。巴西被选择作为市场经济国家替代中国。中国涉案金额高达6.7亿美元,涉案企业达1200多家。2006年10月6日,欧盟对此案做出肯定性终裁:对中国企业征收9.7%~16.5%的反倾销税,为期2年。2008年10月3日,欧盟对原产于中国的皮鞋进行反倾销日落复审立案调查。2009年12月30日,欧盟委员会对原产于中国的皮鞋做出反倾销日落复审终裁,决定继续对中国企业征收16.5%的反倾销税,有效期为15个月。2011年,欧委会发布公告,宣布针对自中国进口的皮鞋的反倾销措施于2011年3月31日正式终止。

关贸总协定将倾销定义为:一国产品以低于该产品正常价值销往另一国,以至于实质损害进口国的某一产业。因此,比较出口产品的正常价值与出口价格是确定倾销行为的基础。正常价值的确定可以采用以下方法:(1)国内市场的可比价格;(2)第三国市场的可比价格;(3)原产国的生产成本加管理、销售和一般费用及利润(SA&G)。

在本案例中,欧盟并未承认中国的市场经济体制,在计算"正常价值"时拿巴西作为第三方的替代国,来推算出我国皮鞋的"正常价值"。但是,巴西与中国虽同为"金砖四国",但在劳动力成本、制鞋的工艺与技术以及制鞋企业的规模等方面有着巨大的差距,所以造成在巴西生产一双皮鞋的成本远远超过在中国制鞋的成本。因此,企业正确核算产成品成本和涉案分摊的SA&G是个关键的问题。在本案例中,涉案企业高达1200多家,但是绝大多数的企业是民营企业,他们大多是小型企业,建账不全，成本核算过程混乱的现象很普遍，这也给反倾销应诉带来了很大的问题。①

本章引言

成本核算是成本管理工作的重要组成部分，其核算的正确与否直接影响着企业成本预测、计划、分析、考核、改进、实施等控制工作。如实反映企业在生产过程中的各种耗费，并进行及时的信息反馈，成本核算能影响企业的利润、资金周转和销售经营，降低企业业务风险，促进企业的持续稳定发展。

通过本章的学习，要求学生：
- 了解成本核算的基本要求
- 掌握成本费用的分类方法
- 理解成本对象及成本分配方法
- 了解成本核算的一般程序

第一节 制造业成本核算概述

一、成本核算的含义

成本核算是对企业生产经营过程中生产费用的发生和产品成本的形成所进行的核算。成本核算既是成本会计的核心内容，也是成本会计的基本环节。

成本核算首先要对各项生产费用进行审核和控制，以便剔除不符合成本开支范围的费用；然后根据应计入产品成本的生产费用的用途和地点加以归集和分配，计算产品的总成本和单位成本。可见，成本核算实际上包括生产费用核算和产品成本计算两个相互联系的基本环节。

生产费用核算是运用专门的账户，核算和监督在一定时期内耗费了

---

① 改编自张嘉羚，王甜甜. 中国遭遇反倾销中的会计成本核算问题研究——以欧盟对中国皮鞋反倾销案为例. 企业导报，2012（7）.

哪些费用,并按其经济内容的性质或发生的地点加以归集和分配。它是产品成本计算的前提,是整个成本核算的基础环节。

产品成本计算是运用专门的方法,将列入产品成本的各项费用,按一定标准和方法,在各成本计算对象之间以及某一成本计算对象的完工产品和在产品之间进行分配,以得到各种产品的总成本和单位成本。它是伴随生产费用的核算同时进行的,是生产费用的对象化过程,是整个成本核算的关键环节。

二、成本核算的基本要求

(一)算管结合,算为管用

成本核算应当与企业经营管理相结合,所提供的成本信息应当满足企业经营管理和决策的需要。成本核算不仅要对各项费用支出进行事后的核算,提供事后的成本信息,而且应加强对各项费用支出的事前、事中的审核和控制,并及时进行信息反馈。

因此,成本核算首先要以国家有关的法规、制度为依据,对企业的各项费用进行审核,判断是否应该计入产品成本;其次应根据企业成本计划和相应的消耗定额,对各项费用的发生情况,以及费用脱离定额(或计划)的差异进行日常的计算和分析,及时进行反馈。属于不合法、不合理、不利于提高经济效益的超支、浪费或损失,应予以制止;属于定额(或计划)不符合实际情况造成的差异,要按规定程序予以修订。

(二)正确划分各种费用支出的界限

为了保证产品成本的客观准确,进行成本核算时,必须正确划分以下五个方面的费用界限。

1. 正确划分生产经营管理费用与其他支出的界限

划清生产经营管理费用支出与其他支出的界限,其目的是为了正确计算资产的价值和正确计算各期的产品成本及损益。如果把资本性支出列作生产经营管理费用支出,将会导致少计算资产价值,多计算当期费用,其结果是当期营业净收益减少;反之,则可能多计资产价值,少计当期费用,导致当期营业收益增加。不论是何种情况,所提供的会计信息都未能反映客观实际,不利于产品成本的准确计算和企业的成本管理工作。

2. 正确划分生产费用与期间费用的界限

企业发生的费用，并不都是成本费用。在产品制造业中，生产一定种类和数量的产品而发生的材料耗费、工资薪酬等生产费用应计入产品成本。产品成本要在产品生产（或劳务提供）完毕并在收入实现以后才转化为费用，计入企业的损益。

为销售产品而发生的产品销售费用、为管理和组织企业生产经营活动而发生的管理费用，以及为筹集资金而发生的财务费用均是在经营过程中发生的，与产品生产无直接关系，因而作为期间费用直接计入当期损益，从当期利润中扣除。为正确计算产品成本，必须分清哪些支出属于产品的生产费用，哪些应作为期间费用，防止混淆两者的界限，将某些期间费用计入生产费用，或者将产品的生产费用计入期间费用，借以调节各期产品成本和各期损益的错误做法。

3. 正确划分各月份的生产费用和期间费用界限

为了按月分析和考核产品成本，正确计算各期的损益，必须将已发生的费用，在各个月份之间进行正确划分。企业应严格地把握应付费用和预付费用的摊提标准，防止任意摊提，人为地调节各个期间的成本、费用和人为调节各期损益的错误做法。

4. 正确划分各种产品的生产费用界限

为了便于分析和考核不同产品的成本计划执行情况，对于应计入产品成本的生产费用，还必须划清不同产品之间的费用界限。属于某种产品单独耗用的直接费用，应直接计入各种产品的成本；属于应由几种产品共同负担的间接费用，应选择合理的分配方法，分别计入这几种产品的成本，以正确反映各种产品的成本水平。与此同时，还应特别注意划清盈利产品、可比产品与不可比产品之间的费用界限，防止在盈利产品与亏损产品、可比产品与不可比产品之间任意调节成本费用、虚报产品成本、掩盖利润的错误做法。

5. 正确划分完工产品与在产品的生产费用界限

期末，如果某种产品都已完工，其各项生产费用之和就是该产品的完工成本；如果某种产品都未完工，其各项生产费用之和就是该产品的期末未完工成本；如果某种产品部分完工，部分未完工，就需要采用适当的分配方法，将该成本对象应负担的生产费用在完工产品与在产品之间进行分配，分别计算出完工产品成本与在产品成本。

以上五个方面费用界限的划分过程，也是归集生产费用和计算产品生产成本的过程。

（三）正确确定财产物资的计价和价值结转方法

制造业企业拥有的财产物资，绝大部分是生产资料，其价值要随着生产经营的耗用，陆续转入产品成本和期间费用。因此，这些财产物资的计价和价值结转的方法，也会影响成本费用。

企业财产物资计价和价值结转方法主要包括：固定资产原值的计算方法、折旧方法、折旧率的种类和高低；固定资产修理费用是否采用待摊或预提方法以及摊提期限的长短；材料成本的组成内容、材料按实际成本进行核算时发出材料单位成本的计算方法、材料按计划成本进行核算时材料成本差异率的种类等；固定资产与低值易耗品的划分标准；低值易耗品和包装物价值的摊销方法、摊销率的高低及摊销期限的长短等。为了正确计算成本，对于各种财产物资的计价和价值的结转，应严格执行国家统一的会计制度。各种方法一经确定，应保持相对稳定，不能随意改变，以保证成本信息的可比性。

（四）做好各项基础工作

在进行成本核算时，各项基础工作对于正确计算产品成本起着重要的作用。成本核算的基础工作主要包括以下几项内容：做好定额的制定和修订工作；建立和健全材料物资的计量、收发、领退和盘点制度；建立和健全原始记录工作；做好厂内计划价格的制定和修订工作。

（五）适应生产特点和管理要求，采用适当的成本计算方法

企业在进行成本核算时，要考虑到企业生产特点和组织管理的要求，选择适合本企业的成本计算方法。产品的生产工艺过程和生产组织不同，企业的管理要求不同，产品成本计算方法也应有所不同。在同一个企业里，可以采用一种成本计算方法，也可同时采用多种成本计算方法。成本计算方法一经选定，一般不应经常变动。企业只有按照产品生产特点和管理要求，选择适当的成本计算方法，才能准确及时地为成本管理提供产品成本信息。

第二节 生产费用的分类

为了科学地进行成本核算和管理,必须对企业的各种成本费用进行合理的分类。制造业企业发生的费用可按不同的标准分类,其中最基本的分类是按费用的经济内容和经济用途进行分类。

一、按经济内容分类

企业为进行正常的生产经营活动,必然发生许多费用。具体按照其经济内容可划分为:劳动对象消耗的费用、劳动手段消耗的费用和活劳动消耗的费用。这三类可以称为企业费用的三大要素。为了便于反映要素费用与成本项目之间的关系,可将要素费用划分为单一要素费用和综合要素费用。

(一)单一要素费用

单一要素费用是指只含单一要素的费用,具体可分为以下八项:

1. 外购材料,指企业从外部购入的一切原料及主要材料、半成品、辅助材料、修理用备件、包装物和低值易耗品等。

2. 外购燃料,指企业耗用的从外部购入的各种燃料,包括固体、液体、气体燃料。从理论上说,应该包括在外购材料里,但由于燃料是重要资源,因此单独核算。

3. 外购动力,指企业耗用的从外部购入的各种动力,如电力、热力等。

4. 工资,指企业生产经营人员的工资、津贴、补贴、奖金等各种职工报酬。

5. 职工福利费,指企业按工资的规定比例计提的职工福利费。

6. 折旧摊销费,指企业按规定计提的固定资产折旧费,以及无形资产、递延资产的摊销费,但不包括出租固定资产的折旧费。

7. 税金,指企业计入生产经营管理费用的各种税金,如印花税等。

8. 其他费用,指不属于以上各要素的费用,如租赁费、保险费等。

(二)综合要素费用

综合要素费用是指包含多种要素的费用。构成产品成本的主要包括制造费用、辅助生产费用和废品损失;不构成产品成本的有销售费用、管理费用和财务费用。

费用按经济内容分类可以反映企业在一定时期发生了哪些消耗,金额各为多少;可以分析与比较企业各个时期各项费用所占比重及耗费水平;可以考核费用计划的执行情况;可以为计算工业净产值和国民收入提供资料。但是,这种分类只能反映各要素费用的支出形态,说明企业在生产经营管理活动中支付了哪些费用,不能说明各种费用的经济用途,也不能说明费用的发生与企业成本之间的关系,不利于成本的分析和考核。因此,费用还必须按其经济用途进行分类。

二、按经济用途分类

企业的各种费用按照不同的经济用途可做如下分类:首先,企业的全部费用可划分为用于日常生产经营的生产经营管理费用(即成本费用)和用于其他有关方面的非生产经营管理费用(即非成本费用);其次,生产经营管理费用按照是否用于产品生产还可以分为用于产品生产,可以计入产品成本的生产费用(即制造成本)和用于组织、管理产品生产及销售的日常经营管理活动的经营管理费用(即非制造成本)。

(一)制造成本

制造成本,也称生产成本,是指企业为生产一定种类、一定数量的产品所支出的各种生产费用之和。

为了具体反映计入产品成本的生产费用的各种用途,可以将生产费用进一步划分为若干项目,即产品成本项目。制造业企业的产品成本项目一般有下列几项:

1. 直接材料。直接材料是指能构成产品实体或有助于产品的形成,并以直接计入方式归集到产品成本中的所有材料,包括原材料、辅助材料、修理用备件、外购半成品、包装物、低值易耗品以及其他直接材料。

2. 直接燃料和动力。燃料和动力是指直接用于产品生产的外购和自制的燃料及动力费。

3. 直接人工。直接人工是指直接从事产品制造的生产工人工资及其职工福利费。

4. 制造费用。制造费用是指企业各生产单位（分厂、车间）为组织和管理生产所发生的所有间接费用，如车间管理人员薪酬、车间固定资产折旧费、机物料消耗、水电费、办公费、保险费、季节性和修理期间的停工损失等。

上述生产费用按经济用途划分的各个成本项目并非一成不变，企业可以根据自身的生产特点和成本管理要求来决定。例如，在废品较多或废品在产品成本中所占比重较大，需要单独加以核算时可设"废品损失"成本项目；在有停工损失的企业可设"停工损失"成本项目；采用分步法计算产品成本的企业，为了考核各步骤半成品成本，可增设"自制半成品"成本项目。又如，如果工艺上耗用的燃料和动力不多，为了简化核算，可将其中的工艺用燃料费用并入"直接材料"成本项目，将其中的工艺用动力费用并入"制造费用"成本项目。

（二）非制造成本

非制造成本，也称期间费用，是指产品在营销和管理过程中发生的各种费用，是与企业的销售、经营和管理活动相关的成本，主要包括销售费用、管理费用和财务费用。

1. 销售费用。它是指企业在销售商品和材料、提供劳务的过程中发生的各种费用，包括保险费、包装费、展览费、广告费、商品维修费、预计产品质量保证损失、运输费、装卸费以及为销售本企业商品而专设的销售机构（含销售网点、售后服务网点等）的职工薪酬、业务费、折旧费等经营费用。

2. 管理费用。它是指企业为组织和管理企业生产经营活动所发生的管理费用，包括企业筹建期间内发生的开办费、董事会和行政管理部门在企业的经营管理中发生的或者应该由企业统一负担的公司经费（包括行政管理部门职工工资薪酬、物料消耗、低值易耗品摊销、办公费和差旅费等）、工会经费、董事会费、聘请中介机构费、咨询费、诉讼费、业务招待费、房产税、车船使用税、土地使用税、印花税、技术转让费、矿产资源补偿费、研究费用和排污费等。

3. 财务费用。它是指企业为筹集生产经营所需资金而发生的筹资费用，包括利息支出（减利息收入）、汇兑损益以及相关的手续费、企业发生的现金折扣或收到的现金折扣等。

由于非制造成本与产品生产无直接关系,而与生产经营期间直接相关,因此被称为期间费用。期间费用不计入产品成本,只需按一定期间进行汇总,直接计入当期损益。

三、按计入产品成本的方法分类

(一)直接计入费用

直接计入费用是指费用发生时,就能明确归属于某一成本计算对象,并能直接计入该成本计算对象的费用,如某种产品生产中单独领用的材料、生产工人的计件工资等。

(二)间接计入费用

间接计入费用简称间接费用,是指费用发生时无法归属于某一计算对象,必须先按地点或用途进行归集,然后通过分配间接计入各成本计算对象的费用(一般称为分配计入费用),如制造费用应先按车间归集,然后采用一定的标准分配给本车间生产的各种产品负担。

生产费用按其计入产品成本方法的分类,符合费用分配的受益原则,即谁受益谁负担费用,负担费用的多少与受益程度的大小成正比。具体来讲,就是能够分清哪种产品所耗用的直接费用,都应直接计入受益产品的成本,不得归入间接费用。只有那些不能分清哪种产品所耗用的间接费用,才能采用合理的标准通过分配,计入各受益产品的成本,使受益多的多负担,受益少的少负担。因此,这种分类对正确计算产品成本具有十分重要的意义。

第三节 成本对象及成本分配

一、成本对象

成本对象是为了计算经营业务成本而确定的归集经营费用的各个对象,也是成本的承担者。成本对象可以是一种产品、一项服务、一位顾客、一张订单、一纸合同、一个作业或是一个部门。

确定成本计算对象，不仅要认定计算什么产品（或劳务）成本，而且要认定是什么地点、什么时期生产出来的产品。因此，确定成本对象要有"时空概念"。

通常，成本对象由以下三个要素构成：

1. 成本计算实体

成本计算实体是指成本的承担者，也就是为计算产品成本而确定的归集和分配费用的载体。对于生产性企业而言，成本计算实体可以划分为某种产品、某批产品和某类产品的产成品或半成品；对于服务性企业而言，往往不存在有形的成本计算实体，只能根据服务的性质确定，如运输企业的货运和客运，商贸企业的批发和零售等。

2. 成本计算期

成本计算期是指归集费用、计算产品成本所规定的起讫日期，也就是每次计算成本的期间。生产性企业按其生产特点，可分别以产品的生产周期和日历月份为成本计算期；服务性企业一般均以日历月份为成本计算期。

3. 成本计算空间

成本计算空间是指费用发生并能组织企业成本计算的地点（部门、单位）。生产性企业的成本计算空间可分为全厂和各生产步骤，服务性企业可划分为各部门和各单位。

二、成本分配

成本与成本对象直接或间接相关，间接成本是不容易精确地追溯到成本对象的成本，直接成本是那些易于精确地追溯到成本对象的成本。可追溯性是指通过因果关系以经济合理的方式直接向成本对象分配成本的能力。成本的可追溯性越强，可追溯到成本对象的成本越多，成本分配的精确度也越高。因此，建立成本的可追溯性是提高成本分配准确性的关键一环。

基于可追溯性，成本分配方法可分为以下几种：

1. 直接追溯法

直接追溯法是指将与某一成本对象存在特定或实物联系的成本直接

分配至该成本对象的过程。

2. 动因追溯法

动因追溯法是指按照动因将成本分配至各成本对象的过程。成本动因是影响资源耗用、作业耗用、成本及收入等方面的变化因素。这些动因是可观察的，可通过因果分析确定，并且能够计量出成本对象的资源消耗情况。尽管不如直接追溯法精确，但是只要因果关系正确，那么动因追溯法也是非常准确的。

3. 分摊法

分摊法是指按照配比原则将成本分配至各成本对象的过程。一般用来分配间接成本。由于成本与成本对象之间不存在因果关系，不能追溯至成本对象，或者追溯不具有经济可行性，间接成本的分摊建立在简便原则或假定联系的基础上。选择的分配标准，必须考虑其科学性、先进性、现实可能性和相对稳定性。一般情况下，分配间接成本的标准主要有三类：（1）成果类，例如，产品的重量、体积、产量、产值等；（2）消耗类，例如，生产工时、生产工资、机器工时、原材料消耗量或原材料费用等；（3）定额类，例如，定额消耗量、定额费用等。

综上所述，成本分配包括成本追溯和成本分摊。成本追溯（包括直接追溯和动因追溯）是把直接成本分配给相关的成本对象；成本分摊是把间接成本分配给相关的成本对象。上述三种成本分配方法中，直接追溯法结果最为准确，动因追溯法准确性次之，分摊法虽然操作简单且成本较低，但在三种方法中是最不准确的，应尽可能避免使用。

第四节 产品成本核算的一般程序

一、成本核算的账户体系

为了将生产费用计入各成本对象，计算其制造成本，需要设置"生产成本""制造费用"等账户。

（一）"生产成本"账户

"生产成本"账户用来核算企业工业性生产发生的各项生产费用，包括生产各种产品（包括产成品、自制半成品）、自制材料、自制工具、自制设备等。该账户的借方登记生产过程中发生的直接材料、直接工资等直接费用以及分配转入的制造费用。该账户的贷方登记完工入库的产成品、自制半成品的实际成本以及分配转出的辅助生产费用。该账户的期末余额在借方，为尚未完工的各项在产品成本。

"生产成本"账户应设置"基本生产成本"和"辅助生产成本"两个明细账户进行明细核算。其中，"基本生产成本"用来归集基本生产车间所发生的各项成本费用；"辅助生产成本"用来归集辅助生产车间为基本生产车间和管理部门提供产品、劳务所发生的各项成本费用。

在发生各项生产费用时，应按成本核算对象和成本项目分别归集。属于直接材料、直接工资等直接费用，直接计入"基本生产成本"明细账和"辅助生产成本"明细账中。属于企业辅助生产车间为生产产品提供的动力等费用，应在"辅助生产成本"明细账中先行归集，然后再分配转入"基本生产"明细账中。其他间接费用先在"制造费用"科目中归集，月末再按一定的分配方法，分配计入各有关的产品成本。企业的辅助生产车间为基本生产车间和行政管理等部门提供的产品和劳务，应于月末，按一定的标准分配给各受益对象，并从"辅助生产成本"明细账中转出。参见表 2-1 和表 2-2 所示。

表 2-1　基本生产成本明细账　　　　　　单位：元

日期	凭证	摘要	直接材料	燃料及动力	直接工资	制造费用	合计
略	略	月初在产品成本	2 300	2 700	4 300	3 500	12 800
		分配材料费用	67 000				67 000
		分配工资及福利费			84 000		
		分配辅助生产费用		12 000			12 000
		分配制造费用				73 000	73 000

续表

日期	凭证	摘要	直接材料	燃料及动力	直接工资	制造费用	合计
		本月发生额	67 000	12 000	84 000	73 000	236 000
		合计	69 300	14 700	88 300	76 500	248 800
		结转完工产品成本	65 000	10 000	81 000	74 000	230 000
		月末在产品成本	4 300	4 700	7 300	2 500	18 800

表 2-2 辅助生产成本明细账

车间：供电车间　　　　　　　　　　　　　　　单位：元

日期	凭证	摘要	工资及福利费	办公费	电费	折旧费	其他支出	合计
略	略	分配外购电费			4 300			4 300
		分配工资	8 700					8 700
		折旧费				4 200		4 200
		分配其他费用					7 800	7 800
		合计	8 700		4 300	4 200	7 800	25 000
		本月转出	5 000		2 000	3 200	4 800	15 000

（二）"制造费用"账户

"制造费用"账户属于成本类账户。该账户核算企业生产车间、部门为生产产品和提供劳务而发生的各项间接费用。该账户应当按照不同的生产车间、部门和费用项目进行明细核算。企业在发生制造费用时，应记入该账户的借方；制造费用应按企业成本核算办法的规定，分配计入有关的成本核算对象，记入该账户的贷方。除季节性生产或采用累计分配率法分配制造费用的企业外，本科目月末应无余额。

在大中型企业中，根据管理需要，可将"生产成本"科目分为"基本生产成本"和"辅助生产成本"两个明细科目。对属于辅助生产车间的制造费用，可直接记入"生产成本——辅助生产成本"科目的借方，也可以通过"制造费用"科目，再转入"生产成本——辅助生产成本"科目的借方。另外，在中型企业中，如果业务比较简单，也可以将"生产成本"和"制造费用"两个科目合并为"生产费用"科目。

企业如果单独核算废品损失和停工损失，还应增设"废品损失"和"停工损失"账户。参见表 2-3 所示。

表 2-3　制造费用明细账　　　　　　　　　　单位：元

日期	凭证号	摘要	工资	机物料	水电费	折旧费	运输费	其他	小计
略	略	分配材料费用		8 900					8 900
		分配工资费用	8 000						8 000
		折旧费				4 300			4 300
		分配其他费用						7 100	7 100
		分配辅助生产费用	5 000		2 000	3 200		4 800	15 000
		月计	13 000	8 900	2 000	7 500		11 900	43 300
		本月转出	10 000	7 100	1 300	2 500		9 100	30 000

二、成本核算的程序

成本核算的过程，实际上是完工产品和月末在产品成本的形成过程。通过产品成本的核算，可以反映企业生产过程中发生的各种费用，以及这些费用的归集和分配的程序，最终计算出完工产品和在产品的成本。产品成本核算的程序如下：

1. 生产费用支出的审核

对发生的各项生产费用支出，应根据国家、上级主管部门和本企业的有关制度、规定进行严格审核。根据费用的用途，按成本开支范围，划分应计入产品成本的费用和不应计入产品成本的费用，并对不符合制度和规定的费用，以及各种浪费、损失等加以制止或追究经济责任。

2. 确定成本计算对象和成本项目，开设产品成本明细账

企业的生产类型不同，对成本管理的要求不同，成本计算对象和成

本项目也就有所不同,应根据企业生产类型的特点和对成本管理的要求,确定成本计算对象和成本项目,并根据确定的成本计算对象开设产品成本明细账。

3. 要素费用的归集和分配

生产过程中发生的各种要素费用,要根据其具体的发生地点和用途,编制各种要素费用分配表,据以编制记账凭证,记入各有关的成本、费用账户中。

4. 辅助生产费用的归集和分配

由于辅助生产车间是为基本生产车间和行政管理等部门提供产品或劳务的,所以,辅助生产车间所发生的费用,应根据其提供的劳务数量、发生的费用和各部门耗用产品或劳务的数量,通过编制"辅助生产费用分配表"的方式分配。要注意的是,如果辅助生产车间生产多种产品或提供多种劳务,月末应将辅助生产车间归集于"制造费用明细账"中的费用,采用一定的方法,在辅助生产车间各种产品或劳务中进行分配。

5. 基本生产车间制造费用的归集和分配

基本生产车间若生产多种产品,则应将归集于基本生产车间"制造费用明细账"中的金额,采用适当的分配方法,在该车间生产的各种产品当中通过编制"制造费用分配表"的方式进行分配。

6. 废品损失和停工损失的归集和分配

单独核算废品损失和停工损失的企业,将归集在"废品损失"和"停工损失"账户的费用,编制"废品损失计算表""停工损失计算表",据以登记"生产成本——基本生产成本"账户及其明细账。

7. 计算完工产品和在产品成本

通过上述 1 至 7 步骤计算和分配之后,企业所发生的用于产品生产的各种费用,都集中于"生产成本——基本生产成本"账户和各种"产品成本计算单"中。这时,应根据企业的具体情况,如在产品成本的大小、各种费用所占的比重、定额资料是否完整等,确定在产品的成本计算方法,计算出完工产品和在产品的成本,编制"完工产品成本计算表"。

三、一般成本核算实例——房地产开发成本核算程序

房地产开发成本的核算是指企业将开发一定数量的商品房所支出的全部费用按成本项目进行归集和分配,最终计算出开发项目总成本和单位建筑面积成本的过程。

开发产品成本的核算程序是指房地产开发企业核算开发产品成本时应遵循的步骤和顺序。其一般程序是:

1. 正确划分成本项目

按现行的房地产开发企业会计制度规定,"开发成本"作为一级成本核算科目,企业应在该科目下,根据自己的经营特点和管理需要,选择成本项目,并据此进行明细核算。选择成本项目不能太多,对于发生次数较少、特别是单笔发生的费用,应尽量合并。而对金额较大且陆续发生的费用应单独设立科目核算。

为核算开发企业的开发成本,企业可根据其本身经营开发的业务要求,设置下列账户:

(1)"开发成本"账户。本账户核算房地产开发企业在土地、房屋、配套设施和待建工程的开发过程中所发生的各项费用。本账户借方登记企业在土地、房屋、配套设施和待建工程的开发过程中所发生的各项费用,贷方登记开发完成已竣工验收的开发产品的实际成本。借方余额反映未完开发项目的实际成本。本账户应按开发成本的种类,如"土地开发""房屋开发""配套设施开发"和"待建工程开发"等设置二级明细账户,并在二级明细账户下,按成本核算对象进行明细核算。

(2)"开发间接费"账户。本账户核算房地产开发企业内部独立核算单位为开发产品而发生的各项间接费用,包括工资、福利费、折旧费、修理费、办公费、水电费、劳动保护费、周转房摊销等。本账户借方登记企业内部独立核算单位为开发产品而发生的各项间接费用,贷方登记分配计入开发成本各成本核算对象的开发间接费。月末本账户无余额。本账户应按企业内部不同的单位、部门(分公司)设置明细账户。

2. 归集开发产品费用

由于开发规模的不同,房地产开发的成本归集对象也是不同的。对

于小规模的开发，如单幢或几幢房屋的开发，这个问题比较容易解决，可以将全部开发量作为成本归集对象，设立一个成本核算单位。但是对大规模的开发，如街坊改造或小区开发，就必须科学地确定成本归集对象。在这种情况下，成本核算不能过细（如以单幢为单位），因为许多直接开发费用很难分摊到每幢房屋，这样做势必会增加工作量，使核算工作繁琐化。相反，成本核算也不能简单地以小区为核算单位，因为一个小区从开始建设到完全建成往往需要几年甚至十几年的时间，而其中所开发的商品房却是陆续完工出售的，这样做势必使成本核算资料滞后，失去其成本结算和管理上的作用。因此，应该以房地产开发项目的工程内容和工期进度作为确定成本归集对象的主要依据，对大的开发项目应该按不同的开发期进行分块，便于费用的归集和成本结算，充分发挥成本核算的作用。

（1）在项目开发中发生的各项直接开发费用，直接计入各成本核算对象，即借记"开发成本"总分类账户和明细分类账户，贷记有关账户。

（2）为项目开发服务所发生的各项开发间接费用，可先归集在"开发间接费"账户，即借记"开发间接费"总分类账户和明细分类账户，贷记有关账户。

（3）将"开发间接费"账户归集的开发间接费，按一定的方法分配计入各开发成本核算对象，即借记"开发成本"总分类账户和明细账户，贷记"开发间接费"账户。

通过上述程序，将应计入各成本核算对象的开发费用，归集在"开发成本"总分类账户和明细分类账户之中。

3．计算并结转已完开发产品实际成本

计算已完开发项目从筹建至竣工验收的全部开发成本，并将其结转进入"开发产品"账户，即借记"开发产品"账户，贷记"开发成本"账户。

4．按已完开发产品的实际功能和去向，将开发产品实际成本结转进入有关账户

即借记"经营成本""分期收款开发产品""出租开发产品""周转房"等账户，贷记"开发产品"账户。

知识链接

如何应对反倾销,特别是如何处理反倾销中的会计问题,已经成为我国很多企业不得不面对的问题。事实上,成本核算又是反倾销所涉及会计问题的核心,产品成本的确定和计算都将成为直接影响到被调查产品的正常价格,乃至最终认定倾销是否存在的决定性因素。由于在应诉反倾销时所需的产品成本数据由现有成本会计系统提供,大多数企业感到提取工作极为困难,很难及时又准确地向反倾销调查当局提供符合可采性的成本数据。

上海宝山钢铁公司(以下简称"宝钢")的成功经验可以带给我们许多的新启示。自1996年以来,宝钢面对国外多起反倾销调查,积极运用WTO规则应诉,以翔实的成本资料进行卓有成效的会计举证、会计抗辩,应诉反倾销综合胜诉率达到90%,被国际同行誉为"中国冶金行业应诉外国反倾销案最为成熟的企业"。宝钢成功的秘诀在那里?我们将紧密结合宝钢的成本管理实践与应对反倾销成功的成本信息举证来对这一现象进行深入探究。

1. 反倾销调查中的涉诉产品成本调查思路分析

(1) 要求提供细化的原始成本信息。应诉反倾销是对应诉企业成本核算的一场挑战,以产品成本核算项目为例,我国企业把产品成本一般分为直接材料、直接人工、制造费用三项,有些企业可能增设燃料及动力、包装物、废品损失等成本项目,这远不能满足反倾销涉诉产品成本调查的要求。比如,在2002年欧盟对宁波新海公司的打火机作实地核查时,仅原材料一项要求提供的细目达20多项,数据多达3226个,而这恰是我国企业成本核算的薄弱之处。

(2) 基于变动成本法的思想。《WTO反倾销协定》明确规定被调查产品总成本应由制造成本和销售与一般行政管理费用两部分构成,其中制造成本细分为固定制造成本和变动制造成本。欧盟和美国调查问卷的相关规定也都明确要求提供变动成本和固定成本的详细资料。也就是说,反倾销调查所需涉诉产品成本信息是基于变动成本法的思想。

(3) 间接费用分配标准的公允。根据成本分配理论,在现代生产条件下由于间接费用在产品成本中占的比重较大，间接费用与代表生产数量指标的相关性正在迅速消失，其分配的标准应当是导致费用发生的一系列作业。如果间接费用在产品中所占的比重较大且分配标准再采用生产工人工资、生产工时等，就会形成不同产品成本之间的交叉补贴。而反倾销调查往往是针对一种产品，因此，涉诉企业的产品成本计算必需公允地反映其真实成本，也就是说，要求成本计算与分配方法要有合理性。

2. 宝钢的标准成本制度与涉诉产品成本信息提供分析

自 1993 年提出标准成本制度以来，经过几年的理论和实践探索，至 1996 年宝钢的标准成本制度框架已逐渐趋于完善。采用标准成本制度不仅消除了先前建立在实际成本制度基础上核算模式的固有缺陷，而且推动成本工作重点由成本核算型向成本管理型转变，也无形中为宝钢应诉反倾销带来了无可比拟的优势。

具体而言：第一，实施标准成本制度为产品定价决策提供强力支持，使得产品定价决策时不受实际成本波动的影响，排除了诸如：设备故障、来料质量等非正常因素的干扰，因而使得定价决策更为科学合理。第二，细化成本中心以细化标准成本管理。宝钢根据自身组织机构和生产工艺特点细化成本中心为 170 多个。由于成本中心是成本费用发生、归集和管理的基本单元，不仅便于将成本控制与各责任者的业绩挂钩，而且在健全的成本管理机制下，各单元根据自己的成本管理特点，因地制宜开展了适合自己的成本管理活动，进一步细化和深化了标准成本管理。第三，在标准成本制度基础上实施 ERP 不仅使宝钢标准成本制度体系得到了切实运转，而且实现了数据的一次录用全面共享，保证了成本计算数据的一致性和准确性，使企业生产中发生的各项成本数据均实时收集。第四，由于宝钢标准成本制度在设计时已经融入了作业成本法的理念，如成本中心和"预算因子"的设定。而宝钢制定成本标准是以"预算因子"概念作为指导的，尤其是辅助成本标准的确定。通过作业成本管理对作业流程的分析，可以进一步细化和优化"预算因子"，使产品的实际成本更为合理、准确。这使得宝钢提供的成本信息更为精确可靠，更易为反倾销调查当局采信。

宝钢采用的成本核算计量系统与国际上采用的主流成本核算计量系统一致,而标准成本制度是应用各种现代成本核算方法的基石,在宝钢成本核算与成本管理实务中已形成以标准成本制度为核心的采用ERP成本管理信息系统并结合作业成本法的现代成本会计模式。在欧美反倾销调查过程中,反倾销调查当局比较青睐标准成本制度。以美国发起的反倾销调查为例,如果被调查企业的标准成本制度能够反映实际的生产成本,那么美国商务部都会采信被调查企业的成本信息;反之,如果被调查企业使用的不是标准成本制度,那么美国商务部就要重新计算被调查企业的涉诉产品成本信息,也就意味着被调查企业提供的涉诉产品成本信息不被采信。因此,宝钢的成本核算与成本管理模式基本与国际惯例一致,在反倾销调查中宝钢的提供成本举证信息也易为反倾销调查当局采信。

　　——万寿义,崔建华. 企业成本核算计量系统与应诉反倾销研究——以上海宝山钢铁公司为例. 价格理论与实践, 2011 (9).

案例讨论

　　小王于 2011 年初成立了一家王氏工程公司,专门生产自己设计的一种阀门。年末,公司的会计因病无法完成年末的财务报表,但该会计已经正确地计算了年末存货的数据(由于这是第一年生产,因而年初没有存货)。

原材料	230 000 元
在产品	157 500 元
产成品(3000 个)	442 500 元

　　为了能够及时了解公司的经营结果,小王自己计算了当年的经营成果。其结果如下:

销售净额		3 053 000 元
已销售产品的成本:		
购买原材料	905 000 元	

续表

生产工人工资	550 000 元	
制造费用	850 000 元	
销售费用	353 000 元	
管理费用	660 000 元	3 318 000 元
净亏损		265 000 元

小王对公司的经营成果非常不满意。他说：今年我们不但亏损了 26 万多元，而且单位成本也太高。我们销售了 10 000 个阀门，总成本为 3 318 000 元，平均单位成本为 331.80 元。而有些竞争对手的单位成本只有 175 元。不用会计我也知道今年的经营结果很糟糕。

要求：你是否同意小王关于公司没有盈利以及单位成本远高于竞争对手的说法？如果你不同意小王的说法，请解释其在计算过程中所犯的错误，并予以更正（假设该公司的所得税率为 30%）。

练习题

1. 成本核算的要求有哪些？
2. 企业为了正确地进行成本核算需要划清哪些费用界限？
3. 费用按经济用途可分为哪些费用要素？
4. 什么是成本对象？成本对象的构成要素有哪些？
5. 产品成本核算的基本程序如何？

第三章　要素费用的归集和分配

导入案例

近年来,国内原料药市场受到原材料价格上涨、人工成本逐年上升、环保压力增加等诸多因素的影响,利润逐年下滑。与此同时,无序的低水平重复建设让原本拥挤的市场更加不堪,很多具有一定规模的原料药企业都在试图转型,将目标锁定在制剂和创新药上。

以国内最大的化学原料药生产企业石药集团(01093,HK)为例,2003年石药集团原料药与制剂药销售比重为7:3,2013年两者的营收比例变为3:7,创新药变为主要利润来源。年报显示,石药集团2013年实现营业收入99.49亿港元,同比增加139.94%,其中成药收入57.54亿港元,创新药收入达到19.21亿港元,较去年增长49%。反之,抗生素与维生素C等原料药的盈利水平拖累了石药集团的业绩,两者的收入分别是24.46亿港元、11.16亿港元,前者仅盈利5 393万港元,后者亏损1.36亿港元。

石药集团转型成功的秘诀在于并购重组和研发投入。首先,通过成功收购欧意药业、恩必普药业及新诺威药业,出售青霉素原料药生产子公司中润(内蒙古),促使产品链上下游得到优化整合,并对进入集团的30家企业优化重组,将职能处室由120个减至65个,管理人员压缩近一半,最终整合成9家集团直属的子公司,消除了机构庞大、职能重叠的弊端。同时,采用自主研发的生物酶制剂,对阿莫西林、7-ACA及头孢类抗生素等主导产品的原有生产工艺进行改造。相比之前的化学法工艺,酶法工艺缩短了生产工序,由原来的五步反应减少为一步反应,而且不再产生大量有害废气和废水，能耗降低 20%以上。石药集团有 30 多种头孢产品上市，其中 70%以上用 7-ACA 做中间体，这意味着，随着酶法 7-ACA 的应用，将带动下游产品大幅降低生产成本。[①]

本章引言

要素费用按经济内容，可包括外购材料、外购燃料、外购动力、工资及福利费、折旧费、税金及其他费用。因此进行产品成本的核算包括了材料费用、燃料及动力费、工资费用、折旧费用以及其他费用等要素费用的归集和分配。

通过本章的学习，要求学生：
- 了解各项要素费用的性质和内容
- 掌握要素费用的核算方法
- 掌握要素费用的分配方法

第一节 材料费用的归集和分配

一、材料费用的核算内容

材料按照是否与生产产品直接相关，可分为直接材料和间接材料。

直接材料是指直接形成产品的材料耗用，包括构成产品主要实体的各种材料，如矿石、生铁等；产品制造工艺过程消耗的各种燃料和动力，如煤气、电力等；与产品主要实体相结合或有助于产品形成而耗用的各种辅助材料，如添加剂、催化剂等。

间接材料是指为组织生产、管理生产和保证生产正常进行而耗用的各种辅助材料、燃料、动力等，如润滑油、照明用电力等。

---

① 改编自王璐. 石药集团：拿什么成就转型. 中国科学报，2012-1-31.
金喆. 原料药利润持续下滑，倒逼药企向制剂转型. 每日经济新闻，2014-4-4.

二、材料费用的归集和分配

（一）材料费用的归集

材料费用的归集是进行材料费用分配的基础和前提，主要包括以下几方面的内容：

1. 入库材料成本的确定

一般而言，如果企业规模较小、材料的品种规格不多且收发不太频繁，材料可按实际成本计价；如果企业规模较大、材料品种规格繁多且收发频繁，材料则应按计划成本计价。

2. 发出材料成本的确定

企业生产过程中领用的材料品种、数量很多，为便于管理，明确各单位的经济责任，领用材料应由专人负责，领料时经有关人员签字审核后，才能办理领料手续。在月末，可根据领料单、限额领料单和领料登记表等领料凭证，按车间、部门进行汇总，计算出各车间、部门消耗材料的数量和金额。

在材料按照计划成本计价的情况下，应计算发出材料应负担的材料成本差异，把发出材料的计划成本调整为实际成本；在材料按照实际成本计价的情况下，发出材料的实际成本，可采用先进先出法、加权平均法、移动平均法、个别计价法等方法计算确定，对于不同的材料，可采用不同的计价方法。材料计价方法一经确定，不应随意变动。

3. 库存材料的计量

对于库存材料，则可采用永续盘存制和实地盘存制两种方法进行核算。

（二）材料费用的分配

1. 材料费用的分配对象

材料的分配对象主要指生产中消耗的材料费用由谁来承担的问题。一般而言，基本生产耗用的材料费用应由基本生产各产品负担，辅助生产消耗的材料应由辅助生产的产品或劳务承担，各生产车间以及管理部门所消耗的各种间接材料应分别由制造费用以及管理费用等承担。自制材料耗用的材料费用应该由自制材料成本承担。委托加工所耗用的材料应由委托加工材料成本承担。

2. 材料费用的分配原则

（1）直接计入原则。能确定材料费用承担对象的，应直接计入有关产品成本；对于不能直接计入的材料费用，应采用适当方法，选取适当分配标准进行分配。在选择分配标准时，应注意分配标准与生产费用之间是否具有直接或间接的因果关系。通常的分配标准包括：定额耗用量比例、定额费用比例、系数比例、产量比例、重量比例、体积比例等。

（2）重要性原则。凡在产品成本中占有较大比重的，应该以单独的成本项目"直接材料"列示，而对于那些比重较小的材料费用，即使直接计入费用，为了简化成本核算，也可将其列入制造费用，与其他制造费用一起进行分配。

3. 材料费用的分配方法

对于领用直接用于生产某一种产品的材料，可采用直接分配法，计入该产品"直接材料"各成本项目中；对于几种产品共同耗用的某种材料，由于不能直接确定其归属对象，则应采用分配的方法计入。这些材料费的分配方法主要有：

（1）材料定额耗用量比例法。定额耗用量比例法是按各种产品材料消耗定额比例分配材料费用的一种方法，一般在各项材料消耗定额健全且比较准确的情况下采用。计算公式如下：

某种产品材料定额消耗量 = 该种产品实际产量×单位产品材料消耗定额

材料定额消耗量分配率 = 材料实际总消耗量÷各产品材料定额消耗量之和

某种产品应分配的材料数量 = 该种产品的材料定额消耗量×材料定额消耗量分配率

某种产品应分配的材料费用 = 该种产品应分配的材料数量×材料单价

以上方法不仅能计算出每种产品应分配的材料费用，而且还能计算出每种产品耗用材料的实际数量，可考核材料消耗定额的执行情况，有利于加强成本管理。为了简化核算工作，也可采用按定额消耗量的比例直接分配材料费用的方法。计算公式如下：

材料费用分配率=材料实际总消耗量×材料单价÷各产品材料定额消耗量之和

某种产品应分配的材料费用=该种产品的材料定额消耗量×材料费用分配率

【例 3-1】某企业生产 A、B 两种产品，共同耗用某种材料 1 400 公斤，每公斤 5 元。A 产品的实际产量为 120 件，单件产品材料消耗定额为 3 公斤；B 产品的实际产量为 160 件，单件产品材料消耗定额为 4 公斤。试计算分配 A、B 产品各自应负担的材料费。

方法一：
A 产品材料定额消耗量=120×3=360（公斤）
B 产品材料定额消耗量=160×4=640（公斤）
材料消耗量分配率=1 400÷（360+640）=1.4
A 产品应分配的材料数量=360×1.4=504（公斤）
B 产品应分配的材料数量=640×1.4=896（公斤）
合计 1 400（公斤）
A 产品应分配的材料费用=504×4=2 016（元）
B 产品应分配的材料费用=896×4=3 584（元）
合计 5 600（元）

方法二：
A 产品材料定额消耗量=120×3=360（公斤）
B 产品材料定额消耗量=160×4=640（公斤）
材料费用分配率=(1 400×4)÷（360+640）=5.6
A 产品应分配的材料费用=360×5.6=2 016（元）
B 产品应分配的材料费用=640×5.6=3 584（元）
合计 5 600（元）

（2）材料定额费用比例分配法。材料定额费用比例分配法是按照产品材料定额成本分配材料费用的一种方法，一般适用于几种产品共同耗用几种材料的情况。计算公式如下：

某种产品原材料定额费用=该种产品实际产量×单位产品原材料费

用定额

原材料费用分配率=各种产品原材料实际费用总额÷各种产品原材料定额费用总额

某种产品应分配的实际原材料费用=该种产品原材料定额费用×原材料费用分配率

【例3-2】某企业生产甲、乙两种产品,共同领用A、B两种主要材料,共计37 620元。本月投产甲产品150件,乙产品120件。甲产品材料消耗定额:A材料6千克,B材料8千克;乙产品材料消耗定额:A材料9千克,B材料5千克。A材料单价10元,B材料单价8元。计算分配如下:

① 甲、乙产品材料定额费用
  甲产品:A材料定额费用=150×6×10=9 000(元)
  B材料定额费用=150×8×8=9 600(元)
  甲产品材料定额费用合计 18 600(元)
  乙产品:A材料定额费用=120×9×10=10 800(元)
  B材料定额费用=120×5×8=4 800(元)
  乙产品材料定额费用合计 15 600(元)

② 材料费用分配率
  材料费用分配率=37 620/(18 600+15 600)=1.1

③ 甲、乙产品应分配材料实际费用
  甲产品:18 600×1.1=20 460(元)
  乙产品:15 600×1.1=17 160(元)

(3)产品重量比例分配法。产品重量比例分配法是按照各种产品的重量比例分配材料费用的一种方法,一般适用于产品所耗用材料的多少与产品重量有着直接联系时。计算公式如下:

材料费用分配率=材料实际总消耗量×材料单价÷各产品重量之和
某种产品应分配的材料费用=该种产品的重量×材料费用分配率

【例3-3】某企业生产甲、乙两种产品,共同耗用A材料36 000千克,每千克3.5元。甲产品的重量为10 500千克,乙产品的重量为21 000千克,采用产品重量比例分配法分配材料费用的结果如下:

材料费用分配率=36 000×3.5÷（10 500+21 000）=4.0
甲产品应分配的材料费用=10 500×4.0=42 000（元）
乙产品应分配的材料费用=21 000×4.0=84 000（元）

（4）产品产量比例分配法。产品产量比例分配法是按照各种产品的产量比例分配材料费用的一种方法，一般适用于产品所耗用材料的多少与产品产量有着密切联系时。计算公式如下：

材料费用分配率=材料实际总消耗量×材料单价÷各产品产量之和
某种产品应分配的材料费用=该种产品实际产量×材料费用分配率

【例3-4】某企业生产甲、乙两种产品，共耗用B材料5 400千克，每千克5元，甲产品实际产量为1 500件，乙产品实际产量为2 100件，采用产品产量比例分配法分配材料费用的结果如下：

材料费用分配率=5 400×5÷（1 500+2 100）=7.5
甲产品应分配的材料费用=1 500×7.5=11 250（元）
乙产品应分配的材料费用=2 100×7.5=15 750（元）

（三）材料费用归集分配的账务处理

在实际工作中，材料费用的分配是通过编制材料费用分配表进行的。"材料费用分配表"可先按各生产车间和部门分别编制，然后，全厂合并编制一张材料费用汇总分配表。

【例3-5】某企业有两个生产车间，一个基本生产车间，一个辅助生产车间，基本生产车间根据各种领料凭证编制的材料费用分配表见表3-1；辅助生产车间和管理部门的材料费用分配表略。编制的材料费用分配汇总表见表3-2。

直接用于产品生产的各种原材料费用，应记入"基本生产成本"总账及其所属明细账的"直接材料"成本项目；用于辅助生产的原材料费用，应记入"辅助生产成本"总账及其所属明细账的费用（或成本）项目；基本生产车间管理耗用的原材料费用，应记入"制造费用"总账及其所属明细账；厂部管理耗用的原材料费用，记入"管理费用"账户；产品销售耗用的原材料费用，记入"销售费用"账户。

表 3-1 基本生产车间材料费用分配表

分配对象	直接计入	分配计入			材料计划成本合计	材料成本差异额	材料的实际成本
		分配标准	分配率	金额			
甲产品	83 400	550		2 200	85 600	856	86 456
乙产品	11 500	200		800	12 300	123	12 423
丙产品	5 100	1 250		5 000	10 100	101	10 201
小计	100 000	2 000	4	8 000	108 000	1 080	109 080
制造费用	7 500	-	-		7 500	75	7 575
合计	10 7500	-	-	8 000	115 500	1 155	116 655

表 3-2 材料费用分配汇总表

分配对象	计划成本	差异额	实际成本
生产成本——基本生产成本	108 000	1 080	109 080
生产成本——辅助生产成本	25 000	250	25 250
制造费用——基本生产车间	7 500	75	7 575
制造费用——辅助生产车间	1 100	11	1 111
管理费用	4 200	42	4 242
合计	145 800	1 458	147 258

根据例 3-5 的材料费用分配汇总表，编制会计分录如下：
（1）根据发出材料的计划成本，应作如下的会计分录：
  借：生产成本——基本生产成本 108 000
      ——辅助生产成本 25 000
    制造费用——基本生产车间 7 500
      ——辅助生产车间 1 100
    管理费用 4 200
    贷：原材料 145 800
（2）结转材料成本差异时，应作如下会计分录：
  借：生产成本——基本生产成本 1 080
      ——辅助生产成本 250
    制造费用——基本生产车间 75

　　　　　——辅助生产车间　　　 11
　　管理费用　　　　42
　　贷：材料成本差异　　　1 458
如果材料成本差异为节约差，则应用红字作上述会计分录。

三、周转材料的归集和分配

周转材料是指企业能够多次使用、逐渐转移其价值但仍保持原有形态不确认为固定资产的材料，如包装物和低值易耗品。

（一）低值易耗品

低值易耗品的核算可分为在库和在用两个阶段。在库阶段核算与原材料核算相同；在用阶段是指车间、部门从仓库领用，直至报废之前的整个使用过程，由于低值易耗品在使用中的实物状态基本不变，一般采用合适的摊销方法将其价值计入产品成本或期间费用，因此在库阶段核算主要是低值易耗品的摊销。由于低值易耗品在产品成本中所占比重较小，一般不专设成本项目，因此，生产车间耗用的低值易耗品摊销，计入制造费用；行政管理活部门耗用的低值易耗品摊销，计入管理费用；专设销售机构耗用的低值易耗品摊销，计入销售费用。

低值易耗品的摊销方法主要包括一次摊销法、分次摊销法和五五摊销法。

1．一次摊销法

一次摊销法是领用时一次摊销完毕，将全部价值一次计入领用当月的成本费用，报废时残料价值冲减当月相关成本费用。一次摊销法核算比较简便，一般适用于单位价值较低、使用期限较短、一次领用数量不多或易于破损的物品（如玻璃器皿）。

2．分期摊销法

分期摊销法是按低值易耗品的原值和预计使用期限，将其价值分月平均摊销，报废时残料价值冲减当月相关成本费用。采用分期摊销法核算工作量较大，一般适用于一些单位价值较高、使用期限较长、一次领用数量较多而不易损坏的低值易耗品，如多次反复使用的专用工具。

3. 五五摊销法

五五摊销法是领用时摊销其价值的 50%，报废时摊销其余 50%。采用这种方法，低值易耗品账面上一直保留其价值的一半，有利于对实物使用进行管理。这一方法适用于每月领用数和报废数比较均衡的低值易耗品。

（二）包装物

包装物是指为了包装该企业商品而储备的各种包装容器（如桶、箱、瓶、坛、袋等），主要包括生产过程中用于包装产品作为产品组成部分的包装物、随同商品出售而不单独计价的包装物、随同商品出售而单独计价的包装物、出租或出借给购买单位使用的包装物。

发出用于生产过程包装产品的包装物，作为产品组成部分，记入"生产成本——基本生产成本"等总账科目；发出用于销售过程随同产品出售不单独计价的包装物，属于产品销售费用，记入"销售费用"科目；发出用于销售过程随同产品出售单独计价的包装物，属于其他经营业务费用，记入"其他业务支出"科目。

出借包装物的价值摊销和修理费用等，作为产品销售的费用处理，记入"销售费用"科目；出租包装物属于非主营业务，收取的租金作为其他业务收入，出租包装物的价值摊销和修理费等，记入"其他业务支出"科目。

第二节 燃料及动力费用的归集和分配

一、燃料费用的归集和分配

生产过程中使用的燃料，实际上也属于材料。因此，其费用归集和分配的程序和方法与原材料基本相同。

对于生产产品使用的燃料费用，在燃料使用不多时，可不设置专门的成本项目，而将其列入"直接材料"成本项目中；燃料费用占产品成本比重较大时，为加强管理，可在基本生产成本明细账中单独设置"燃料及动力"成本项目,存货核算应增设"燃料"一级账户,燃料费用分配表单独编制。在后面这种情况下,若为一种产品耗用,直接计入该产品的"生产成本——基本生产成本"明细账及"燃料及动力"成本项目;若为几种产品共同消耗,可按定额消耗量、定额费用、重量、体积或生产工时等标准,分配计入各产品的"生产成本——基本生产成本"明细账及"燃料及动力"成本项目。

辅助生产车间使用的燃料费用,应列入"生产成本——辅助生产成本"明细账;基本生产车间一般耗用的燃料费用,应列入"制造费用"明细账;企业行政管理部门使用的燃料费用,应列入"管理费用"明细账;企业专设销售机构使用的燃料费用,应列入"销售费用"明细账。

二、外购动力费用的归集和分配

(一)外购动力费用的归集

外购动力费用是指企业从外单位购入的电力、蒸汽等动力费用。外购动力应根据其使用的数量,向供应单位支付款项。一般情况下,使用的外购动力都有仪器仪表计量。在支付外购动力费用时,应根据仪器仪表上记录的耗用数量、规定的价格向提供动力的单位支付款项。以支付款项的凭证编制记账凭证,作为外购动力费用分配的依据。

企业为了便于按用途归集外购动力费用,可以在各部门安装仪器仪表分别计量。

(二)外购动力费用的分配

1. 基本生产车间用于产品生产外购动力费的分配

基本生产车间生产产品用的动力,应以"燃料和动力"成本项目记入"基本生产成本明细账"和"产品成本计算单"中。[①]对于几种产品共同耗用的动力费用,一般按各种产品定额工时或实际工时消耗量的比例进行分配。

[①] 基本生产成本明细账是否单设"燃料及动力"成本项目,应视情况而定:外购动力费、燃料费占产品成本的比重较大,应单设"燃料及动力"成本项目;外购动力费、燃料费占产品成本的比重较小,不需单设"燃料及动力"成本项目,燃料费计入"直接材料"成本项目,外购动力费计入"制造费用"成本项目。

以外购电力为例，对于各车间、部门耗用的电力，都有电表加以计量的，各车间、部门应分配的电费应按下式计算：

$$每度电费分配率 = \frac{支付的外购电费总额}{各车间、部分耗用的外购电力度数总和}$$

某车间、部门应分配的电费=该车间、部门用电度数×每度电费分配率

对于生产车间用于产品生产的外购电力，由于同一设备往往生产多种产品，不能按产品分装电表计量其耗用的数量，因此，一般采用工时的比例（实际工时或定额工时）进行分配。其计算公式如下：

$$某车间产品用电力费用分配率 = \frac{生产产品电力费用}{该车间产品的生产工时之和}$$

某产品应分配的电费=该产品的生产工时×该车间产品用电费用分配率

2. 基本生产车间一般耗用外购动力费用的分配

基本生产车间用于照明、取暖等一般耗用的动力，应根据其耗用的数量和动力费用分配率，计算出应分配的动力费用数额，记入"制造费用明细账"中有关的成本项目。

3. 辅助生产车间耗用外购动力费用的分配

辅助生产车间耗用的动力费用，应根据其耗用的数量和动力费用分配率，计算出应分配的动力费用数额应计入"生产成本——辅助生产成本明细账"中有关的项目中。

4. 管理部门耗用外购动力费用的分配

管理部门耗用的外购动力费用，应根据其耗用的数量和动力费用分配率，计算出应分配的动力费用数额应计入"管理费用明细账"中的有关项目。

【例3-6】某企业本月共支付外购电力费用382 500元，各车间、部门的电表所计量的用电度数为850 000度。根据各车间、部门用电的数量及有关产品的工时资料，编制的"外购动力费用分配表"见表3-3。

表 3-3　外购动力费用分配表

分配对象		成本项目	耗用数量（度）	分配标准（定额工时）	分配率	分配金额
基本生产车间	甲产品	燃料及动力		45 000		172 125
	乙产品	燃料及动力		35 000		133 875
	小计		680 000	80 000	3.825	306 000
	车间一般用	水电费	50 000		0.45	22 500
辅助生产车间用		水电费	85 000		0.45	38 250
行政管理部门用		水电费	35 000		0.45	15 750
合计		—	850 000			382 500

根据"动力费用分配表"中的数字，应作如下会计分录：
借：生产成本——基本生产成本　　306 000
　　　　　　——辅助生产成本　　38 250
　　制造费用　　22 500
　　管理费用　　15 750
　　贷：银行存款　　382 500

第三节　职工薪酬的归集和分配

一、职工薪酬的构成

职工薪酬是指企业为获得职工提供的服务而给予各种形式的报酬以及其他相关支出。主要包括以下内容：

1. 职工工资、奖金、津贴和补贴。这里是指构成工资总额的计时工资、计件工资、奖金、津贴和补贴、加班加点工资和特殊情况下支付的工资。

2. 职工福利费。职工福利费是指企业按工资一定比例提取出来的专门用于职工医疗、补助以及其他福利事业的经费。

3. 社会保险费。社会保险费是指企业向社会保险经办机构缴纳的医疗保险费、养老保险费、失业保险费、工伤保险费和生育保险费等。

4. 住房公积金。住房公积金是指企业向住房公积金管理机构缴存的住房公积金。

5. 工会经费和职工教育经费。工会经费和职工教育经费是企业为了改善职工文化生活、为职工学习先进技术和提高文化水平、业务素质，用于工会活动和职工教育及职业技能培训等相关支出。

6. 非货币性福利。非货币性福利包括企业以自己的产品或其他有形资产发放给职工作为福利，向职工无偿提供自己拥有的资产使用、为职工无偿提供类似医疗保健服务等。

7. 因解除与职工劳动关系给予的补偿。它也称辞退福利，是指在企业与职工签订的劳动合同未到期之前，企业由于种种原因需要提前终止劳动合同而辞退员工，根据劳动合同，企业需要提供一笔资金作为对被辞退员工的补偿。

二、工资费用的归集

在职工薪酬中，工资总额是基本内容，职工福利费、社会保险费、住房公积金以及工会经费和职工教育经费都是根据工资总额的一定比例提取的。而在工资总额中，计时工资和计件工资是主要内容。因此，职工薪酬费用的归集主要是对计时工资和计件工资的归集。

（一）工资计算的原始记录

为了准确核算工资费用，企业应根据考勤记录、产量记录、工时记录等，编制工资单，计算各种工资。

考勤记录是登记职工出勤和缺勤情况的记录，应由考勤人员根据职工出勤情况、缺勤情况以及出勤缺勤时间分析等逐日登记，作为计算计时工资的依据。

产量记录是反映工人或班组在出勤时间内完成产品数量、质量和耗用生产工时的记录，是计算计件工资的依据，也是统计产量和生产工时的依据。在单件小批生产企业里，一般采用"工作通知单"作为产量记录，对每个工人或班组按工序分配生产任务并记录其生产数量和工时；

在成批生产企业里，一般采用"工序进程单"作为产量记录，以加工产品为对象记录每道工序的产量、实际工时、定额工时以及加工进程，工序进程单往往需要与"工作班产量记录"结合起来使用，以集中反映一个班组或车间的全部产量和工时，方便企业统计产量和计算工资。

（二）工资费用的计算

企业可以根据情况不同，采用不同的工资制度。最基本的工资制度包括计时工资制和计件工资制。

1. 计时工资的计算

企业在计算职工计时工资时，可采用月薪制和日薪制两种方法。企业固定职工的计时工资一般以月薪计算，临时职工的计时工资则以日薪计算。

（1）月薪制

月薪制是指按职工固定的月标准工资扣除缺勤工资来计算其工资的一种方法。采用月薪制，无论该月份日历天数多少，只要职工全勤，即可领取固定的月标准工资。如果出现缺勤，则应从月标准工资中将缺勤天数予以扣除。其计算公式如下：

应付计时工资=月标准工资-缺勤天数×日工资×缺勤扣款比例[①]

日工资的计算方法有三种，计算方法如下：①按全年平均每月日历日数 30 天（360/12）计算；②按全年平均每月工作日数 20.83 天（365 天扣除 104 个双休日和 11 个法定假日，再除以 12）计算；③按当月满勤日数（当月日历日数-当月星期日天数-当月节假日天数）计算。

下面举例说明这三种计算方法：

【例 3-7】职工周颖月标准工资为 900 元，2014 年 10 月份缺勤 4 天，均为病假（缺勤期间有节假日 2 天），10 月份有 3 天节日，8 个休息日。根据其工龄，病假工资按标准工资的 90%计算。

①按全年平均每月日历日数计算计时工资：

日工资=900÷30=30（元）

---

① 相反的，如果职工加班，应再加上加班工资=加班天数×日工资×规定的支付标准。一般在正常工作时间外加班应按标准工资的 150%计算，在双休日加班应按标准工资的 200%计算，在节假日加班应按标准工资的 300%计算。

应付计时工资=900-4×30×（1-90%）=888（元）

缺勤天数用的是 4 天，因为采用这种方法计算日工资时，没有扣除双休日和节假日，双休日和节假日照付工资，因此缺勤期内的双休日和节假日也要扣工资。

②按全年平均每月工作日数计算计时工资：

日工资=900÷20.83=43.21（元）

应付计时工资=900-2×43.21×（1-90%）=891.36（元）

缺勤天数用的是 2 天，因为采用这种方法计算日工资时，已扣除双休日和节假日，双休日和节假日不支付工资，因此缺勤期内的双休日和节假日也不扣工资。

③按当月满勤日数计算计时工资：

当月满勤日数=31-8-3=20（天）

日工资=900÷20=45（元）

应付计时工资=900-2×45×（1-90%）=891（元）

缺勤天数用的是 2 天，因为在当月满勤日数中，不包括双休日和节假日，所以缺勤期间有双休日和节假日，也不扣工资。

通过上述例子，可以看出这三种计算方法的优缺点：采用按全年平均每月日历数计算日工资的优点是比较简便，但是由于在双休日和节假日缺勤也扣工资，不好理解，因此在实际工作中采用的不多；采用当月满勤日数计算日工资的优点是可以准确计算出每位职工的应付工资金额，但由于每月的满勤日数不固定，计算工作比较麻烦，因此在实际工作中一般较少采用；采用按全年平均每月工作日数计算日工资的优点是计算方法简单，同时双休日和节假日期间缺勤也不扣工资，比较容易理解，因此这种方法在实际工作中得到了广泛的运用。

（2）日薪制

日薪制是指按职工实际出勤日数和日工资计算其应付工资的一种方法。其计算公式如下：

应付计时工资=出勤日数×日工资+病假日数×日工资×（1-病假扣款比例）

例 3-8 采用日薪制，并按全年平均每月工作日数 20.83 天计算日工资时，职工周颖应付计时工资的计算结果为：

应付计时工资=18×43.21+2×43.21×90%=855.56（元）

采用日薪制计算职工应付计时工资时，由于每个月份实际工作天数不同、职工出勤的天数不同，所以每个月份都需要计算，计算工作量较大。

2. 计件工资的计算

计件工资是指对已完成工作按计件单价支付的劳动报酬，按照结算对象不同分为个人计件工资和集体计件工资。

（1）个人计件工资的计算

个人计件工资应根据产量和工时记录中登记的每个工人完成的实际工作量，乘以规定的计件单价计算。计算公式如下：

应付计件工资=∑（某种产品合格品数量+该种产品料废[①]数量）×该种产品计件单价

上式中的计件单价可按下式计算：

计件单价=某种产品定额工时×等级小时工资率

【例 3-8】职工李宏伟 10 月份加工甲、乙两种产品，甲产品 100 件，乙产品 85 件。验收时发现甲产品料废 5 个，工废 4 个。该职工小时工资率为 6 元，制造甲产品定额工时为 1 小时，乙产品为 2 小时。要求计算李宏伟本月份应得计件工资。

甲产品计件单价=1×6=6（元）

乙产品计件单价=2×6=12（元）

应付计件工资=（100-4）×6+85×12=1 596（元）

当职工在月份内生产多种计件单价不同的产品时，为简化核算手续，也可将各种产品的产量折合为定额工时，再乘以小时工资率计算，其计算公式如下：

应付计件工资=各种产品定额工时总额×等级小时工资率

仍以例 3-8 为基础，计算结果如下：

各种产品定额工时之和=（100-4）×1+85×2=266（小时）

[①] 料废是指由于材料质量、规格不符合要求而产生的废品，不属于操作工人的责任，应照付工资；工废则是指由于工人操作方法不当等过失造成的废品，不能支付工资，有的还会向过失人索取赔偿。

应付计件工资=266×6=1 596（元）

（2）集体计件工资的计算

当工人集体从事某项工作且不易分清每个职工的经济责任时，可采取集体计件工资的方式，先计算出集体计件工资总额，然后在集体成员内按照一定方法进行分配。通常可按每人的小时工资率和实际工作小时数的乘积作为标准进行分配。

【例3-9】由4名等级不同的工人组成的小组，本月份完成合格品产量240件，计件单价每件17.50元。其余资料见表3-4所示。

集体应付计件工资=240×17.50=4 200(元)

计件工资分配率=4 200÷2 400=1.75

每位职工应付计件工资的计算结果如下：

表3-4 计件工资分配表

20××年11月　　　　　　　　　　　　　　　单位：元

姓名	等级	小时工资率	实际工作小时	计时工资	分配率	应付计件工资
李武	6	6	110	660		1 155
张鑫	3	3	160	480		840
王智	2	2.8	200	560		980
苏斌	5	5	140	700		1 225
合计	—	—	590	2 400	1.75	4 200

三、工资费用的分配

工资费用应按其发生的地点和用途进行分配。对于生产车间直接从事产品生产的生产工人工资，应计入"生产成本——基本生产成本"账户的"直接工资"成本项目中；生产车间管理人员的工资，应列入"制造费用"科目；行政管理人员的工资应列入"管理费用"科目中；专设销售机构人员的工资，则应列入"销售费用"中；固定资产大修理等工程人员的工资，应列入"在建工程"科目中。

基本生产车间直接从事产品生产的生产工人工资，由于采用的工资形式和产品品种数量不同，其计入产品成本的方式也不相同。计件工资制下，生产工人的计件工资可按不同的成本计算对象直接计入产品成本；

计时工资制下,则需要酌情处理。如果生产车间只生产一种产品,则该车间汇总的生产工人工资可以直接计入成本计算对象;如果生产车间生产多种产品,则需要将直接人工费用在各成本计算对象之间进行分配,一般可以采用实际工时或定额工时进行分配。其计算公式如下:

工资费用分配率=本期发生的生产工人工资总额÷各种产品实际(定额)工时之和

某种产品应分配的工资费用=该种产品实际(定额)工时×工资费用分配率

在实际工作中,工资费用分配是通过编制工资费用分配表进行的,根据工资费用分配表编制会计分录,登记总账和明细账。

【例3-10】云翔公司20××年工资费用分配表如表3-5所示。

表3-5 工资费用分配表

20××年6月　　　　　　　　　　　　　　单位:元

应借科目		成本或费用项目	直接计入	分配计入			工资费用合计
				生产工时(小时)	分配率	分配金额	
基本生产成本	甲产品	直接人工	35 000	20 000	10	200 000	235 000
	乙产品	直接人工	25 000	10 000	10	100 000	125 000
	小计		60 000	30 000		300 000	360 000
辅助生产成本	供水	直接人工	46 000				46 000
	运输	直接人工	34 000				34 000
	小计		80 000				80 000
制造费用	基本生产车间	职工薪酬	25 000				25 000
	供水车间	职工薪酬	15 000				15 000
	运输车间	职工薪酬	15 000				15 000
	小计		55 000				55 000
管理费用		职工薪酬	45 000				45 000
销售费用		职工薪酬	25 000				25 000
合计			265 000			300 000	565 000

根据工资费用分配表编制的会计分录如下:

借:基本生产成本——甲产品　　235 000

　　　　　　　——乙产品　　125 000
　　辅助生产成本——供水　46 000
　　　　　　　——运输　　34 000
　　制造费用——基本生产车间　25 000
　　　　　　——供水车间　　15 000
　　　　　　——运输车间　　15 000
　　管理费用　45 000
　　销售费用　25 000
　　贷：应付职工薪酬　565 000

四、其他职工薪酬的归集和分配

企业除了支付工资费用外，还应按照职工工资总额的一定比例计提职工福利费、社会保险费、住房公积金、工会经费和职工教育经费等，并按其发生的地点和用途进行分配。

【例 3-11】假定云翔公司 20××年 6 月应付职工的工资数额如表 3-5 所示。根据企业所在地政府有关各项社会保险、住房公积金提取比例，预计本年应承担的职工福利费，以及企业工会经费和职工教育经费的提取比例，企业按工资总额的 40%这一总计比例（为简化起见，各项的具体比例不再列示）提取上述各项费用。

根据例 3-10 表 3-5 和上述计提比率可编制会计分录如下：
　　借：基本生产成本——甲产品　94 000
　　　　　　　　——乙产品　50 000
　　辅助生产成本——供水　18 400
　　　　　　　——运输　13 600
　　制造费用——基本生产车间　10 000
　　　　　　——供水车间　6 000
　　　　　　——运输车间　6 000
　　管理费用　18 000
　　销售费用　10 000
　　贷：应付职工薪酬　226 000

第四节 折旧费用的归集和分配

一、折旧费用的核算内容

固定资产在使用过程中保持实物形态不变，但其价值会随着固定资产的使用逐渐减少，这部分由于损耗而减少的价值就是固定资产折旧。

根据《企业会计准则第4号——固定资产》的规定，企业所持有的固定资产，除下列情况外，都应计提折旧：已提足折旧仍继续使用的固定资产；按规定单独估价作为固定资产入账的土地。

二、折旧费用的归集

折旧费用的归集是通过编制各车间、部门折旧计算明细表而进行的。折旧计算明细表应根据月初计提折旧固定资产的有关资料和确定的折旧计算方法编制。根据规定，月份内增加的固定资产，当月不提折旧，从下月起计提折旧；月份内减少或停用的固定资产，当月仍计提折旧，从下月起停止计提折旧。

三、折旧费用的分配

对于按规定计提的折旧费，应根据固定资产的使用地点和用途进行分配，分别列入不同的账户中。对于生产车间应提的折旧，应列入"制造费用"账户；行政管理部门应提的折旧费，应列入"管理费用"账户；租出固定资产应提的折旧费，应列入"其他业务成本"账户中；销售部门应提取的折旧费，应列入"销售费用"账户。需要指出的是，生产车间生产产品使用的机器设备折旧费用虽是直接用于产品生产的费用，但由于生产一种产品往往需要使用多种机器设备，而同一种机器设备有可能生产多种产品，因此为简化成本计算工作，通常不将机器设备的折旧费用直接计入产品成本，而是将其与其他固定资产折旧费用一起列入"制造费用"账户。

【例 3-12】某企业各车间、各部门根据确定的固定资产折旧方法和计算折旧的有关规定，计算并编制"固定资产折旧计算明细表"，其格式如表 3-6 所示。

表 3-6　固定资产折旧计算明细表

20××年 8 月　　　　　　　　　　　　　　单位：元

固定资产类别	月折旧率(平均年限法)	上月折旧	上月增加固定资产原价	上月减少固定资产原价	应增应减折旧额	本月折旧额
房屋	2.5‰	2 800	380 000	290 000	+225	3 025
机械设备	4.0‰	5 200	-	25 000	-100	5 100
传导设备	5.8‰	3 000	-	-	-	3 000
动力设备	5.6‰	1 800	-	-	-	1 800
专用设备	4.2‰	2 000	45 000	-	+189	2 189
合计	-	14 800	425 000	315 000	+314	15 114

在实际工作中，折旧费用的分配是在汇总各车间、部门固定资产折旧计算明细表的基础上，通过编制折旧费用分配表进行的。

【例 3-13】根据各车间、部门编制的"固定资产折旧明细表"，可汇总编制"折旧费用分配表"，其格式如表 3-7 所示。

表 3-7　折旧费用分配表

20××年 8 月　　　　　　　　　　　　　　单位：元

应借账户	分配对象	本月折旧额
制造费用	基本生产车间	27 500
制造费用	辅助生产车间	8 500
管理费用	行政管理部门	1 350
销售费用	销售部门	450
合计		37 800

根据上表，应做如下会计分录：

借：制造费用——基本生产车间　　27 500

　　　　　　——辅助生产车间　　 8 500

管理费用　　　1 350
　　销售费用　　　450
　　贷：累计折旧　　37 800

第五节　其他费用的归集和分配

其他费用包括税金、利息费、邮电费、排污费、试验检验费、保险费、差旅费等。

一、税金的归集与分配

税金包括房产税、印花税、车船使用税和土地使用税等。税金不是产品成本的组成部分，而是管理费用的一部分。

印花税是采用购买印花税票的方式直接缴纳的。如果购买印花税票金额较小，可于购买印花税票时直接计入管理费用，借记"管理费用"科目，贷记"银行存款"科目。如果一次购买的印花税票金额较大，则需要将费用分摊到各月中去。购买印花税税票时，借记"预付账款"科目，贷记"银行存款"科目；按月摊销时，借记"管理费用"科目，贷记"预付账款"科目。

房产税、车船使用税、土地使用税需要预先计算应交金额，然后再交纳税款。因此其核算需通过"应交税金"账户进行。计算出应缴纳的税款时，借记"管理费用"科目，贷记"应交税费"科目；缴纳税金时，借记"应交税费"科目，贷记"银行存款"科目。

二、其他费用的归集和分配

其余的其他费用，应该在费用发生时，根据有关凭证，按照费用发生的地点和用途，分别借记"制造费用""管理费用""销售费用"等科目，贷记"银行存款"或"现金"等科目。在凭证较多的情况下，可以汇总编制其他费用分配表，据以登记各种明细账。"其他费用分配表"的格式如表3-8所示。

表 3-8 其他费用分配表

20××年8月　　　　　　　　　　　　单位：元

分配对象		办公费	差旅费	水费	电费	修理费	其他支出	合计
基本生产车间		4 000		3 200		800	200	8 200
辅助生产车间	供电车间	200			4 200			4 400
	锅炉车间	150				200		350
行政管理部门		8 000	3 000	500		1 000		12 500
合计		12 350	3 000	3 700	4 200	2 000	200	25 450

根据"其他费用分配表"，编制如下分录：

借：制造费用——基本生产车间　　8 200
　　　　　　——辅助生产车间　　4 750
　　管理费用　　12 500
　　贷：银行存款等科目　　25 450

知识链接

2004年初，1.2万～1.3万元/吨的矽钢片；10月，涨到了2万元/吨；11月，涨到了2.7万～2.8万元/吨；2005年初，涨到了4.2万～4.3万元/吨。仅一年时间矽钢片涨幅超过200%。

与此同时，浙江大范围电荒，很多地方已开始执行生产企业"开三停四"的供电计划。霎时间将很多低压电器生产厂置于水与火的煎熬当中，很多企业产品尚未销售亏损便已成定局，更多的则是采取提高售价，向市场转移成本，以求暂避劫难。

正泰却逆市而动，质量不仅没有因为压力而缩水，而且价格保持着足够的竞争力。

1. "混合型"生产

正泰所在的温州柳市虽然是个群山环绕的小市镇，但是由于浙江省整体闹电荒，加之上万家的电器厂如同发豆芽一样地挤在这个小镇中，电力供应的矛盾非常严峻，而这时人机交互式生产在保障订单交付方面的优势就显而易见。

同时，低压电器行业属于劳动密集型产业，对设备的使用可以大大减轻劳动力市场波动的影响。"毕竟设备又不会像员工那样可以招之即来挥之即去"。

虽然自动化生产效率高，但是设备购置费是一笔最大的投入，终端车间的 4 条自动生产线，一条要 500 多万元人民币，设备的逐年折旧肯定会加大企业的生产成本。"而且，越是复杂的设备，维修成本越高。目前终端车间的自动线每年的维修费要几十万元。一条自动线一般能够替代五六十个工人，按目前正泰的工资水平计算，这些工人一年的工资只有 10 多万元。"用人工还是机器，正泰的角度就是看成本。

"人要比机械更灵活。比如在组装时，一个零件如果稍微有一点变形，人会自动调整一下方向把它安装上，但自动线就不行，会马上就淘汰掉，这样无形增加了采购质量和成本，同时生产的材料消耗也随之上升。"正泰生产采购中心总经理邓华祥说。

这也是正泰上下的共识。在整个正泰工业园，只有 12 条全自动生产线，手工仍占 70%以上，目前终端公司的装配仍是由手工完成。

在正泰终端电器公司的第一间生产车间，通道右边是真正的手工生产线，一排排望不到头的工作台，没有我们惯常所见的传送带。年轻的女工将工件拼装好后，就会用一根普通的橡皮筋轻轻捆起，放到一边，隔一段时间由搬运工送到下一个工序。几千个工作台上同时传来的"卡卡"的工件碰撞声，显得热烈而忙碌。

另一边是四条纯粹的自动化生产线，工件由机器手传到下一个工序，长长的生产线上只有两个工人走来走去，来回巡视。除了拼装和包装工序外，中间的几个工序已经都由机器来完成。

正是采用了这种混合式生产单元，不仅成本得到了有效控制，提高了效率，而且生产线更具有了弹性，在处理多品种、多规格订单时优势更加明显。这里也因此成为目前全球最大的小型断路器生产中心，目前日产量可以达到 24 万台。

2. 拆分流水线

"不要迷信自动化。"在对人力的应用上，正泰仔细研究生产线分解与劳动力要素配置的关系，根据每一道工序对生产速度的要求，对上游的工序进行重新整合。

"定型的、量大的产品就用自动线。"邓华祥说:"订单小的用自动线做效率反而低,特别是一些客户附加要求比较特殊的产品,我们需要在生产线中间加工序,如果是自动线就无法加工序。"

正泰对处理不同型号订单的生产方式别出心裁,由于订单的多样性,必然使固定的自动流水线生产变得困难,并且不经济,而采用人机混合的方式就可以合理调度这种变动。

另外,对于一些自动流水线生产效率并不高的工序,也从整条生产线上抽离出来,采用密集劳力的方式单独进行加工,这样改进后发现效率提高很多。正泰对生产成本的敏感是外人无法想象的,他们精确计算生产线上的某些环节是否适用引进自动线,这似乎不能被简单指责为拒绝技术升级的保守。

在降低生产成本方面的举措不仅体现在对生产线的生产要素分解、组合与替代的理解上,也体现在它们对生产损耗的控制上。

"机器对标准的要求较高,而人就具有足够的适应能力。"正泰将原材料进行分级处理,充分利用人力和机器的不同特点实现原料的最大利用。

在对纯粹人工操作的生产线上,一道工序和另一道工序之间的搬运时间都被精确测量,直至整体效率达到最佳。对于工序的设计,也是秉持最佳效率原则,经过试验,一个人负责的工序越少,速度才能更快,就将工序进一步细分,更密集地使用人力,从而使正泰的流水线保证了对大量订单的处理能力。

人机合成模式虽然可以降低成本,但是如果没有工人良好的素质,一切都白搭。特别是在中国大多数还是受教育水平很低、流动频繁的普通民工。

为了保证新招聘员工快速上手,降低培训成本,对于包括技术文件等很小的细节,正泰也正在进行适当的修改。"让图形发挥更大的价值",采用形象教育手段,工人在干中学,整体素质提高很快。在文件处理上,也尽可能采用让较低文化程度的员工看得懂的表达方式。

此外,人的效率不同于流水线,需要不断摸索、改进和提高。而正泰通过劳动竞赛和奖罚制度、目标定人定岗承包等方式，不断调动非流水线部分的工人效率。同时建立了内部计算机网，随时了解一线生产情况，包括每个员工的出勤、员工的到位情况、员工的生产情况、缺勤的原因等。

——周攀峰. 成本绝技：成本信仰的中国再造式. 中国商业评论，2005（7）.

案例讨论

王兵于 7 月从某会计学院毕业，应聘到光华机床厂从事会计工作，该厂 8 月开始生产甲、乙、丙三种新型车床，耗用 A 型钢材，有关资料如表 3-9 所示。

表 3-9　甲、乙、丙三种新型车床的有关资料

产品名称	产量（件）	重量（千克）	材料定额单耗	材料单价	材料单位定额成本
甲型车床	100	30 000	200	180	36 000
乙型车床	300	50 000	150	180	27 000
丙型车床	500	190 000	370	180	66 600
合　计	900	270 000	—	—	—

该厂以前采用按产品的产量比例对材料费用进行分配，本月共使用 A 型钢材 300 000 千克，每千克 180 元。财务科吴科长在向王兵介绍了企业生产产品使用的材料以及产品的情况后，提出以下几个问题，请王兵调查后回答。

要求：1. 本厂目前采用的材料费用的分配方法是否合适？
2. 本月开始生产的新产品应采用什么方法分配材料费用？
3. 对本厂材料费用的分配方法提出进一步改进的意见。

练习题

1. 某工业企业生产甲、乙两种产品，共同耗用 A 和 B 两种原材料，耗用量无法按产品直接划分。

甲产品投产 100 件，原材料单件消耗定额为：A 材料 10 千克，B 材料 5 千克；乙产品投产 200 件，原材料单件消耗定额为：A 材料 4 千克，B 材料 6 千克。

甲、乙两种产品实际消耗总量为：A 材料 1782 千克，B 材料 1717 千克。

原材料计划原价为：A 材料 2 元，B 材料 3 元。

原材料成本差异率为 2%。

要求：按定额消耗量比例分配甲、乙两种产品的原材料费用。

2. 某工业企业某工人的月工资标准为 840 元。某月，该工人病假 3 日，事假 2 日，周末休假 9 日，出勤 17 日。根据该工人的工龄，其病假工资按工资标准的 90% 计算。该工人的病假和事假期间没有节假日。

要求：分别用月薪制和日薪制计算该工人该月的工资，日工资按全年平均每月工作日数计算（即 20.83 日）。

第四章 辅助生产费用的归集和分配

导入案例

邯郸钢铁股份有限公司(以下简称"邯钢股份")于 1997 年由邯郸钢铁集团有限责任公司(以下简称"邯钢集团")独家发起,1998 年在上海证券交易所挂牌上市,主要业务为冶炼、钢坯、钢材轧制的生产和销售。

在生产经营过程中,钢铁企业都需要风、水、电、气等辅助产系统和配套设施。在改制重组过程中,相关辅助生产系统及配套设施未纳入邯钢股份,因此需由邯钢集团向邯钢股份提供相应的辅助生产服务。

同时,铁水、高炉粗煤气等铁前产品是钢铁企业生产中必不可少的基础原料。在设立邯钢股份时,为保证工艺流程的完整性,邯钢集团将炼铁系统的主要设备投入邯钢股份。由于邯钢集团炼铁系统生产能力有限,从生产工艺上无法从其他企业购入,因此必须向邯钢股份购买该等材料。

由于邯钢股份和邯钢集团为两家独立公司,因此,辅助产品或劳务的相互提供形成二者之间的关联交易,定价原则按照市场价或实际成本价格执行。但在改制重组之前,就需要进行辅助生产费用的归集和分配。[①]

本章引言

工业企业生产按其生产职能不同可以分为基本生产和辅助生产。基

---

① 改编自《邯郸钢铁股份有限公司发行可转换公司债券募集说明书》。

本生产指直接从事主要产品的生产活动。辅助生产则是为保证基本生产正常进行而向基本生产车间和行政管理部门等单位提供产品或劳务的生产活动。辅助生产费用归集和分配正确与否，将会影响产品成本和当期损益计算的正确性。

通过本章学习，要求学生：
- 了解辅助生产车间的两种类型
- 理解辅助生产费用归集的两种账务处理方法
- 掌握辅助生产费用分配的各种分配方法
- 明确各种分配方法的适用范围

第一节 辅助生产费用的归集

一、辅助生产费用概述

辅助生产车间是为企业的基本生产车间、行政管理等部门提供产品或劳务的生产车间，一般很少对外服务。

辅助生产车间按其提供劳务、作业和产品种类的多少，可以分为两种类型。第一种类型是单品种辅助生产车间，是指提供一种劳务或只进行同一性质作业的辅助车间，如：供电车间、供气车间、供水车间、机修车间、运输车队等。第二种类型是多品种辅助生产车间，是指生产多种产品的辅助生产车间，如：机械制造厂设立的生产所需的各种工具、刃具、模具和夹具的辅助生产车间。

辅助生产费用是指辅助生产车间生产产品或提供劳务所耗费的各项生产费用，它们形成了辅助生产车间的产品和劳务成本。这些辅助生产费用应按耗用比例分别转入生产成本、制造费用和管理费用。

二、辅助生产费用的归集

1. 账户设置

辅助生产费用的归集和分配是通过"生产成本——辅助生产成本"

账户进行的。该账户的借方反映进行辅助生产而发生的一切生产耗费，既包括各辅助生产车间发生的直接费用，也包括辅助生产车间为组织和管理生产活动所发生的各项间接费用，在辅助生产车间相互提供服务的情况下，还包括接受企业内部其他辅助生产车间的劳务、作业成本；贷方反映辅助生产费用的分配，登记各辅助生产车间向基本生产车间、行政管理部门、其他辅助生产部门以及其他部门提供劳务成本的转出数，以及完工入库的工具、模具、修理用备件等辅助生产产品生产成本的转出数；该账户若有借方余额，为辅助生产在产品的成本。

"生产成本——辅助生产成本"一般按照辅助生产车间以及辅助生产产品或劳务的种类设置明细账，按成本项目或费用项目设置专栏，进行明细核算。

"生产成本——辅助生产成本"明细账如表 4-1、表 4-2 所示。

表 4-1　生产成本——辅助生产成本明细账

日期	摘要	直接材料	直接人工	制造费用	合计	转出
	合计					

表 4-2　生产成本——辅助生产成本明细账

日期	摘要	材料	燃料及动力	工资及福利费	办公费	水电费	折旧费	修理费	其他	合计	转出
	合计										

2. 账务处理方法

根据辅助生产车间规模的大小以及产生制造费用的多少，辅助生产费用的归集主要有两种账务处理方法。两种处理方法的主要区别在于是否设置"制造费用——辅助生产车间"明细账。

当辅助生产车间规模较大，对外提供商品产品，发生的制造费用较多时，需要单独设置"制造费用——辅助生产车间"账户。当辅助生产车间发生制造费用时，先记入"制造费用——辅助生产车间"科目的借方，然后从"制造费用——辅助生产车间"科目的贷方直接转入或者分配转入"生产成本——辅助生产成本"科目的借方。辅助生产完工产品或劳务的成本，经过分配后从"生产成本——辅助生产成本"贷方转出，期末如有借方余额则为辅助生产的在产品余额。

当辅助生产车间规模不大，不对外提供产品，且发生的辅助生产费用较少时，辅助生产不对外销售产品或提供劳务，不需要按规定的成本项目计算辅助生产成本。为简化核算工作，辅助生产车间可以不设"制造费用——辅助生产车间"账户，直接借记"生产成本——辅助生产成本"科目及其明细科目。这时，"生产成本——辅助生产成本"明细账是按照成本项目与费用项目相结合设置专栏。

第二节　辅助生产费用的分配

由于企业进行辅助生产是为基本生产和其他部门服务的，根据受益原则，其发生的费用应由各受益部门承担，即应将辅助生产发生的费用在各受益部门间进行分配。

如果辅助生产车间生产多种产品（如各种工具、夹具、模具、自制材料等），在这些产品完工后，应将其成本从"生产成本——辅助生产成本"账户转入到"原材料""低值易耗品"等账户中。各车间部门领用时，再比照财务会计中存货的核算方法，根据具体的用途和数量，一次或分次转入有关成本账户。

如果辅助生产车间只提供水、电、汽等单一产品或劳务，**辅助生产**

车间发生的费用应在归集后,根据各受益部门的耗用量,在各受益部门间进行分配。此时,辅助生产车间除主要向基本生产车间和行政管理等部门提供劳务外,辅助生产车间之间也相互提供劳务。这样就存在一个如何处理辅助生产车间之间费用负担的问题。因此辅助生产费用的分配采用了一些特殊的分配方法,主要有:代数分配法、直接分配法、交互分配法、顺序分配法和计划分配法。

一、代数分配法

代数分配法是建立多元一次方程组,计算各辅助生产车间提供的产品或劳务的单位成本,再按各部门实际耗用辅助生产费用的数量进行分配的一种方法。

采用这种方法的计算程序是:首先,将辅助生产车间产品或劳务的单位成本设为未知数,并根据各辅助生产车间相互提供的劳务数量,求解联立方程,计算出辅助生产车间产品或劳务的单位成本;然后再根据受益单位(包括辅助生产车间)耗用的数量和单位成本计算分配辅助生产费用。其计算公式如下:

某辅助车间提供产品或劳务数量×该车间产品或劳务单位成本=该车间直接发生费用+该车间耗用其他辅助费用数量×其他辅助生产车间产品或劳务单位成本

某部门应分配的辅助生产费用=该部门实际耗用量×耗用产品或劳务单位成本

【例4-1】某厂有机修、运输两个辅助生产车间,20××年9月份发生的费用和提供的劳务数量资料如下。

机修车间的待分配费用15 800元,运输车间的待分配费用10 200元;机修车间供应的劳务数量4 200工时,运输车间供应的劳务数量5 500吨/公里;机修车间耗用运输车间劳务500单位,运输车间耗用机修车间的劳务数量是200单位;基本生产车间耗用的机修车间和运输车间的劳务数量分别为2 700单位和2 500单位,行政管理部门耗用的机修车间和运输车间的劳务数量分别为1 300单位和2 500单位。

各辅助车间提供的劳务数量如表4-3所示。

表 4-3 辅助生产车间提供劳务数量汇总表

受益部门		机修（工时）	运输（吨/公里）
基本生产车间		2 700	2 500
辅助生产车间	机修车间		500
	运输车间	200	
行政管理部门		1 300	2 500
合　　计		4 200	5 500

实际工作中，辅助生产费用的分配是通过编制"辅助生产费用分配表"进行的。

采用代数分配法，编制辅助生产费用分配表如表 4-4 所示。

表 4-4 辅助生产费用分配表（代数分配法）

辅助生产车间名称			机修	运输	合计
待分配辅助生产费用			15 800	10 200	26 000
供应劳务数量			4 200	5 500	
实际单位成本（分配率）			4	2	
辅助生产车间	机修车间	耗用数量		500	
		分配金额		1 000	1 000
	运输车间	耗用数量	200		
		分配金额	800		800
基本生产车间		耗用数量	2 700	2 500	
		分配金额	10 800	5 000	15 800
行政管理部门		耗用数量	1 300	2 500	
		分配金额	5 200	5 000	10 200
分配金额合计			16 800	11 000	27 800

表 4-2 中数据的计算过程如下：

设运输车间的单位劳务成本为 X，机修车间的单位劳务成本为 Y，则：

$10\ 200+200Y=(500+2\ 500+2\ 500)X$

$15\ 800+500X=(200+2\ 700+1\ 300)Y$

解方程的得：　　X=2

　　　　　　　　Y=4

根据计算的结果,编制会计分录如下:

借:生产成本——辅助生产成本——机修车间　1 000
　　　　　　　　　　　　　　　　——运输车间　　800
　　制造费用——基本生产车间　15 800
　　管理费用　10 200
　　贷:生产成本——辅助生产成本——机修车间　16 800
　　　　　　　　　　　　　　　　——运输车间　11 000

代数分配法的最大优点是分配结果准确,其他方法难以达到。但是当辅助生产车间数量较多时,需要设的未知数就多,计算相对复杂。因此,代数分配法适用于辅助生产车间数量较少或实行会计电算化的企业。

二、直接分配法

直接分配法是指在不考虑辅助生产车间之间相互提供劳务的情况下,简单地将辅助生产车间的费用直接分配到辅助生产车间之外的受益单位。计算公式如下:

$$某辅助生产费用的分配率 = \frac{辅助生产部门待分配的费用}{总的辅助生产部门提供的劳务 - 其他辅助生产部门劳务耗用量}$$

某部门分配的辅助生产费用=辅助生产费用的分配率×该部门的劳务总量

【例 4-2】沿用例 4-1 资料。采用直接分配法,编制辅助生产资料分配表,如表 4-5 所示。

表 4-5　辅助生产费用分配表(直接分配法)

辅助生产车间名称		机修	运输	金额合计
待分配辅助生产费用		15 800	10 200	26 000
供应辅助生产以外的劳务数量		4 000	5 000	9 000
单位成本(分配率)		3.95	2.04	
基本生产车间	耗用数量	2 700	2 500	
	分配金额	10 665	5 100	15 765
行政管理部门	耗用数量	1 300	2 500	
	分配金额	5 135	5 100	10 235
分配金额合计		15 800	10 200	

表 4-5 中数据计算过程如下:
机修车间分配率=15 800/4 000=3.95
运输车间分配率=10 200/5 000=2.04
基本生产车间应分配费用=2.04×2 500+3.95×2 700
　　　　　　　　　　=5 100+10 665=15 765
行政管理部门应分配的费用=2.04×2 500+3.95×1 300
　　　　　　　　　　=5 100+5 135=10 235
根据计算的结果,应作如下的会计分录:
借:制造费用——基本生产车间　　15 765
　　管理费用　10 235
　　贷:生产成本——辅助生产成本——机修车间　　15 800
　　　　　　　　　　　　　　　——运输车间　　10 200

采用直接分配法,由于各辅助生产费用只进行对外分配,只分配一次,计算简便。当辅助生产车间相互提供产品或劳务量差异较大时,分配结果往往与实际不符,因此这种方法只适用于在辅助生产车间内部相互提供产品或劳务不多、不进行费用的交互分配对辅助生产成本和产品生产成本影响不大的情况。

三、交互分配法

交互分配法是对各辅助生产车间的成本费用进行两次分配。首先要对内分配,即交互分配,根据各辅助生产车间、部门相互提供的产品或劳务的数量和交互分配前的费用分配率(单位成本),在各辅助生产车间之间进行一次交互分配;其次进行对外分配,即直接分配,将各辅助生产车间、部门交互分配后的实际费用,再按提供产品或劳务的数量和交互分配后的费用分配率,在辅助生产车间、部门以外的各受益单位之间进行分配。其计算公式如下:

1. 交互分配阶段

$$费用分配率=\frac{该辅助生产车间直接发生的费用}{该辅助生产车间提供的劳务总量}$$

应分配其他辅助生产车间的费用=耗用其他辅助生产车间劳务×费用分配率

2. 直接分配阶段

$$交互分配后费用分配率 = \frac{交互分配后的实际费用}{非辅助生产部门耗用劳务总量}$$

交互分配后实际费用=该辅助生产车间直接发生的费用+分配转入费用-分配转出费用

某部门应分配辅助生产费用=该部门耗用量×对外分配率

【例 4-3】沿用例 4-1 资料。采用交互分配法，编制辅助生产资料分配表，如表 4-6 所示。

表 4-6 辅助生产费用分配表（交互分配法）

分配方法		交互分配			对外分配		
辅助生产车间名称		机修	运输	合计	机修	运输	合计
待分配辅助生产费用		15 800	10 200	26 000	15 973	10 027	26 000
供应劳务数量		4 200	5 500		4 000	5 000	
单位成本（分配率）		3.76	1.85		3.99	2.01	
辅助生产车间	机修车间 耗用数量		500				
	机修车间 分配金额		925				
	运输车间 耗用数量	200					
	运输车间 分配金额	752					
	基本生产车间 耗用数量				2 700	2 500	
	基本生产车间 分配金额				10 773	5 025	157 98
	行政管理部门 耗用数量				1 300	2 500	
	行政管理部门 分配金额				5 200	5 002	10 202
分配金额合计		752	925		15 973	10 027	26 000

表 4-6 中数据的计算过程如下：

交互分配：

机修：15 800

分配率：3.76（=15 800/4 200）

运输：752

对外分配：

运输：10 200

分配率：1.85（=10 200/5 500）

机修：925

机修：15 973（=15 800+925-752 运输：10 027（=10 200+752-925）
分配率：3.99（=15 973/4 000） 分配率：2.01（=10 027/5 000）
基本生产车间：10 773 基本生产车间：5 025
行政管理部门：5 200 行政管理部门：5 002
编制会计分录如下：
(1) 交互分配：
  借：生产成本——辅助生产成本——机修车间 925
           ——运输车间 752
   贷：生产成本——辅助生产成本——机修车间 752
           ——运输车间 925
(2) 对外分配：
  借：制造费用——基本生产车间 15 798
    管理费用 10 202
   贷：生产成本——辅助生产成本——机修车间 15 973
           ——运输车间 10 027

  采用交互分配法分配辅助生产费用，克服了直接分配法在辅助生产车间之间不分配费用的缺点，使辅助生产车间的成本计算更加准确；但采用这种方法，在实际厂部、车间两级成本核算的企业里各辅助生产车间只能在接到其他辅助生产车间分入费用后，才能计算出实际费用，进而进行交互分配和对外分配，影响成本计算的及时性。其次，交互分配阶段所要分配的费用，由于不包括耗用其他辅助生产车间劳务的费用，所以，计算出来的费用分配率不是实际的分配率，准确性要差一些。这种方法主要适用于辅助生产车间相互之间提供产品或劳务数量较多时。

四、顺序分配法

  顺序分配法是按照受益多少的顺序将辅助生产车间依次排列，受益少的排在前面，先将费用分配出去，受益多的排在后面，后将费用分配出去的一种辅助费用分配方法。经过排序之后，前序辅助生产车间不计算后序车间交互转入的费用，但包含向后序车间提供的劳务数量，并计算向后序车间转出的费用；相应的，后序辅助生产车间计算前序车间交

第四章 辅助生产费用的归集和分配　　77

互转入的费用，但不考虑本车间向外转出的费用，也不包含向前序车间提供的劳务数量。

计算公式如下：

$$\text{某辅助生产车间费用分配率} = \frac{\text{该辅助生产车间直接发生的费用} + \text{分配转入费用}}{\text{该辅助生产车间向其他车间、部门提供的产品或劳务数量}}$$

各车间、部门应分配的辅助生产费用＝该车间、部门耗用的产品或劳务数量×费用分配率

【例4-4】沿用例4-1资料。运输车间耗用机修车间修理费少于机修车间耗用运输车间运输费，可见运输车间受益少，机修车间受益多，因此可以按运输车间、机修车间的顺序排列，先分配运输费用，再分配修理费用。按顺序分配法，编制辅助生产资料分配表，如表4-7所示。

表4-7 辅助生产费用分配表（顺序分配法）

项目		运输车间	机修车间	合计
待分配的辅助生产费用		10 200	16 725	
待分配的劳务数量		5 500	4 000	
单位成本（分配率）		1.85	4.18	
机修车间	耗用数量	500		
	分配金额	925		
基本生产车间	耗用数量	2 500	2 700	
	分配金额	4 625	11 286	15 911
行政管理部门	耗用数量	2 500	1 300	
	分配金额	4 650	5 439	10 089
分配金额合计		10 200	16 725	

表4-7中数据计算过程如下：

运输车间　　　　　　　　　　　　　机修车间
机修车间　　　　　　　　　　　　　9216 725（=15 800+925）
基本生产车间　4 625　　　　　　　　　　　　　　　11 286
政管理车间　　4 650（=10 200-925-4 625）　　　　　5 439
合计　　　　　10 200　　　　　　　　　　　　　　16 725

编制会计分录如下：
1. 分配运输费用
借：生产成本——辅助生产成本——机修车间　　925
　　　　　　——基本生产成本　　4 625
　　管理费用　　4 650
　　贷：生产成本——辅助生产成本——运输车间　　10 200
2. 分配修理费用
借：生产成本——基本生产成本　　11 286
　　管理费用　　5 439
　　贷：生产成本——辅助生产成本——供水车间　　16 725

顺序分配法的优点是计算简便，只用对外分配一次即可，综合了交互分配法的准确性和直接分配法的简洁性。但是由于前序辅助生产车间不负担耗用后序辅助生产车间的费用，影响分配结果的准确性。因此，顺序分配法适用于辅助生产车间相互提供产品或劳务有着明确的顺序，并且前序辅助生产车间耗用后序辅助生产车间费用较少的企业。

五、计划分配法

计划分配法是按照计划单位成本和各受益单位耗用的劳务数量分配辅助生产费用的一种方法。

采用这种方法分配辅助生产费用时分为两个步骤。首先，根据各车间部门实际耗用的劳务数量和事先确定的计划单位成本分配辅助生产费用；其次，调整按计划单位成本计算的分配额和各辅助生产车间实际发生的费用之间的差额，该差额可列入"管理费用"中。如果是超支差异，应增加管理费用；如果为节约差异，则应冲减管理费用。其公式如下：

某部门应分配的辅助生产费用=该部门实际耗用量×计划单位成本
某辅助生产费用分配的差异额=实际费用+分配转入额-计划分配额

【例4-5】沿用例4-1资料。运输车间的计划单位成本为1.8元，机修车间的计划单位成本为4元。采用计划分配法，编制辅助生产资料分配表，如表4-8所示。

表 4-8 辅助生产费用分配表(计划分配法)

辅助生产车间名称			机修	运输	合计
待分配辅助生产费用			15 800	10 200	26 000
供应劳务数量			4 200	5 500	
实际单位成本(分配率)			4	1.8	
辅助生产车间	机修车间	耗用数量		500	
		分配金额		900	900
	运输车间	耗用数量	200		
		分配金额	800		800
基本生产车间		耗用数量	2 700	2 500	
		分配金额	10 800	4 500	15 300
行政管理部门		耗用数量	1 300	2 500	
		分配金额	5 200	4 500	9 700
按计划成本分配合计			168 00	9 900	26 700
辅助生产车间实际成本			16 700	11 000	27 700
辅助生产车间成本差异			-100	1 100	1 000

	机修车间	运输车间
机修车间		900
运输车间	800	
基本生产车间	10 800	4 500
行政管理车间	5200	4 500
计划合计	16 800	9 900
实际合计	16 700(=15 800+900)	11 000(=10 200+800)
成本差异	-100	1 100

编写的会计分录如下:
1. 按计划成本分配
   借:生产成本——辅助生产成本——机修车间　　900
   　　　　　　　　　　　　　　　——运输车间　　800
   　　制造费用——基本生产车间　　15 300

管理费用　　9 700
　　　贷：生产成本——辅助生产成本——机修车间　　16 800
　　　　　　　　　　　　　　　　　　——运输车间　　9 900
　2. 分配差异
　　借：管理费用　　1 000
　　　贷：生产成本——辅助生产成本——运输车间　　1 100
　　　　　　　　　　　　　　　　　　——机修车间　　100

　　计划分配法的计算手续较简单，加快了会计核算的速度，其缺点在于如果计划单位成本制定不准确，会影响辅助生产费用分配的准确性。这种方法主要适用于计划单位成本制定的比较准确的企业。

知识链接

　　钢铁行业是多流程、大批量生产的行业，由于生产过程的高度计划性决定了必须对生产流程各个工艺环节实行高度集中的管理模式。为了严格成本管理，一般依据流程将整个生产线划分为不同的作业单元，在各个作业单元之间采用某些锁定转移价格的办法。而邯钢在成本管理方面率先引入市场竞争手段，依据市场竞争力为导向分解内部转移成本，再以此为控制指标，落实到人和设备上，将指标责任与奖罚挂钩，强制实现成本目标，达到系统总合最优。

　1."倒"出来的利润

　　对邯钢而言，要挤出利润，首先需要确定合理先进、效益最佳化的单位产品目标成本。公司根据一定时期内市场上生铁、钢坯、能源及其他辅助材料的平均价格编制企业内部转移价格，并根据市场价格变化的情况每半年或一年作一次修订，各分厂根据原材料等的消耗量和"模拟市场价格"核算本分厂的产品制造成本，也以"模拟市场价格"向下道工序"出售"自己的产品。获得的"销售收入"与本分厂的产品制造成本之间的差额，就是本分厂的销售毛利。销售毛利还需要作以下两项扣除：一是把公司管理费分配给分厂作销售毛利的扣除项，一般采用固定的数额（根据管理费年预算确定）；二是财务费用由分厂负担，一般根据分厂实际占用的流动资金额参考国家同期同类利率确定。作这两项扣除后，就形成了本分厂的"内部利润"。

例如三轧钢分厂生产的线材，当时每吨成本高达 1 649 元，而市场价只能卖到 1 600 元，每吨亏损 49 元。经过测算，这 49 元全部让三轧钢分厂一个生产单元消化根本做不到。如果从原料采购到炼钢、轧钢开坯和成材，各道工序的经济指标都优化达到历史最好水平——比如邯钢三轧钢厂发现，为使产品的包装质量符合公司要求，修卷减去的线材头尾一个月达上百吨，由此造成的损失超过 6 万元，为了降低成本对卷线机进行了技术改造，在充分保证包装质量的前提下，轧用量降低了 40%，吨材成本下降 8 元。其他流程环节也纷纷采取不同手段降低成本，开坯的二轧钢厂挖潜降低 5 元/吨坯，生产钢锭的二炼钢厂挖潜降低 24.12 元/吨钢，原料外购生铁每吨由 780 元降到 750 元以下，这样环环相扣[8+5+24.12+（780-750）＞49]就可扭亏为盈。

当时，总厂分别对各生产单元下达了目标成本，其中对三轧钢分厂下达了吨材 1 329 元的不赔钱成本指标。面对这一似乎高不可攀的指标，分厂领导班子对这个指标既感到有压力，但又提不出完不成的理由。因为这既是从市场"倒推"出来的，又是由自己的历史水平和比照先进水平测算出来的，再下调就意味着邯钢都要出现亏损，这时压力就变成了动力。面对新的成本目标，只能扎实工作，努力实现。

三轧钢分厂组成专门班子，将工段进行层层分解，将总厂下达的新成本采用"倒推"的办法，测算出各项费用在吨钢成本中的最高限额。比如各种原材料消耗、各项费用指标等，大到 840 多元（时价）1 吨的铁水，小到仅 0.03 元的印刷费、邮寄费，横向分解落实到科室，纵向分解落实到式段、班组和个人，层层签订承包协议，并与奖惩挂钩，使责、权、利相统一，使每个单位、每个职工的工作都与市场挂起钩来，经受市场的考验，使全厂形成纵横交错的目标成本管理体系。经过一年的拼搏，三轧钢分厂不仅圆满实现了目标，而且扭亏为盈，当年为总厂创利润 82.67 万元。

2. 协同的正向循环

这种以市价为基础的内部成本倒推分解法，把产品成本、质量、资金占用、品种结构等因素纳入完整的考核体系之中，给了成本中心更大的责任和压力，使分厂在有限的决策权之下，有了除降低成本以外的增利手段。可以使分厂了解假如自己是一个独立企业时的盈亏水平，增强"亏损"或微利单位的危机感和紧迫感，公司则在推进降低成本目标时遇到的阻力比较小；由于实行优质优价的定价原则，可鼓励分厂提高产品质量以增加"销售收入"，使他们有了寻求质量与成本最佳结合点的权利；利息作为内部利润的扣除项，有利于量化资金占用水平，鼓励分厂压缩资金占用；通过对不同品种的合理定价，可鼓励分厂结合市场需求调整产品结构。采用项目成本倒推分解这种方法，从根本上改变了各个流程成本控制与总成本控制之间的关系，使个人将自己与总成本控制的贡献相关联，个人的晋升与发展也与这些贡献相关联，从而形成了良性循环。

邯钢推行以项目成本分解制后，使它能够在1993年以来国内钢材价格每年降低的情况下保持利润基本不减，1994~1996年实现利润在行业中连续三年名列第三名，1997～1999年上升为第二名。1999年邯钢钢产量只占全国钢产量的2.43%，而实现的利润却占全行业利润总额的13.67%。冶金行业通过推广邯钢经验，促使钢材成本大幅度降低，1997年以来全行业成本降低基本与钢材降价保持同步，1999年成本降低还超过了钢材降价的幅度，不仅使全行业经济效益呈现恢复性提高，而且为国民经济提供了廉价的钢材，缩小了高于国际钢价的价格差，增强了中国钢铁工业的国际竞争能力。

事实上，不只在钢铁行业，其他有色金属业、机械行业、化学工业、制糖业、造纸业等都具有邯钢这种大批量多流程生产的特点，由于邯钢成功地实施"模拟市场核算、倒推单元成本、实行成本否决、全员成本管理"这一全新的企业经营机制，因此在全国掀起了学邯钢的一轮浪潮。

——周攀峰.成本绝技：成本信仰的中国再造式.中国商业评论，2005（7）.

案例讨论

李某为成本会计员。该公司新增加了一个辅助生产车间,即供汽车间,该车间主要生产蒸汽,用的燃料是原煤。生产的蒸汽主要由机械加工、冲压、供电、修理等车间使用。其他部门使用的较少。该公司过去辅助生产车间主要是供电车间和修理车间。本月份供汽车间共发生费用 800 000 元,供电车间发生费用 1 200 000 元,修理车间发生费用 900 000 元,各辅助生产车间提供的劳务及耗用单位情况如表 4-9 所示。

财务部领导向李某提出了如下几个方面的问题要求其解答:

(1)原来企业采用直接分配法分配辅助生产费用,这种分配方法是否合适?有什么优缺点?

(2)新增加了一个辅助生产车间是否需要对辅助生产费用分配方法进行改变?

(3)若需要改变辅助生产费用分配方法,采用什么方法比较合适?请提供几种方案供领导决策时选择。

表 4-9 辅助生产车间提供的劳务及耗用单位情况

耗用劳务单位		供汽车间(立方米)	供电车间(千瓦)	修理车间(小时)
供汽车间		—	10 000	12 000
供电车间		20 000	-	4 000
修理车间		5 000	25 000	—
第一车间	产品耗用	30 000	50 000	68 000
	一般耗用	4 000	26 000	2 000
第二车间	产品耗用	1 000	60 000	13 000
	一般耗用	1 500	18 000	9 000
行政管理部门		2 000	17 000	7 000
设备自建工程		1 500	14 000	5 000
合计		65 000	220 000	120 000

练习题

1. 某企业 4 月份"辅助生产成本"明细账归集的辅助生产费用总额为:机修车间 24 000 元,动力车间 30 000 元。机修、动力两个辅助生产车间提供的劳务数量如表 4-10 所示（假设机修和动力两个车间的计划分配率分别为 5.2 和 2.2）。

表 4-10 辅助生产车间供应产品及劳务数量

项 目	机修供应数量(工时)	动力供应数量(度)
机修车间		800
动力车间	500	
产品生产耗用		10 000
车间一般耗用	3 000	1 500
专设销售部门	500	1 000
企业管理部门	800	1 700
合计	4 800	15 000

要求：采用直接分配法、交互分配法、代数分配法和计划分配法分配辅助生产费用，并编制相关的会计分录。

2. 某企业设有修理和运输两个辅助生产部门。修理车间本月发生费用 5 040 元，提供修理劳务费 2 100 小时，其中：为运输部门修理 100 小时，为基本生产车间修理 1 800 小时，为行政管理部门修理 200 小时。运输部门本月份发生的费用为 9 000 元，运输材料物资 7 500 吨公里，其中：为修理车间提供 300 吨公里，为基本生产车间提供 6 600 吨公里，为企业行政管理部门提供运输劳务 600 吨公里。

要求：采用顺序分配法计算分配修理、运输费用，编制相关的会计分录。

第五章 制造费用的归集和分配

导入案例

随着高新技术的发展,生产人员减少,生产自动化的程度日益加深,混凝土企业对特殊机器、设备以及计算机控制程序的使用不断增加,制造费用在产品成本中的比重急剧增加。

目前,混凝土企业制造费用分配存在多种方法。其中产品产量比例法、生产工时比例法和机器工时比例法是较为常见的制造费用分配方法,其分配思路基本一致,就是将基本生产车间本月发生的制造费用总额按照比例分配计入各种产品的成本中,"制造费用"账户月末一般无余额。

但混凝土企业的生产有季节性。由于企业生产的混凝土不能储存,必须及时运送至施工现场浇铸,因此企业生产混凝土有明显的淡旺季之分。如在南方地区,2~5月是春季,雨水多、施工少,属于淡季,6~9月是农忙季节,产品产量平平,10月至次年1月属于混凝土生产旺季,产销两旺。

如果企业按照实际产量分摊制造费用,制造费用中固定部分(如机器折旧、修理费、固定租车费等)比较恒定,制造费用中变动部分随产量变动而变动。因月产量波动大,平均单位制造费用会出现较大波动,在销售价格变动不大的情况下会导致毛利变化较大。

因此,需要寻找合适的制造费用分配方法。[①]

[①] 改编自伍瑞斌. 混凝土企业制造费用年度计划分配方法探析. 中国乡镇企业会计, 2014 (3).

本章引言

制造费用是企业为生产产品和提供劳务而发生的,所以制造费用是构成产品、劳务成本的重要组成部分。正确核算制造费用,对于正确计算产品成本、控制各部门费用开支、监督预算执行情况、促进费用节约和产品成本降低具有重要的意义。

通过本章学习,要求学生:
- 了解制造费用的核算内容
- 掌握制造费用的各种分配方法
- 明确各种分配方法的适用范围

第一节 制造费用的归集

一、制造费用概述

制造费用是指企业为生产产品(或提供劳务)而发生的、应计入产品成本但没有专设成本项目,无法直接计入产品或劳务成本的各项生产费用。

制造费用大部分是间接用于产品生产的费用,比如机物料消耗,辅助生产工人的工资及福利费,车间房屋及建筑物的折旧费、修理费、保险费、租赁费,车间生产用的照明费、取暖费、劳动保护费,以及季节性停工和生产用固定资产修理期间的停工损失,等等。

制造费用中还有一部分直接用于产品生产的直接生产费用,但管理上不要求或者核算上不便于单独核算,因而没有专设成本项目,比如机器设备的折旧费、修理费、租赁费、保险费,生产工具摊销,设计制图费和试验检验费等。

制造费用还包括车间用于组织和管理生产的费用,这些费用的性质本属于管理费用,但由于它们是生产车间的管理费用,与生产车间的制造费用很难严格划分,为简化核算工作,也将它们作为制造费用核算。

比如,生产车间管理人员工资及福利费,车间管理用房屋和设备的折旧费、修理费、租赁费、保险费、车间管理用具摊销,车间管理用的照明费、水费、取暖费、差旅费、办公费、电话费等。如果企业的组织机构分为车间、分厂和总厂等若干层次,企业的分厂与企业的生产车间相似,也是企业的生产单位,因而其发生的用于组织和管理生产的费用,也作为制造费用核算。

二、制造费用的归集

制造费用的归集,应通过"制造费用"账户进行。该账户应按不同的车间、部门设立明细账,账内按照费用的明细项目设立专栏进行明细核算,分别反映各车间、部门各项制造费用的发生情况,便于进行成本管理。制造费用明细账如表 5-1 所示。

表 5-1 制造费用明细账

车间:第一生产车间　　　　　　2014 年 8 月

摘要	工资底薪	机物料消耗	折旧费	保险费	办公费	水电费	合计
应付职工薪酬等	14 000						14 000
领用辅助材料等		12 000					12 000
计提折旧			6 000				6 000
分摊保险费				3 800			3 800
支付办公费					500		500
支付水电费						400	400
合计	14 000	12 000	6 000	3 800	500	400	36 700

制造费用发生时,根据有关的付款凭证、转账凭证和各种费用分配表记入"制造费用"账户的借方,并按费用明细情况,分别记入"工资""职工福利费""机物料消耗""折旧费""保险费"等明细项目中。同时,根据具体情况,记入"原材料""应付职工薪酬""累计折旧""银行存款""生产成本——辅助生产成本"等账户的贷方。

第二节 制造费用的分配

一、制造费用的分配原则

基本生产车间的制造费用是产品生产成本的组成部分,在只生产一种产品的车间,制造费用可以直接计入该产品生产成本;在生产多种产品的车间,制造费用应采用合适的分配方法,分配计入各种产品的生产成本。辅助生产车间单独核算其制造费用时,汇总在"制造费用——辅助生产车间"账户中。在只生产一种产品或之后提供一种劳务的辅助生产车间,制造费用直接计入该辅助生产产品或劳务的成本;在生产多种产品或提供多种劳务的辅助生产车间,则应采用合适的分配方法,分配计入辅助生产产品或劳务的成本。由于企业各生产车间的制造费用水平不同,所以制造费用的分配应分不同部门进行,而不应将各车间的制造费用统一在整个企业范围内分配。

要合理、正确地分配制造费用,关键在于正确选择分配标准和分配方法。企业应根据各生产车间和分厂组织与管理生产活动的特点、性质,选择合理的分配标准和恰当的分配方法。

在选择分配标准时,应考虑的原则是:分配标准的资料比较容易取得,可以客观计量,且与制造费用之间存在客观的因果比例关系。常用的制造费用分配标准主要有生产工人工时、生产工人工资和机器工时三种。

二、制造费用的分配方法

制造费用的分配方法可分为实际分配率法、计划分配率法和累计分配率法。

(一)实际分配率法

实际分配率法,是指根据当月实际的制造费用,按分配标准分配计入产品或劳务的成本的方法。其计算公式如下:

$$制造费用分配率 = \frac{该车间本期制造用总额}{该车间分配标准之和}$$

某产品应分配的制造费用 = 该种产品的耗用分配标准 × 该车间的制造费用分配率

根据不同的分配标准，实际分配率法又可分为以下三种：

1. 生产工人工时比例法

生产工人工时比例法是指以各种产品或劳务的生产工时为标准，分配制造费用的方法。其计算公式如下：

$$制造费用分配率 = \frac{制造费用总额}{各种产品生产工时总额}$$

某种产品应分配的制造费用 = 该种产品生产工时 × 制造费用分配率

【例 5-1】某公司本月基本生产车间发生的制造费用总额为 28 000 元，基本生产车间 A 产品生产工时为 7 000 小时，B 产品生产工时为 3 000 小时。要求：采用生产工人工时比例法分配制造费用。

$$制造费用分配率 = \frac{28\ 000}{7\ 000 + 3\ 000} = 2.8\ （元/时）$$

A 产品应分配的制造费用 = 7 000×2.8 = 19 600（元）
B 产品应分配的制造费用 = 3 000×2.8 = 8 400（元）
按生产工时比例法编制制造费用分配表，详见表 5-2 所示。

表 5-2 制造费用分配表
车间：基本生产车间

应借科目		生产工时（小时）	分配率	分配金额
基本生产成本	A 产品	7 000	2.8	19 600
	B 产品	3 000	2.8	8 400
合计		10 000	—	28 000

根据制造费用分配表，编制会计分录如下所示：

借：基本生产成本——A 产品　　19 600
　　　　　　　　——B 产品　　8 400

贷：制造费用　　　28 000

　　这种分配方法的优点是资料容易取得，方法比较简单，是一种较为常见的分配方法。在生产工时资料统计健全的车间可以采用该种分配方法。它能将劳动生产率的高低与负担的制造费用多少联系起来，分配结果较为合理。但是这种方法忽视了各种生产工时每小时制造费用水平的不同。

2. 生产工人工资比例法

　　生产工人工资比例法是以各种产品或劳务的生产工人工资为标准分配制造费用。其计算公式如下：

$$制造费用分配率 = \frac{制造费用总额}{各种产品生产工人工资总额}$$

　　某种产品应分配的制造费用＝该种产品生产工人工资×制造费用分配率

　　该种方法的计算程序、原理与生产工人工时比例法相同，只是选取的分配标准不同。采用该种方法分配制造费用，其分配标准（生产工人工资）容易取得，计算方便，而且弥补了生产工人工时比例法的不足之处，考虑了各种生产工时每小时制造费用水平的不同。

　　这种方法适用于生产工人的工资可以直接计入产品成本的企业。当各种产品成本中的工资是采用生产工时分配时，采用这种方法实质上同按照生产工时分配的方法是一样的，不如直接采用生产工时比例法。而且该方法只适用于各种产品机械化程度相仿的车间和部门，否则会影响制造费用分配的合理性。例如机械化程度高的产品，生产工人的工资少，分配的制造费用也少，会出现不合理的情况。

3. 机器工时比例法

　　机器工时比例法是根据各种产品或劳务生产时所用的机器设备运转的时间为标准分配制造费用的方法。其计算公式如下：

$$制造费用分配率 = \frac{制造费用总额}{各种产品机器工时之和}$$

　　某种产品应分配的制造费用＝该种产品耗用的机器工时×制造费用分配率

　　该种方法的计算程序、原理与生产工人工时比例法相同，只是选取的分配标准不同。这种方法适用于机械化、自动化程度高的车间和部门，因为在这些车间里，制造费用中的折旧费、修理费、动力费等与机器设备的运行时间有直接关系，因此按机器工时比例法分配比较合理。采用这种方法，必须做好各种产品耗用机器工时的记录工作。

在一些机床型号较多，精密度相差悬殊的企业，需要将机床分为若干类，以各类机床每小时的折旧、修理保养等费用或者每小时的加工价格为依据，确定工时折合系数。然后将各种产品的生产工时按系数折算成折合工时，据以分配制造费用更为合理。

【例 5-2】某重型加工企业生产甲、乙两种产品，共发生制造费用 160 300 元。各种产品的生产工时和折合系数如表 5-3 所示。

表 5-3　生产工时和折合工时表

20××年 2 月

类别	系数	甲产品		乙产品		合计	
		生产工时	折合工时	生产工时	折合工时	生产工时	折合工时
1	20	30	600	15	300	45	900
2	15	40	600	10	150	50	750
3	10	50	500	40	400	90	900
4	5	20	100	20	100	40	200
5	1	15	15	30	30	45	45
6	0.5	70	35	100	50	170	85
合计	—	225	1 850	215	1 030	440	2 880

根据生产工时、折合工时和制造费用资料，编制制造费用分配表，如表 5-4 所示。

表 5-4　制造费用分配表

20××年 2 月

单位：元

产品名称	按生产工时分配		按折合工时分配		差异	
	生产工时	金额	折合工时	金额	差异额	差异率
甲产品	225	81 972	1 850	102 970	-20 998	-26%
乙产品	215	78 328	1 030	57 330	20 998	27%
合计	440	160 300	2 880	160 300	0	0

从上述结果可以看出，采取生产工时和折合工时分配制造费用的金额是不一样的。企业应该根据具体情况选择使用。因此，在一些机床型号较多、紧密程度相差较大的企业里，采用折合工时分配更为合理。

制造费用除了采用以上标准外，还可以采用耗用材料数量或成本、直接成本、产品产量等标准分配。但这种分配标准一般只能在产品性能、结构、所用原材料和工艺过程基本相同的情况下采用。

企业也可以根据制造费用的特点，将其划分为若干类，分别选择合理的标准进行分配，这种分配方法称为联合分配法。分类标准可根据制造费用的性质和用途划分。例如，有些企业将制造费用分为两类，一类是机器设备使用及维修的有关费用，另一类是组织和管理生产而发生的费用。在进行制造费用分配时，前者可按照机器工时或折合工时的比例进行分配，后者可按直接人工工时的比例进行分配。

（二）计划分配率法

计划分配率法又称为预定分配率法，是指按照企业年度制造费用的预算和年度计划产量的定额标准计算的计划分配率分配制造费用的方法。其计算公式如下：

$$制造费用计划分配率 = \frac{年度制造费用计划总额}{年度各种产品的计划产量定额工时之和}$$

某种产品应分配的制造费用 = 该产品该月实际产量定额标准 × 制造费用计划分配率

【例5-3】某企业基本生产车间年度制造费用预算为870 000元，全年产品的计划产量为：A产品6 000件，B产品4 000件；单位产品定额工时为：A产品6小时，B产品4小时；本月实际产量为：A产品600件，B产品400件。本月实际发生的制造费用为：75 000元。采用计划分配率法分配制造费用。

A产品的计划产量定额工时 = 6 000 × 6 = 36 000（小时）

B产品的计划产量定额工时 = 4 000 × 4 = 24 000（小时）

$$制造费用计划分配率 = \frac{870\ 000}{36\ 000 + 24\ 000} = 14.5\ （元/小时）$$

A产品应分配的制造费用 = 600 × 6 × 14.5 = 52 200（元）

B产品应分配的制造费用=400×4×14.5=23 200（元）

该车间本月应分配的制造费用=52 200+23 200=75 400（元）

根据制造费用的分配结果，编制会计分录如下：

借：生产成本——基本生产成本——A产品　　52 200
　　　　　　　　　　　　　　　——B产品　　23 200
　　贷：制造费用　　75 400

按计划分配率本月共分配的制造费用为 75 400 元，比实际发生的制造费用多 400 元。

接上例，假定到本年末，采用计划分配率已分配制造费用 900 000 元，其中 A 产品已分配 620 000 元，B 产品已分配 280 000 元。全年实际发生的制造费用为 880 000 元，则多分配 20 000 元。假定该企业为非季节性企业，则年末应进行调整冲回。具体计算如下：

$$调整分配率 = \frac{880\,000 - 900\,000}{900\,000} = -0.02 \text{（元/小时）}$$

A产品应分配的差额=620 000×(-0.02)=-12 400（元）

B产品应分配的差额=280 000×(-0.02)=-5 600（元）

根据计算结果，实际发生的费用比按计划分配转出的费用节约 18 000 元，予以冲转，编制会计分录如下：

借：生产成本——基本生产成本——A产品　　12 400
　　　　　　　　　　　　　　　——B产品　　5 600
　　贷：制造费用　　18 000

采用计划分配率法不必每月计算分配率，简化分配手续，便于及时计算产品成本，及时考核制造费用计划的执行情况，以便对制造费用进行控制。这种方法对计划工作水平要求较高，如果制造费用计划数与实际发生额相差较大时，就会影响产品成本计算的准确性，这时应及时调整计划分配率。这种方法适用于季节性生产的企业，因为这种企业每月制造费用相差不多，而产品的产量在旺季和淡季相差很多。倘若用实际分配率法分配制造费用，会使每月产品成本中的制造费用忽高忽低，不利于产品成本的分析与考核。

(三) 累计分配率法

累计分配率法,是指产品完工时一次性分配所有的制造费用,未完成的产品暂不分配制造费用,其所负担的制造费用保留在原账户中,待其完工时与新发生的费用一起累计后再分配。其计算公式如下:

$$某车间制造费用累计分配率 = \frac{制造费用期初余额 + 本月发生的制造费用}{各种产品累计分配标准之和}$$

$$完工产品应分配的制造费用 = 完工产品的累计分配标准 \times 制造费用累计分配率$$

【例 5-4】某企业共生产甲、乙、丙、丁四批产品,甲产品上月投产,生产工时 300 小时,本月发生工时为 1 200 小时。另外三批产品均为本月投产,工时分别为 2 000 小时、1 500 小时、3 000 小时。月初制造费用余额为 1 350 元,本月发生 6 870 元。甲产品本月完工,其余产品均未完工。采用累计分配率法分配制造费用。

$$制造费用累计分配率 = \frac{1\,350+6\,870}{300+1\,200+2\,000+1\,500+3\,000} = 1.0275 \text{ (元/小时)}$$

甲产品应分配的制造费用 = (300+1 200)×1.0275 = 1 541.25 (元)

乙、丙、丁由于未完工,所以暂不分配。将三批产品应负担的制造费用 6 678.75 [(1 350+6 870) -1 541.25] 保留在制造费用明细账中。待该批产品完工时,再根据其累计工时和完工月份的累计分配率分配其应负担的制造费用。

采用累计分配率法分配制造费用,优点是对于生产周期长的企业,假若完工产品批次少,未完工产品批次多,则可以简化会计核算。而未完工的批次少,则可以不采用该种会计核算方法。同时,由于累计分配率是一种加权平均分配率,如果企业各月制造费用波动较大必然会影响产品成本计算的准确性。因此采用该种方法各月制造费用水平应相差不大,否则会影响会计结果的准确性。综上,累计分配率法适用于生产周期较长,每月未完工产品批次多,且各月制造费用波动不大的企业。

知识链接

制造业是我国的主要经济支柱。近几年,银行资金的各项调控层层推出，企业资金的压力不断增大，原材料和人工成本逐年上涨，导致我国制造企业的产品成本不断提升，企业也不可避免地经常调整产品的销售价格。销售价格的准确定位，直接影响着企业的销量与利润，最终还将关系到一个企业的生存和发展。

1. 企业报表盈利实质亏损的原因探究

无论产品销售价格是采用何种方法来确定，其产品销售的价格确定均考虑产品的生产成本。成本不准确直接导致产品销售定价的不合理，这是许多企业报表盈利实质亏损的原因。有些单位已设立了成本会计岗位，也对其给予了相当的重视，但还是存在报表盈利实质亏损的现象。笔者认为，该现象的成因在于我国企业为了满足世界各地客户的不同需求，尤其在浙江温州、台州等一些技术密集型的地区，有许多民营中小型制造企业从事外贸产品的生产制造，具有品种多、批量小的共同特征，即直接材料和直接人工成本在产品成本中所占的比重较低。又由于涉及技术生产，对机器使用的要求有所提高，以及经济技术要求等原因，导致其间接人工费大幅提高，总体出现制造费用比重较高的现象。调查得知，有近80%的企业采用传统的成本核算方法分摊制造费用，即单一的按照产量分配制造费用，将制造费用总额在各种产品总产量中平均进行分配。这种分配法在企业大量生产某一类产品时较为适用，但当企业为了适应市场而扩大产品生产的品种时，如果增加新产品的生产还按单一的产量来分配制造费用，传统成本核算方法存在的问题就会显现出来。

2. 传统成本核算方法弊端案例分析

温州澳谱公司每月生产的新旧产品产量与客户的订单一致，按不同批次在同一条生产线上进行生产。除直接材料费和直接人工费外，每批次新旧产品在生产前设备调试的准备、生产材料的发放、半成品和产成品的内部转移上、分销以及销售订单处理上，无论批量的大小每种产品均等量耗费该厂同等的资源，当然还包括车间生产控制总系统、质量检验系统等各种资源。为了避免不同产品互相交叉污染，影响产品的生产质量，新旧产品因指标不同，在产品投产前均要对设备进行准备工作，每完成一种产品的生产，还要更换制剂和清洗设备。

该厂旧产品每次投产前的准备工作耗时较短，然而，由于新产品的某些指标要求较高，其投产前的准备工作时间是旧产品耗时的几倍。2009年该厂开始生产新产品，旧产品占总产量约90%，新产品则约占10%。旧产品占领的市场份额高、产量大，因此订单批量较大；新产品因产量低使得订单批量较小。新产品的生产批次和旧产品的生产批次相同，而按产品批次进行的工作也一致，即新旧产品所耗费的人工工时、能源、相关设备折旧等，在每批次的生产中基本相同。此外，新产品的生产准备成本明显高于旧产品。综上，由于新品种的增加，上述各项间接费用的总额增加将近50%，即大批量生产的旧产品和小批量生产的新产品所产生的制造费用总额相等，而传统成本按数量平均分配制造费用，由于新产品的产量低而只承担了约10%的制造费用；相反旧产品却因产量高而承担了约90%的制造费用。

  传统成本核算方法的使用使得新产品承担的制造费用远低于实际应承担的金额，扭曲了产品的成本，大量制造费用被转嫁至旧产品的成本中，造成了旧产品的成本价比实际偏高，而新产品的账面成本价格远低于实际的现象，参考了两种产品成本的销售定价就出现了一个偏高、一个偏低的现状。

  此外，新产品的销售价格高于旧产品许多，这样愈发使新产品的单位毛利率增大。旧产品因成本的虚高显示出了较低的单位毛利率，但是新产品的销量与旧产品相比较小，而旧产品的市场价格比较稳定，因此，多数企业管理者容易认为扩大新品种的生产销售而减少旧产品的销售决策是正确的。于是转移旧产品的销售部门人员，花费大量的时间和人力推销新产品。

  就温州澳谱公司而言，经过两年的经营，即在2011年发现新产品经过推销后确实使生产销售有所扩大，报表中也显示出了利润，但企业的资金却愈发紧张。该厂新产品的定价虽远高于账面成本，但实质上却处于低于或接近实际成本价的水平，此外为打开销路而投入了大量的推销费，新产品的生产和销售实际上处于亏损状态。而真正为企业创造利润的旧产品的销量却有所下降，最终导致了企业报表账面盈利，但销售新产品越多实质性亏损越多的事实。

  随着经济的发展，间接费用在产品成本中所占的比重越来越大，这种现象便越有可能在夸大高产量产品成本的同时虚减低产量产品的成本。可见,传统成本计算方法下对制造费用进行平均分摊的方法并不适用于新产品开发企业。

——陈海红. 探究会计报表盈利实质亏损的深层原因——从产品成本核算角度分析. 商业会计,2012(12).

案例讨论

假若你受聘为 ABC 公司设计一套成本制度。你对该企业的生产业务进行调查,发现如下事实:

(1) 该公司生产一系列照明装置和灯具。产品的原料成本占生产成本的 15%~60%,其比例取决于生产该产品所使用的金属和结构的种类;

(2) 该业务有大幅度的周期性波动,因为销售量随着新的住房建设而有所增加;

(3) 在正常情况下,生产业务中的 60%左右是在年度的第一季度完成的;

(4) 全厂的小时工资率从 12.75 元到 25.85 元不等,然而每一车间高低工资率间的差距小于 5%;

(5) 各产品经由全部 8 个生产车间来生产,但不是成比例地进行;

(6) 在个别生产车间,制造费用占到加工成本的 30%~80%。

根据以上信息,你要为该公司的董事长准备一份报告,说明 ABC 公司的成本制度是否应采用:(1)年度计划分配率分配法;(2)全厂制造费用率还是车间制造费用率;(3)是基于直接人工小时、基于直接人工成本还是基于直接成本的制造费用分配率,并在你的三项建议中包括支持每一项的理由。

练习题

1. 企业的基本生产车间全年计划制造费用总额为 360 000 元,甲、乙两种产品的全年定额工时总数为 400 000 小时。12 月份甲产品实际产量的定额工时为 26 000 小时,乙产品实际产量的定额工时为 11 000 小时。年末核算时,基本生产车间全年实际发生制造费用总额为 378 000 元。1~11

月份按计划分配率分配的制造费用为：甲产品为 244 800 元，乙产品为 107 100 元。

要求：(1) 按年度计划分配率分配 12 月份的制造费用，并编制相关会计分录。

(2) 计算全年制造费用的实际发生数与计划分配数的差异额，并编制会计分录。

2. 某企业本月份共生产甲、乙、丙、丁四批产品，甲产品上月投产，生产工时为 800 小时，本月发生生产工时 3 000 小时。另外三批产品均为本月投产，工时分别为 4 800 小时、3 600 小时和 3 250 小时。月初制造费用余额为 2 720 元，本月发生 11 305 元。甲产品本月完工，其余三批产品均未完工。

要求：根据上述资料，采用累计分配率法分配制造费用。

第六章 生产损失的归集和分配

导入案例

产品成本由直接材料、直接工资和制造费用三部分组成,但许多企业常常把废品损失单独列出来,因为废品损失经常是制约产品成本的主要原因之一。

济南市某大型国有企业生产球墨铸铁,某年 9 月、10 月、11 月的产品成本分别竟高达 7 215.4 元、6 825.3 元、6 500.9 元,同月综合废品率分别是 20.34%、18.29%、15.45%,而该类产品销售价格仅为每吨 6 200 元左右,这样算来生产越多,销售越多,亏损则越大。该企业 12 月份通过各方努力终于将废品率降至 12%以内,而该类产品成本降到 5 845.4 元。

可见,对于这种类型的传统工业企业,有效降低废品损失,以达到提高经济效益的目的是非常明显的。[1]

本章引言

在企业的生产过程中,不可避免会产生一些损失,一般包括废品损失和停工损失。如果生产损失偶尔发生、金额较小,对产品成本的影响不大,为简化成本核算的工作量,可不进行核算;但若生产损失经常发生,且数额较大,对产品成本影响较大,就有必要进行生产损失的核算,以控制生产损失的数额,明确经济责任,并保证企业生产的正常进行。

通过本章的学习,要求学生:

---

[1] 改编自张百堂,李广路,代方正. 企业废品损失的原因分析及其控制对策. 现代制造技术与装备,2008(1)。

- 了解生产损失的内容
- 掌握废品损失的计算方法
- 掌握废品损失的账务处理
- 掌握停工损失的核算

第一节 废品损失的归集和分配

一、废品及废品损失

废品是指不符合规定的技术标准，不能按照原定用途使用，或者需要加工修理后才能使用的在产品、半成品和产成品，包括生产过程中发现的废品和入库后发现的废品。

废品按其报损程度和修复价值，分为可修复废品和不可修复废品。可修复废品是指技术上可以修复，而且所支付的修复费用在经济上合算的废品；不可修复废品是指技术上不可修复，或者虽可以修复，但支付的费用在经济上不合算的废品。

废品按其产生原因，分为料废和工废两种。料废是由于材料质量、规格、性能不符合要求而产生的废品；工废是由于工人操作方法、技术水平等方面的缺陷而产生的废品。分清废品属于料废还是工废，有利于查明废品产生的责任，贯彻经济责任制的原则。

废品损失，是指可修复废品的修复费用，以及不可修复的生产成本扣除废品残值和应收赔款之后的损失。必须注意的是，降价出售不合格品的降价损失、产品入库后因管理不善而损坏变质的损失以及实行"三包"的企业产品出售以后发现的废品所发生的一切损失，都不包括在废品损失内。

二、废品损失的核算

（一）废品损失的归集

在单独核算废品损失的企业中，应设置"废品损失"账户，并在"生产成本"账户中增设"废品损失"项目。"废品损失"账户的借方登记可修复废品的修复费用和不可修复废品的生产成本,贷方登记不可修复废品回收的残值、应向责任人索赔的金额以及废品净损失的分配结转额。废品的净损失,应转入当月完工的同种产品中,由合格品负担。经过上述结转后,"废品损失"账户应无余额。"废品损失"账户应按废品的品种或批别设置明细账,并按规定的成本项目设置专栏。"废品损失明细账"的格式如表6-1所示。

表6-1 废品损失明细账

20××年8月

凭证号	摘要	直接材料	燃料和动力	直接工资	制造费用	合计
略	分配返修材料费用	600				600
	分配返修工资费用			560		560
	分配返修动力费用		450			450
	分配返修制造费用				320	320
	不可修复废品成本	500	297	303	180	1 280
	结转交库残料价值	-120				-120
	合计	980	747	863	500	3 090
	转出废品净损失	980	747	863	500	3 090

在生产过程中发生废品时,应填写废品通知单,其中应详细填列废品的名称、产生废品的原因、工序、责任人、处理意见等。对于可修复废品,应在返修时另填领料单和工作通知单,并在其上注明"返修废品用"。对于不可修复废品,应在送交仓库时另填废品交库单,并在其上注明废品的残料价值。废品通知单、废品交库单和返修用料的领料单、工作通知单等都是核算废品损失的依据。

归集废品损失时,对于可修复废品的修复费用,在废品修复时,根据各种费用分配表及有关凭证记入"废品损失明细账";对于不可修复废品的成本,由于其成本在报废之前是与合格品的成本在一起的,应先采用一定方法,计算得到废品成本,再将其成本从产品成本明细账的有关项目中转出,记入"废品损失明细账",回收的残值从"废品损失明细账"中扣除。

相关会计分录如下:

(1) 结转可修复废品的修复费用时:

借:废品损失——A 产品

  贷:原材料

    应付职工薪酬

    制造费用

(2) 结转不可修复废品的成本时:

借:废品损失——A 产品

  贷:生产成本——基本生产成本——A 产品

(3) 回收废品残料价值时:

借:原材料

  贷:废品损失——A 产品

(4) 索取有关赔偿时:

借:其他应收款

  贷:废品损失——A 产品

(5) 结转废品净损失至完工合格品成本时:

借:生产成本——基本生产成本——A 产品(废品损失)

  贷:废品损失——A 产品

在不单独核算废品损失的企业中,不设立"废品损失"科目和成本项目,只在回收废品残料时,借记"原材料"科目,贷记"基本生产成本"科目,并从所属有关产品成本明细账的"原材料"成本项目中扣除残值价值。"基本生产成本"科目和所属有关产品成本明细账归集的完工产品总成本,除以扣除废品数量以后的合格品数量,就是合格品的单位成本。

（二）废品损失的计算

可修复废品损失是指为修复废品而支付的修复费用，包括材料费用、工资费用、制造费用等。它与合格品成本一样，可以通过各种费用分配表或直接根据有关凭证计算得到。

不可修复废品损失是指废品的成本扣除废品残值和应收赔款之后的净损失。由于不可修复废品的成本包括在合格产品之中，因此需要采用一定的方法，将某种产品的成本，在合格品和废品之间进行分配，从而计算出不可修复的废品损失。一般有两种方法：一种是按废品所耗实际费用计算；另一种是按废品所耗定额费用计算。

1. 按废品所耗实际费用计算

按所耗实际费用计算废品成本，就是在废品报废时根据废品与合格品发生的实际费用，采用一定的分配方法，在合格品与废品之间进行分配，计算出废品的实际成本。不可修复废品成本按实际费用计算和分配废品损失，符合实际。但核算的工作量较大，且须等"基本生产成本"实际生产费用汇总以后才能计算、结转废品实际成本。

一般而言，废品应负担的工资费用和制造费用可按合格品和废品的工时比例进行分配；材料费用在一次投料的情况下，可按合格品与废品的数量比例进行分配。

不可修复废品的成本计算如下：

$$材料费用分配率 = \frac{该产品耗用材料费用总额}{合格品数量 + 废品数量}$$

$$其他费用分配率 = \frac{该产品耗用其他费用总额}{合格品工时 + 废品工时}$$

不可修复废品材料费用 = 材料费用分配率 × 废品数量
不可修复废品其他费用 = 其他费用分配率 × 废品数工时
不可修复废品成本 = 不可修复废品材料费用 + 不可修复废品其他费用
不可修复废品净损失 = 不可修复废品成本 − 废品残值 − 应收赔款

【例6-1】某车间本月生产甲产品400件，经验收入库发现不可修复废品10件；合格品生产工时为11 700小时，废品工时为300小时，全部生产工时为12 000小时。甲产品成本计算单（即基本生产成本明细账）

所列合格品和废品的全部生产费用为：原材料20 000元，燃料和动力11 880元，工资及福利费12 120元，制造费用7 200元，共计51 200元。废品残料回收入库价值120元，原材料是生产开工时一次投入。原材料费用按合格品数量和废品数量的比例分配，其他费用按生产工时比例分配。根据上述资料，按所耗实际费用计算废品的生产成本，编制废品损失计算表，如表6-2所示。

表6-2 不可修复废品损失计算表

20××年×月

项目	数量（件）	直接材料	生产工时（小时）	燃料和动力	直接人工	制造费用	成本合计
费用总额	400	20 000	12 000	11 880	12 120	7 200	51 200
费用分配率		50		0.99	1.01	0.6	
废品成本	10	500	300	297	303	180	1 280
减：废品残值		120					120
废品损失		380		297	303	180	1 160

2. 按废品所耗定额费用计算

按所耗定额费用计算废品成本，就是按不可修复废品的数量和各项费用定额计算废品的定额成本，再将废品的定额成本扣除回收的残料价值和应收赔款计算出废品损失，而不考虑废品实际发生的费用。

按废品所耗定额费用计算废品的成本，可使计算工作简化，使计入产品成本的废品损失数不受废品实际费用水平高低的影响，有利于废品损失和产品成本的分析与考核。但是，这种方法只适用于定额资料比较完整、准确的情况。

【例6-2】某车间本月生产丙产品，验收入库时发现不可修复废品6件，按所耗定额费用计算废品的生产成本。原材料费用定额为200元，单件工时定额为20小时，每小时费用定额为：燃料和动力2.50元、工资及福利费2元、制造费用1.50元。回收废品残值200元。根据上述资料，按所耗定额费用计算废品的生产成本，编制废品损失计算表，如表6-3所示。

表 6-3 不可修复废品损失计算表

20××年×月

项目	直接材料	燃料和动力	直接人工	制造费用	成本合计
费用定额	200	50	40	30	320
废品定额成本	1 200	300	240	180	1 920
减：废品残值	200				200
废品损失	1 000	300	240	180	1 720

（三）废品损失的分配

月末，根据"废品损失明细账"的资料，可确定各种产品的废品净损失。废品的净损失，一般都是本期发生的，应由本期完工的同种产品负担，因此，直接从"废品损失明细账"结转到"基本生产成本明细账"所设置的"废品损失"成本项目中，如表 6-4 所示。

表 6-4 基本生产成本明细账

20××年 8 月

凭证号	摘要	直接材料	燃料和动力	直接工资	制造费用	废品损失	合计
略	分配材料费用	21 000					21 000
	分配工资费用			18 000			18 000
	分配外购动力费用		12 000				12 000
	分配制造费用				7 800		7 800
	转出不可修复废品成本	-500	-297	-303	-180		-1 280
	转入废品净损失					3 090	3 090
	合计	20 500	11 703	17 697	7 620	3 090	60 610

第二节 停工损失的归集和分配

一、停工损失的内容

停工损失是指生产车间或车间内某个班组在停工期内发生的各项费

用，包括停工期内支付的生产工人的工资、提取的福利费、所耗燃料和动力费用以及应负担的制造费用等。计算停工损失的时间界限，由主管企业部门规定，或由主管企业部门授权企业自行规定。停工不满1个工作日的，可以不计算停工损失。

企业发生停工的原因很多，应分别不同情况进行处理。由于自然灾害等引起的非正常停工损失，应计入营业外支出；季节性停工和固定资产修理期间停工，是生产经营过程中的正常现象，因此停工期间发生的各项费用，应计入制造费用，不作为停工损失处理；只有机器设备故障、材料供应不足、停电等原因引起的停工损失才作为停工损失处理。此外，为了简化核算工作，辅助生产车间一般不单独核算停工损失。

二、停工损失的核算

企业发生停工时，应由车间填制停工报告单，并在考勤记录上予以登记。停工报告单内应注明停工地点、时间、停工原因、过失人员及停工损失金额等。经有关部门审核后的停工报告单，作为停工损失核算的依据。

单独核算停工损失的企业，应设置"停工损失"账户，并增设"停工损失"成本项目。该账户应按车间和成本项目进行明细核算，其借方登记发生的停工损失，贷方登记予以转销的停工损失。

发生停工损失时，根据停工报告单和各种费用分配表，分配汇总表等有关凭证，将停工期内发生、应列作停工损失的费用记入"停工损失"账户的借方进行归集。

结转停工损失时，对于过失单位、过失人员或保险公司的赔款，应从该账户的贷方转入"其他应收款"等账户的借方；对于自然灾害造成的停工损失，应从该账户的贷方转入"营业外支出"账户的借方；对于季节性、修理期间停工而发生的各种费用，应转入"制造费用"账户的借方；对于机器设备故障、停电待料等原因造成的停工损失，一般由本月完工产品成本负担，转入"生产成本——基本生产成本"账户的借方。

相关会计分录如下：

(1) 发生停工损失时：
借：停工损失——A产品
　　贷：应付职工薪酬
　　　　制造费用
(2) 向责任人或保险公司取得赔款时：
借：其他应收款
　　贷：停工损失——A产品
(3) 对于季节性、修理期间的停工损失：
借：制造费用
　　贷：有关科目
(4) 对于自然灾害造成的停工损失：
借：营业外支出
　　贷：停工损失——A产品
(5) 对于机器设备故障等造成的停工损失：
借：生产成本——基本生产成本——A产品
　　贷：停工损失——A产品

不单独核算停工损失的企业，不设"停工损失"账户和"停工损失"成本项目。停工期内发生的属于停工损失的各项费用，分别记入"制造费用"和"营业外支出"等账户。

知识链接

目前，我国对废品损失往往只注重于一般性的会计核算，将全部损失计入产品成本，忽视了从管理上对一般性核算方法的改进。这样违背了新会计准则的一些规定，也不利于产品成本的计算与废品的控制。西方国家在废品损失的核算中，能够根据废品产生的不同原因进行处理，这种做法更为合理，值得我们借鉴。

《企业会计准则第1号——存货》第九条明确规定：非正常消耗的直接材料、直接人工和制造费用应当在发生时确认为当期损益，不计入存货成本。同样，《国际会计准则》规定，"浪费的材料、人工或其他生产费用不正常金额"不能列入存货成本，并且应在它们发生期间确认为费用。而我国目前对于废品的分类及其废品损失的核算并不符合这一规定。

西方废品损失核算中将废品分为正常废品和非正常废品两类。对于正常废品损失，一般作为产品成本处理；对于非正常废品损失，则作为期间成本处理。正常废品是企业生产合格产品所必须的，是特定工序的必然结果，短期内不可控。在一定的生产环境和条件下，管理者总是会设定一个正常的废品率，它是在有效的生产条件下产生的，是生产过程的特点所决定的，因而是管理者所预期和可承受的。所以，这种废品的成本被视为正品的一部分，计入产品成本。非正常废品损失是在有效工作条件下预计不会产生的废品，它不是生产工序固有的。非正常废品涉及材料采购、材料检测、工艺鉴定和人员操作等环节的大部分问题，被认为是可控的。由于非正常废品的成本是低效生产的成本，是应该克服的成本，因而在它发生的当期就确认为损失，计入当期损益。可见，西方企业这种分类是由管理的目的和效率所决定的。

西方对废品的分类方法体现了其管理价值，笔者认为借鉴此方法也可将我国的废品分为正常废品和非正常废品。一方面，企业管理者可以在以后的生产中通过引进先进的机器设备和提高技术水平等途径进一步降低正常废品的数量，进而降低成本；另一方面，应积极查明非正常废品产生的原因，确定责任单位、环节和责任人，并明确经济责任，加强管理，以期尽量避免非正常废品产生的可控成本的出现。

根据新准则的相关规定，改变将发生的所有废品损失都计入成本的做法，应区分正常与非正常的废损。企业可以在"废品损失"一级科目下设置"正常废品损失"和"非正常废品损失"两个二级科目进行核算。

"废品损失——正常废品损失"科目用来归集生产过程中发生的不可控制的正常废品损失。发生时，借记"废品损失——正常废品损失"科目，贷记"生产成本"科目；残料回收入库时，借记"原材料"科目，贷记"废品损失——正常废品损失"；结转废品净损失时，借记"生产成本"科目，贷记"废品损失——正常废品损失"科目。

"废品损失——非正常废品损失"科目用来归集在正常生产条件下不应该产生非正常废品损失。非正常废品损失不可计入产品成本，扣除由责任人应该承担的赔款，其他损失全部计入期间费用。发生时，借记"废品损失——非正常废品损失"科目，贷记"生产成本"科目；残料回收入库时，借记"原材料"科目，贷记"废品损失——非正常废品损失"科目；结转废品净损失时，借记"管理费用"科目、"其他应收款"科目，贷记"废品损失——非正常废品损失"科目。

通过借鉴西方思想，改进我国现行废品损失核算方法更加有利于对废品损失的管理，明确经济责任，可使非正常废品产生的可控成本降低，从而间接降低了产品的生产成本，也体现了我国会计准则与国际会计准则趋同的思想。

——盖希娟，孙柔嘉. 借鉴西方思想改进我国现行废品损失核算方法. 商场现代化，2010（2）.

案例讨论

某电器制造公司生产一批电风扇，电风扇型号有 ZA10、ZA20、ZA30 三种。其中由小王负责生产管理，由小李负责对生产费用的核算。一天，小王匆匆找到小李，说："快帮我出出主意，这次我肯定要挨罚，你是会计，能否让损失降到最低？"原来，由小王负责生产的电风扇，在完工检测时没有一台是合格品，而且故障现象一致。经技术员反复检查，故障缘故是电风扇线路板中有一个 1K 电阻全部被错误焊接为 10K 电阻。公司有规定，出现废品要追究责任人的责任。作为会计小李有什么妙计可将损失降到最低呢？经过核算，电风扇生产费用资料如表 6-5 所示。

表 6-5　电风扇生产费用表

产品型号	直接材料（元/件）	职工薪酬费用（元/件）	制造费用（元/件）	产品数量（件）	可修复废品数量（件）	完工程度
ZA10	80	30	10	300	300	100%
ZA20	120	38	22	800	800	100%
ZA30	200	50	30	500	500	100%

经过技术人员研究，所有不合格品如果重新焊接电阻，可以修理为合格品，但修理过程需要一定的加工技术和加工工时。修理费用初步预

算为：单位产品原材料费用为 10 元，单位产品耗用工时为 1 小时，小时职工薪酬费用为 8 元，小时制造费用为 5 元。

要求：1. 根据以上资料分析应采取什么措施可使该电器制造公司的生产损失降到最小？

2. 应如何计算废品损失和编制会计分录？

练习题

1. 某企业加工车间生产 C 产品，6 月份发生不可修复废品 300 件，废品的原材料在生产开始时一次性全部投入，废品共耗用定额工时为 800 小时。C 产品的定额资料如下：单位 C 产品的原材料消耗定额为 50 元，每小时定额职工薪酬费用为 3 元，每小时定额制造费用为 2 元。废品回收残料价值为 2 000 元，过失人赔偿款为 800 元。

要求：（1）根据以上资料，计算不可修复废品损失（写出计算过程）；

（2）编制不可修复废品损失计算表；

（3）编制相关会计分录。

2. 某企业某月份在生产过程中发现废品，资料如下：

（1）该厂基本生产车间本月生产甲产品 2 000 件，其中合格产品 1 850 件，不可修复废品 100 件，可修复废品 50 件。

（2）生产甲产品 2 000 件，共发生工时 48 000 小时，其中不可修复废品为 2 400 小时。

（3）本月生产甲产品共发生直接材料费用 40 000 元，直接人工 96 000 元，制造费用 28 800 元。

（4）本月对可修复废品进行修理而发生材料费 560 元，工资费 640 元，职工福利费 89.6 元，制造费用 1 210.40 元。

（5）生产甲产品所需的原材料，系开始投产时一次投入。

（6）不可修复废品 100 件的残值，估计为 270 元，作为废料入库。

要求：（1）编制不可修复废品成本计算表；

（2）编制废品损失归集与结转的会计分录；

（3）登记废品损失明细账；

（4）登记甲产品成本明细账。

第七章 完工产品成本和在产品成本核算

导入案例

2002年7月,当一些上市公司2002年半年报已经开始披露的时候,纵横国际(600862)在屡遭上海证券交易所谴责的情况下,一直拖到18日才公布2001年年报,成为沪深股市中最后一家公布年报的公司。

纵横国际公司将年报难产的原因归咎于前任会计师事务所——深圳天健信德此前拟对其年报出具"拒绝表示意见"的审计报告。天健信德出具的这份审计报告长达104页,揭出公司存在重大隐患问题。纵横国际对此不能接受,随后解聘了天健信德,另聘一家会计师事务所,但其年报还是被新接任的江苏天华大彭事务所同样出具了"拒绝表示意见"的审计报告,纵横国际一下戴上了"ST"帽。

分析深圳天健信德和天华大彭这两家会计师事务所出具的审计意见可以发现,纵横国际业绩下滑主要是由于成本核算不合理、主营业务割草机销售不畅、关联公司长江饲料停产等三大原因。

天健信德认为,纵横国际生产环节的内部控制存在重大缺陷,日常生产成本核算不规范,影响了生产成本的归集与分配的合理性,而且公司管理当局在2000年度及以前年度的会计核算中隐瞒重要成本资料,导致在产品成本不实,从而虚增了2000年度及以前年度的利润。

而天华大彭在出具的审计报告中称,纵横国际多年来成本核算不规范,完工产品成本都以销售价格的固定比例确定,根据公司2001年12月底的自查盘点资料及本次审计监盘计算的在产品成本,其潜亏为8555万元,纵横国际将此在产品潜亏全部计入2001年度主营业务成本。由于纵横国际未保存历年的存货盘点表等资料，无法确定各年度末存货实际成本，因而无法判断该重大差异对以前年度损益的影响程度。[1]

本章引言

如果产品的生产在月末既有完工产品，又有未完工产品，即在产品，那么归集在各产品成本明细账中的生产费用还需要在完工产品与月末在产品之间进行分配。分配时，应结合企业生产特点和管理要求以及尽量简化核算的目的来选择适当的分配方法，不能盲目生搬硬套某种方法。

通过本章学习，要求学生：
- 了解狭义在产品和广义在产品的区别
- 掌握在产品成本计算的各种方法及适用范围

第一节　在产品及其数量的核算

一、在产品的概述

在产品是指没有完成全部生产过程、不能作为商品销售的产品。

在产品有广义和狭义之分。广义的在产品是从整个企业来说，包括正在车间加工中的在产品、已经完成一个或几个生产步骤但还需要继续加工的半成品、尚未验收入库的产品、正在返修和等待返修的废品等，不包括对外销售的自制半成品和不可修复废品。狭义的在产品是指某一车间或某一生产步骤正在加工阶段中的零部件和半成品。

二、在产品数量的核算

在产品数量的确定方式通常有两种：一是通过账面核算资料确定，要求企业设置"在产品收发结存账簿"；二是通过月末实地盘点确定。在

---

[1] 改编自"会计师事务所能否对造假者说'不'——追踪'纵横国际'解聘注册会计师事件""'纵横国际'还隐瞒了什么？"（新华社2002年7月30日），"纵横国际事件：玩火者岂能太逍遥"（《中华工商时报》2002年7月31日）。

实际工作中，在产品数量的两种确定方式往往同时运用。在产品的数量核算，应同时具备账目核算资料和实际盘点资料，为此，企业应该做好在产品收发结存的日常核算工作和在产品清查工作。

（一）在产品收发结存的日常核算

车间在产品收发结存的日常核算是通过在产品收发结存账进行的，该账按车间及产品品种和在产品名称设置，提供车间各种在产品收发结存动态的业务核算资料。在产品收发结存账是根据领料凭证、产品检验凭证和产品交库凭证，及时登记，最后由车间核算人员审核汇总的。在产品收发结存账如表7-1所示。

表7-1 在产品收发结存账

车间名称：第一车间
零部件名称：3402

单位：件

月	日	摘要	收入		发出			结存	
			凭证号	数量	凭证号	合格品数量	成品数量	完工数量	未完工数量
7	1		7011	100	7021				200
7	2	...	7012	80	7022	60		20	180
...	...	...	...	...	...	...	...	...	...
7	31	合计		2 000		1 400	50	350	200

（二）在产品清查核算

为了核实在产品的数量，保证在产品的安全完整，以及正确计算产品成本，企业除了做好在产品账面核算资料工作外，还应对在产品进行定期的实地盘点清查，以便取得在产品的实际盘存资料，做到账实相符。

在产品的清查结果，要编制"在产品盘存表"（见表7-2），填明在产品的账面数、实有数、盘盈或盘亏数以及盘盈、盘亏的原因和处理意见等。

财会部门应对盘盈、盘亏的在产品数量、原因及处理意见进行审核，并按规定程序报经有关部门批准后进行相应的账务处理。

在产品发生盘盈时，应根据在产品盘存表，借记"生产成本——基本生产成本"账户，贷记"待处理财产损溢——待处理流动资产损溢"

账户;经报批准核销时,一般冲减"管理费用",借记"待处理财产损溢——待处理流动资产损溢"账户,贷记"管理费用"账户。

表7-2　在产品盘存表

经管部门:　　　　　　　　年　月　日　　　　　　　　　No.

项次	品名	料品编号	规格	单位	账载数量	盘点数量	差异数	差异说明

在产品发生盘亏或毁损时,应借记"待处理财产损溢——待处理流动资产损溢"账户,贷记"生产成本——基本生产成本"账户;经报批准核销时,应根据不同原因和责任,分别予以处理,从"待处理财产损溢——待处理流动资产损溢"账户的贷方转入各有关账户的借方,其中,由于自然灾害造成的非常损失记入"营业外支出"账户,应由过失单位和过失人员赔偿的记入"其他应收款"账户,因管理不善造成的损失记入"管理费用"账户,毁损在产品的残值则按估价转入"原材料"账户。

第二节　生产费用在完工产品和在产品之间分配

在产品成本与完工产品成本之间的关系,可以用以下两个公式概括:

公式1:本月完工产品成本=月初在产品成本+本月生产费用-月末在产品成本

公式2:月初在产品成本+本月生产费用=本月完工产品成本+月末在产品成本

每月月末,当月生产成本明细账中按照成本项目归集了该种产品的本月生产成本以后,如果产品已经全部完工,生产成本明细账中归集的月初在产品生产成本与本月发生的生产成本之和,就是该种完工产品的成本。如果产品全部没有完工,生产成本明细账中归集的月初在产品生产成本与本月发生的生产成本之和,就是该种在产品的成本。如果既有完工产品又有在产品,企业应当根据在产品数量的多少、各月在产品数量变化的大小、各项成本比重的大小,以及定额管理基础的好坏等具体条件,采用适当的分配方法将生产成本在完工产品和在产品之间进行分配。

常用的分配方法有:不计算在产品成本法、在产品按年初数固定计算法、在产品按原材料费用计价法、在产品按完工产品成本计算法、在产品按定额成本计价法、定额比例法、约当产量比例法等。根据在产品成本与完工产品成本之间关系的两个公式,上述分配方法大致可以分为两类:

(1)先确定月末在产品成本,再倒挤出完工产品成本(公式1)。包括:不计算在产品成本法、在产品按年初数固定计算法、在产品按完工产品成本计算法、在产品按定额成本计价法、在产品按原材料费用计价法。

(2)将本月生产费用之和按照一定比例在完工产品和月末在产品之间进行分配,同时求得完工产品成本和月末在产品成本(公式2)。包括:定额比例法、约当产量比例法。

一、先确定月末在产品成本的分配方法

(一)不计算在产品成本法

不计算在产品成本法是指月末虽有在产品,但由于数量很少,不计算其成本。主要特点是本月生产费用全部计入完工产品成本。这种方法适用于月末在产品数量很少且稳定,以及是否计算在产品成本影响很小的企业,如食品行业。

【例7-1】某企业生产A产品,7月份发生生产费用:原材料费用8 400元,燃料和动力费用3 600元,工资和福利费用1 800元,制造费用600元。本月完工产品200件,月末在产品3件。

A产品完工产品的总成本=8 400+3 600+1 800+600=14 400(元)

A产品完工产品的单位成本=14 400÷200=72(元)

(二)在产品按年初数固定计算法

在产品按年初数固定计算法,也称固定成本法,是指年内各月都以固定的上年末计算确定的在产品成本作为各月末的在产品成本,并以此确定完工产品成本的方法。这种方法适用于各月末在产品数量较小,或在产品数量虽大,但各月之间变化不大的产品。年终时,应根据实际盘点的在产品数量,重新调整计算确定在产品成本,以免在产品成本与实际出入过大,影响成本计算的正确性。

【例7-2】某企业生产B产品,按固定成本法计算,在产品成本年初为直接材料4 600元,直接人工3 200元,制造费用4 400元,本月费用及本月完工产品成本如表7-3所示。

表7-3 产品成本计算单

生产单位:
产品名称:B产品　　　　　　　　　　年　月　　　　　　　　　单位:元

项目	直接材料	直接人工	制造费用	合计
月初在产品成本	4 600	3 200	4 400	12 200
本月发生费用	15 200	9 700	11 500	36 400
本月完工成本	15 200	9 700	11 500	36 400
月末在产品成本	4 600	3 200	4 400	12 200

(三)在产品按完工产品成本计算法

这种分配方法是将在产品视同完工产品来分配费用,适用于月末在产品已经完工,或者已经加工完毕,但尚未验收入库的产品。在这种情况下,在产品成本已接近完工产品成本,为了简化核算,将月末在产品视同完工产品,按完工产品与在产品数量分配费用。

【例7-3】某企业生产C产品,C产品的月初在产品成本和本月发生的各项费用的累计数为:直接材料费用40 000元,直接人工费用16 000元,制造费用24 000元。本月完工产品600件,月末在产品200件,在产品已加工完毕,只是尚未包装、验收,可以视同完工产品分配各项费用。其计算分配结果如表7-4所示。

表 7-4 产品成本计算单

生产单位：
产品名称：C 产品　　　　　　　年　月　　　　　　　　单位：元

成本项目	数量	直接材料	直接人工	制造费用	合　计
生产费用累计		40 000	16 000	24 000	80 000
费用分配率		50	20	30	
完工产品成本	600	30 000	12 000	18 000	60 000
月末在产品成本	200	10 000	4 000	6 000	20 000

（四）在产品按定额成本计价法

采用在产品按定额成本计价法，某种产品的全部生产费用减去按定额单位成本计算的月末在产品成本，其余作为完工产品成本。也就是说，每月生产费用脱离定额的差异（节约或超支）都计入当月完工产品成本。这种方法适用于各项消耗定额或成本定额比较准确稳定，而且各月末在产品数量变化不是很大的产品。主要计算公式为：

在产品直接材料定额成本=在产品数量×单位产品材料消耗定额×材料计划单价

在产品直接工资定额成本=在产品数量×单位产品工时定额×完工程度×计划小时工资率

在产品制造费用定额成本=在产品数量×单位产品工时定额×完工程度×计划小时制造费用率

在产品定额成本=在产品直接材料定额+在产品直接工资定额+在产品制造费用定额

本期完工产品总成本=月初在产品定额成本+本期生产费用−月末在产品定额成本

【例 7-4】某厂所生产的 D 产品月初在产品成本和本月发生生产费用见表 7-5 所示，D 产品本月完工 1 000 件，月末在产品 400 件，其中第一工序 150 件，第二工序 140 件，第三工序 110 件。单位在产品直接材料定额成本为第一工序 600 元，第二工序 700 元，第三工序 800 元。D 产品单位工时定额为 90 小时，其中第一工序 20 小时，第二工序 50 小时，第三工序 20 小时。月末在产品在各工序的完工程度为 50%。D 产品定额工时人工费用分配率为 3 元，制造费用分配率为 2 元。其计算分配结果如表 7-5 所示。

表 7-5 产品成本计算单

生产单位：
产品名称：D 产品　　　　　　年　月　　　　　　单位：元

摘要	直接材料	直接人工	制造费用	合计
月初在产品（定额）成本	103 296	25 584	15 350	144 230
本月发生费用	929 664	294 216	176 530	1 400 410
生产费用合计	1 032 960	319 800	191 880	1 544 640
本月完工产品成本	756 960	27 000	158 680	1 185 640
月末在产品（定额）成本	276 000	49 800	33 200	359 000

（1）计算在产品定额工时
20×50%×150+（20+50×50%）×140+（20+50+20×50%）×110=16 600（小时）
（2）计算在产品定额成本
直接材料：600×150+700×140+800×110=276 000（元）
直接人工：16 600×3=49 800（元）
制造费用：16 600×2=33 200（元）
定额成本合计：276 000 + 49 800 + 33 200=359 000（元）
（3）计算完工产品实际成本
本月完工产品成本=144 230 + 1 400 410-359 000=1 185 640（元）
完工产品单位成本=1185640/1000=1185.64（元）
（五）在产品按原材料费用计价法
采用这种方法分配时，只将直接材料费用在完工产品与月末在产品之间进行分配，其他费用全由完工产品负担。某种产品的全部生产费用减月末在产品的原材料费用，就是完工产品的成本。主要适用于各月末在产品数量较大，各月末在产品数量变化也较大，同时原材料费用在成本中所占比重较大的产品。计算公式如下：

$$\text{某产品单位材料成本} = \frac{\text{该产品所耗材料费用总额}}{\text{该产品完工数量} + \text{月末在产品数量}}$$

月末在产品成本=月末在产品数量×该产品单位材料成本

本期完工产品成本=月初在产品成本+本期生产费用-月末在产品成本

【例 7-5】某企业生产 E 产品,月初在产品成本为 6 400 元,本月共发生直接材料费用 33 600 元,原材料在开始生产时一次投入。本月完工产品数量为 400 件,月末在产品数量为 100 件。本月发生直接工资 1 800 元,制造费用 600 元。其计算分配结果如表 7-6 所示。

表 7-6 产品成本计算单

生产单位:

产品名称:E 产品　　　　　　　　　　年　月　　　　　　　　　　单位:元

摘要	直接材料	直接人工	制造费用	合计
月初在产品成本	6 400	—	—	6 400
本月发生费用	33 600	1 800	600	36 000
生产费用合计	40 000	1 800	600	42 400
本月完工产品成本	32 000	1 800	600	34 400
月末在产品成本	8 000			8 000

利用在产品按原材料费用计价法,计算过程如下:

直接材料费用分配率=(6 400+33 600)/(400+100)=80(元)

在产品成本=100×80=8 000(元)

完工产品直接材料成本=400×80=3 2000(元)

完工产品加工费用成本=1 800+600=2 400(元)

完工产品成本=40 000+2 400-8 000=34 400(元)

二、同时确定在产品成本和完工品成本的分配方法

(一)定额比例法

采用定额比例法,产品生产费用按照完工产品和月末在产品的定额消耗量或定额费用的比例进行分配,计算完工产品成本和月末在产品成本。每月生产费用脱离定额的差异,由完工产品和月末在产品共同负担。

这种方法适用于定额管理基础较好，各项消耗定额或费用定额比较准确、稳定，且各月末在产品数量变动较大的情况。

计算方法一：定额耗用量比例法

$$消耗量分配率 = \frac{期初在产品实际消耗量 + 本月实际消耗量}{完工产品定额消耗量 + 月末在产品定额消耗量}$$

月末在产品实际消耗量 = 月末在产品定额消耗量 × 定额比例

月末在产品实际成本 = 月末在产品实际消耗量 × 原材料单价（或单位工时的工资、费用）

月末完工产品实际消耗量 = 月末完工产品定额消耗量 × 定额比例

月末完工产品实际成本 = 月末完工产品实际消耗量 × 原材料单价（或单位工时的工资、费用）

或 = 本月生产费用合计 − 月末在产品实际成本

【例 7-6】某企业生产 F 产品，具体资料如表 7-7 所示。

表 7-7 产品成本计算单

生产单位：
产品名称：F 产品　　　　　　　　　年　月　　　　　　　　　单位：元

摘要	直接材料			工时		直接工资	制造费用	合计
	定额消耗量（千克）	实际消耗量（千克）	金额（元）	定额消耗量（小时）	实际消耗量（小时）			
月初在产品成本	1 800	1 600	3 520	8 000	8 400	6 720	4 200	14 440
本月发生费用	28 200	26 000	57 200	17 000	19 500	15 600	9 750	82 550
生产费用合计	30 000	27 600	60 720	25 000	27 900	22 320	13 950	96 990
单价（费用率）			2.2			0.8	0.5	
本月完工产品成本	25 000			21 000				
月末在产品成本	5 000			4 000				

根据上述资料，计算的结果如下：

定额比例 (直接材料)=(1 600+26 000)/(25 000+5 000)=0.92
定额比例 (其他费用) =(8 400+19 500)/(21 000+4 000)=1.116
完工产品实际耗用量(直接材料)=25 000×0.92=23 000(千克)
完工产品实际耗用量(工时)=21 000×1.116=23 436(小时)
完工产品直接材料实际成本=23 000×2.20=50 600(元)
完工产品直接工资实际成本=23 436×0.8=18 748.8(元)
完工产品实际制造费用=23 436×0.5=11 718(元)
完工产品实际成本=50 600+18 748.8+11 718=81 066.8(元)
月末在产品实际耗用量(直接材料)=5 000×0.92=4 600(千克)
月末在产品实际耗用量(工时)=4 000×1.116=4 464(小时)
月末在产品直接材料实际成本=4 600×2.20=10 120(元)
月末在产品直接工资实际成本=4 464×0.8=3 571.2(元)
月末在产品制造费用=4 464×0.5=2 232(元)
月末在产品实际成本=10 120+3 571.2+2 232=15 923.2(元)

根据上述计算结果，可编制如下"产品成本计算单"（见表7-8）。

表7-8 产品成本计算单

生产单位：
产品名称：F产品　　　　　　　年　月　　　　　　　单位：元

摘要	直接材料			工时		直接工资	制造费用	合计
	定额消耗量	实际消耗量	金额	定额消耗量	实际消耗量			
生产费用合计	30 000	27 600	60 720	25 000	27 900	22 320	13 950	96 990
定额比例		0.92			1.116			
完工产品成本	25 000	23 000	50 600	21 000	23 436	18 748.8	11 718	81 066.8
月末在产品成本	5 000	4 600	10 120	4 000	4 464	3 571.2	2232	15 923.2

计算方法二：定额费用比例法

$$材料费用分配率 = \frac{期初在产品实际材料费用 + 本月实际材料费用}{完工产品定额材料费用 + 月末在产品定额材料费用}$$

$$= \frac{期初在产品实际材料费用 + 本月实际材料费用}{月初在产品定额材料费用 + 本月投入材料定额费用}$$

月末在产品直接材料实际成本 = 月末在产品定额材料费用 × 材料费用分配率

月末完工产品直接材料实际成本 = 月末完工产品定额材料费用 × 材料费用分配率

或 = 本月材料费用合计 − 月末在产品材料费用实际成本

【例 7-7】某厂大量生产的 E 产品是定型产品,有比较健全的定额资料和定额管理制度。本月完工 E 产品 1 000 件,产品直接材料费用定额为 800 元,工时消耗定额为 90 小时。月末盘点停留在各生产工序的在产品为 400 件,其中第一工序为 150 件,在产品直接材料费用定额为 600 元,工时消耗定额为 10 小时;第二工序为 140 件,在产品直接材料费用定额为 700 元,工时消耗定额为 45 小时;第三工序为 110 件,在产品直接材料费用定额为 800 元,工时消耗定额为 80 小时。E 产品月初在产品成本和本月发生的生产费用如表 7-9 所示。

表 7-9 产品成本计算单

生产单位:

产品名称:E 产品　　　　　　　　　年　月　　　　　　　　　单位:元

摘要		直接材料	直接人工	制造费用	合计
月初在产品成本		103 296	25 584	15 350	144 230
本月发生费用		929 664	294 216	176 530	1 400 410
生产费用合计		1 032 960	319 800	191 880	1 544 640
总定额	完工产品	800 000	90 000	90 000	—
	月末在产品	276 000	16 600	16 600	—
	合计	1 076 000	106 600	106 600	—
费用分配率		0.96	3	1.8	—
完工产品实际总成本		768 000	270 000	162 000	1 200 000
月末在产品实际总成本		264 960	49 800	29 880	344 640

采用定额比例法计算月末在产品和本月完工产品成本,有关计算过程如下:

(1) 计算总定额:

完工产品直接材料定额费用=800×1000=800 000(元)

月末在产品直接材料定额费用=600×150+700×140+800×110
=276 000(元)

完工产品定额工时=90×1 000=90 000(小时)

月末在产品定额工时=10×150+45×140+80×110=16 600(小时)

(2) 计算费用分配率:

直接材料项目=(103 296+929 664)/(800 000+276 000)=0.96

这一计算结果表明,实际成本为定额成本的96%,本月直接材料项目定额完成较好,实际成本比定额成本低了4%。

直接人工项目=(25 584+294 216)/(90 000+16 600)=3(元/工时)

制造费用项目=(15 350+176 530)/(90 000+16 600)=1.8(元/工时)

(3) 计算月末在产品成本和本月完工产品成本:

月末在产品成本为 344 640 元,其中:

直接材料:276 000×0.96=26 4960(元)

直接人工:16 600×3=49 800(元)

制造费用:16 600×1.8=29 880(元)

本月完工产品总成本为 1 200 000 元,其中:

直接材料:103 296+929 664-264 960=768 000(元)

或 800 000×0.96=768 000(元)

直接人工:25 584+294 216-49 800=270 000(元)

或 90 000×3=270 000(元)

制造费用:15 350+176 530-29 880=162 000(元)

或 90 000×1.8=16 2000(元)

(二)约当产量法

1. 约当产量及约当产量法

约当产量是指月末在产品数量按其完工程度折算为相当于完工产品的数量。通常直接材料成本项目按月末在产品的投料程度计算约当产量,工资和其他费用成本项目按月末在产品的加工程度计算约当产量。

约当产量法根据月末结存的在产品数量，按其完工程度折算为相当于完工产品的数量（即约当产量），然后，将该产品所负担的生产费用总额按照完工产品产量和在产品约当产量的比例进行分配计算完工产品成本和月末在产品成本的一种方法。这种方法一般适用于月末在产品数量较多、各月末在产品的数量变化较大、产品成本中直接材料和各项加工费用所占比重相差不大的情况。其计算公式如下：

月末在产品约当产量＝月末在产品数量 × 在产品完工程度

$$\text{某项费用分配率}=\frac{\text{月初在产品直接材料费用}+\text{本月发生直接材料费用}}{\text{完工产品数量}+\text{在产品约当产量}}$$

完工产品该项费用＝完工产品产量×该项费用分配率

月末在产品该项费用＝月末在产品约当产量×该项费用分配率
　　　　　　　　　＝该项费用总额－完工产品该项费用

2. 直接材料费用的分配

直接材料的投入方式可以有多种，因此在分配直接材料费用时，应根据直接材料投入方式不同以及其他具体情况来确定投料率，进而计算约当产量，分配直接材料费用。

（1）原材料在生产开始时一次投入

一般情况下，原材料是在开始生产时一次投入的，每件在产品耗用的原材料同产成品是一样的。所以，通常分配材料费用时，不必计算在产品中"直接材料"成本项目的约当产量，应按完工产品和在产品的数量比例分配材料费用。

【例 7-8】假定企业 200×年 6 月份生产的乙产品直接材料是在生产开始时一次投入。月初在产品的直接材料费用和本月发生的直接材料费用分别是 30 000 元和 22 500 元。本月完工 200 件产品，月末结存在产品 150 件。按约当产量法分配直接材料费用。

直接材料分配率 ＝(30 000+22 500)÷(200+150×100%)=150（元）

完工产品直接材料成本=200×150=30 000（元）

月末在产品直接材料成本=52 500-30 000=22 500（元）

（2）原材料分工序在每道工序开始时一次投入

如果直接材料不是在开始生产时一次投入，而是分阶段在每道工序开始一次投入时，则在产品直接材料项目投料程度（简称投料率），按某道工序单位产品的累计定额投入量占单位产品的定额消耗量计算。

【例 7-9】假定企业 200×年 6 月份生产的乙产品月初在产品的直接材料费用和本月发生的直接材料费用分别是 30 000 元和 22 500 元。本月完工 200 件产品，月末结存在产品 150 件。按约当产量比例法分配直接材料费用。产品的直接材料分工序在每道工序开始时一次投入，该产品在三道工序上的直接材料消耗定额分别为第一工序 40 元，第二工序 35 元，第三工序 25 元。A 产品各工序的投料程度和约当产量的计算如表 7-10 所示。

表 7-10 在产品投料程度和约当产量计算表

工序	各工序直接材料定额（元）	月末在产品数量（件）	各工序在产品投料程度	在产品约当产量（件）
1	40	60	40÷100×100%=40%	24
2	35	40	(40+35)÷100×100%=75%	30
3	25	50	(40+35+25)÷100×100%=100%	50
合计	100	150		104

直接材料分配率=(30 000+22 500)÷(200+104)=172.70（元）

完工产品直接材料成本=200×172.7=34 540（元）

月末在产品直接材料成本=52 500-34 540=17 960（元）

（3）直接材料分工序在每道工序陆续投入

在这种情况下，单件在产品所耗直接材料与完工产品不相同，每道工序的投料程度按 50%计算，测算投料程度。

【例 7-10】某产品月初在产品的直接材料费用和本月发生的直接材料费用分别是 30 000 元和 22 500 元。本月完工 200 件。经过三道工序加工完成，原材料于每个工序开始以后逐步投入。月末在产品数量及原材料消耗定额资料如表 7-11 所示。

表7-11 在产品数量与原材料消耗定额

工序	月末在产品数量（件）	单位产品材料消耗定额
1	100	70
2	120	80
3	140	100
合计	360	250

月末在产品直接材料约当产量计算结果如表7-12所示。

表7-12 在产品直接材料约当产量计算表

工序	在产品数量	单位产品材料消耗定额	投料程度	约当产量
1	100	70	70×50%/250×100%=14%	14
2	120	80	（70+80×50%）/250×100%=44%	52.8
3	140	100	（70+80+100×50%）/250×100%=80%	112
合计	360	250		178.8

直接材料分配率=(30 000+22 500)÷(200+178.8)=138.60（元）
完工产品直接材料成本=200×138.60=27 720（元）
月末在产品直接材料成本=52 500−27 720=24 780（元）

3. 加工费用的分配

采用约当产量法分配加工费用时，测定在产品完工程度是基础。在此基础上，计算在产品的约当产量，进而进行费用分配。测定在产品完工程度的方法主要有平均计算和各工序分别测算完工率。

（1）平均计算

若各工序在产品数量和单位产品在各工序的加工量相差不多的情况下，前后工序加工程度可互相抵补，全部在产品完工程度可按照50%确定。即：

月末在产品约当产量=月末在产品结存产量×50%

（2）各工序分别测算完工率

如果月末在产品各工序加工数量不均衡，则需按照各工序的累计工时定额占完工产品工时定额的比率计算，确定各工序在产品的完工程度。计算公式如下：

$$某工序在产品完工率 = \frac{本工序以前各工序工时定额之和 + 本工序工时定额 \times 50\%}{产品工时定额}$$

式中，本工序工时定额之所以乘以 50%，是因为该工序中各件在产品的完工程度不同，为简化完工率的测算工作，在本工序一律按平均完工率 50% 计算。在产品在上一道工序转入下一道工序时，因为上一道工序已完工，所以前面各工序的工时定额应按 100% 计算。

【例 7-11】企业生产的丁产品，月初在产品成本及本月发生的生产费用合计为：工资及福利费用为 36 000 元，制造费用 9 000 元。该产品经过三道工序加工制成，单位工时定额为 20 小时，第一道工序工时定额为 6 小时，第二道工序工时定额为 10 小时，第三道工序工时定额为 4 小时。丁产品本月完工 124 件。第一道工序在产品 60 件，第二道工序在产品 40 件，第三道工序在产品 50 件。根据各道工序月末在产品的数量和各道工序的完工率，分别计算各道工序月末在产品的约当产量，计算完工产品与在产品的工资费用和制造费用。约当产量计算过程如表 7-13 所示。

表 7-13 约当产量计算表

工序	定额工时	完工率	在产品数量		完工产品产量	约当产量合计
			结存量	约当产量		
1	6	6×50%÷20=15%	60	9		
2	10	(6+10×50%)÷20=55%	40	22		
3	4	(6+10+4×50%)÷20=90%	50	45		
合计	20		150	76	124	200

完工产品与月末在产品按约当产量比例法分配工资及福利费用和制造费用计算如下：

工资及福利费分配率=36 000÷(124+76)=180
完工产品工资及福利费=124×180=22 320(元)
月末在产品工资及福利费=76×180=13 680(元)
制造费用分配率=9 000÷(124+76)=45
完工产品制造费用=124×45=5 580(元)
月末在产品制造费用=76×45=3 420(元)

第三节 完工产品成本核算

生产费用在完工产品和在产品之间分配后，确定完工产品生产成本及期末在产品生产成本。经验收合格的完工产品要交仓库保管或直接对外销售，因而需要结转完工入库产品的生产成本。本月完工产品的成本，应从"生产成本"科目转出。其中，产成品转入"库存商品"科目；自制材料、工具、模型等转入"原材料""周转材料"等科目；为在建工程提供的服务，不论其完工与否均应结转至"在建工程"科目。生产成本科目的借方余额表示月末在产品成本。

【例7-12】某企业生产甲、乙两种产品，产品成本汇总如表7-14所示。

表7-14 产品成本汇总表

产品名称	直接材料	直接人工	制造费用	合计
甲产品	42 080	25 110	38 160	105 350
乙产品	23 220	19 550	20 430	63 200
合计	65 300	44 660	58 590	168 550

根据完工验收入库产成品的入库单及产成品成本汇总表等，编制会计分录：

借：库存商品——甲产品　　　105 350

　　　　　——乙产品　　　63 200
　　贷：生产成本——基本生产成本　　168 550

知识链接

　　我国会计改革至今已初步形成了新的核算体系。然而，某些特殊行业的具体核算办法仍有一些地方不够明了，如农业企业如何划分投资性支出和收益性支出，农业在产品如何计价等。这些在实际操作中经常遇到的问题缺乏明确规定，在一定程度上影响了会计核算工作。

　　农业生产规模大，加之生产过程具有特殊性，如何正确组织会计核算，显得格外重要。以胜利油田胜大集团总公司为例，该公司是胜利油田多种经营系统的骨干企业，经过10余年的发展，现已成为一个以工、商业为主导，多产业的大型企业集团。它的前身是两个国营农场，农业生产的比重较大，现有耕地1.6万亩，水产养殖水面1.4万亩，畜禽养殖场6亩，各类农业机械213台，农业收入每年在4000万元以上，占整个集团公司收入的10%。农业的生产过程看似简单，实际比其他行业复杂得多。如养鸡，从购入鸡苗开始，鸡苗逐渐长大，按品种可分为蛋鸡、肉食鸡。鸡在成长过程中在消耗饲料的同时不断增值，价值在不断变化，这与工业生产有明显不同。如何将养鸡的总成本划分为在产品的价值与产成品鸡蛋的生产成本，就成为会计核算中的一个特有问题。以下拟结合胜大集团农业生产的实际，探讨农业在产品的会计处理及其影响。

　　1. 水产养殖业的在产品计价及其会计处理

　　水产养殖业生产周期在一个会计年度内的产品，包括鱼、虾等，平时零星销售可不结转销售成本，在收获清池后进行清算。发生的实际成本，如材料费、人工费、水电费、折旧费等成本费用归集起来作为产品成本，根据发生的总成本和总产量计算产品的单位成本，以此结转产品的销售成本。

　　生产周期跨年度的水产品，在会计年度终了时，进行实地盘点。盘点时，要根据不同的产品采用不同的方法。在产品计价既影响当年的经营成果，又影响明年损益。在产品计价应采取稳健性原则，应结合当年市价、明年市价、当年实际成本，使用成本与市价孰低法计算在产品价值。计算的在产品成本与账面在产品成本的差额列当期损益。当年销售部分在产品的，按以上计算的在产品结转销售成本。待明年销售时，将盘存在产品成本加上明年的投入作为全部生产成本。

水产养殖的成本计算期从购入幼苗或育苗开始，不入库的鲜活产品，计算到销售为止；入库的成品成本，则计算到入库为止。

2. 畜禽养殖业的在产品计价及其会计处理

畜禽养殖业的成本计算期从幼畜开始，一直到出售为止。

畜禽成本可采用分群核算或混群核算两种方法。混群核算与分群核算没有本质的差别，仅是对畜禽存栏价值的核算有所不同。混群核算的生产成本不仅核算存栏价值，还包括当期的饲养成本，而分群核算则是将存栏价值单独列为"幼畜及育肥畜"科目，当期饲养成本计入"生产成本"科目。

为简化核算，生产成本科目下除应设置种苗费、人工、饲料等明细科目外，还应增设一个"畜禽存栏"明细科目（核算内容同"幼畜及育肥畜"）。养殖过程中发生的费用分别归集到生产成本下各明细科目。月末对所有的畜禽存栏进行分类清查盘点，分产品、分规格编制详细的盘点表，进而计算出所有的在产品价值，将本月在产品价值与上月的差异，计入"生产成本——畜禽存栏"，将本月剩余的生产成本，即饲养成本，结转到畜禽产品的成本中。

存栏价值的确定非常重要，基本做法是由生产、财务等有关部门组成调查小组，分析各畜禽品种的饲养成本，根据市场行情，制定统一的畜禽在产品存栏价值，并以集团公司文件的形式下发，各基层单位必须以此确定畜禽在产品的存栏价值。如前文所提到的养鸡总成本的划分问题，就可按照这一方法确定养鸡的在产品价值，其余部分作为鸡蛋的生产成本。应注意的是，在产品存栏价值的标准并不是一成不变的，要根据饲料价格、产品价格的变化及时调整。胜大集团总公司一般采用一季度调整一次的做法。

因淘汰、死亡等原因出售的畜禽产品，应按实际收入结转销售收入，按原存栏价值结转销售成本，不能计入当期饲养成本。

畜禽产品收入应及时结转收入，不能冲减当期饲养成本。

3. 种植业的在产品计价及其会计处理

种植业生产周期在一个会计年度内的产品有玉米、水稻、大豆等，成本核算办法同水产养殖业。生产周期跨年度的产品，如小麦，从耕地播种到年末，这期间发生的成本作为在产品价值。来年收获时，将发生的实际成本归集起来作为产品成本。

入库农产品应按实际成本计价。如实际成本高于国家保护价，则按国家保护价入库。自产留用产品视同销售处理，按市价计算收入。自产留用产品包括种子、饲料、口粮以及工业用原材料。

农业实际成本按制造成本法核算，管理费用、财务费用不列入产品成本。

最后，需要指出，农业会计核算的关键是要解决在产品计价标准问题，同一种在产品，在不同内部单位不能采用不同的计价标准。实际工作中，个别单位采用人为加大在产品的办法，减少当期成本，造成潜亏，不利于企业管理水平的提高。基于这些问题，应出台规范的核算制度或规定，尽快从根本上杜绝此类问题的发生。

——张旭刚. 农业在产品会计处理的探. 中国农业会计，2001（9）.

案例讨论

兴华公司生产的甲产品经过两道工序加工完成，2007 年 8 月末各工序在产品数量为：第一道工序 100 件，第二道工序 150 件，其中第二道工序在产品中有正在返修的废品 20 件。另外，在企业的半成品明细账中，有本月加工完成入库的第一道工序产品 100 件。第二道工序本月加工完成的产品有 800 件，其中有 200 件尽管完工，但尚未来得及办理入库手续，另外有 10 件在验收时发现质量有严重问题而未能入库等待返修。在月末分配生产费用确定在产品数量时，财务科小张和小王产生了分歧。小张认为月末在产品数量应为 250 件，小王说月末在产品应为 560 件。

你认为他们两人的分歧原因何在？从分配完工产品和月末在产品应负担生产费用角度看，你认为月末在产品应为多少？

练习题

1. 某企业生产丙产品，经过两道工序连续加工制成，原材料在生产开始时一次投入。单件产品原材料费用定额为 90 元，工时定额为 10 小时（其中第一道工序工时定额 6 小时，第二道工序工时定额 4 小时）。每工时直接人工费用定额为 5 元，制造费用定额为 2 元。

该企业 7 月份完工 800 件，在产品 180 件，其中第一道工序在产品 100 件，第二道工序在产品 80 件，各工序月末在产品平均加工程度为 50%。丙产品月初在产品成本合计为 56 000 元，其中直接材料 32 000 元，直接人工 15 000 元，制造费用 9 000 元；本月发生的生产费用为 150 333.60 元，其中直接材料 95 343.60 元，直接人工 42 300 元，制造费用 12 690 元。

要求：分别采用定额成本法和定额比例法计算当月完工产品成本和月末在产品成本，并分析二者计算结果为何不同。

2. 某企业生产丙产品，共有两道工序。第一道工序工时定额为 480 小时，第二道工序工时定额为 520 小时，本月完工丙产品 500 件，月末在产品 800 件，其中第一道工序的在产品为 600 件，第二道工序的在产品为 200 件，原材料在生产开始时一次投入，月初和本月发生的材料费用共为 845 000 元，工资及其他加工费用共计 95 040 元。

要求：采用约当产量法计算本月完工产品成本和月末在产品成本。

第八章 产品成本计算的基本方法
——品种法和分批法

导入案例

上海龙头（集团）股份有限公司（证券代码600630）是一家生产经营纺织品的上市公司。公司在1998年的上市公告书中对下属企业的生产成本核算方法做了如下说明：
1. 上海针织九厂：采用品种法、分批法；
2. 上海中华第一棉纺针织厂：采用品种法、分步法；
3. 上海民光国际企业有限公司：采用品种法、分步法；
4. 上海海螺服饰公司：采用分批法。

为什么不同的企业采用不同的产品成本计算方法？品种法、分批法、分步法各有什么特点？企业应该如何选择既准确又简便的产品成本计算方法呢？①

本章引言

工业企业产品成本计算的过程，就是对生产经营过程中所发生的各项生产费用，按照一定的成本对象进行归集和分配，计算出产品的总成本和单位成本的过程。产品成本的计算方式必须适应企业的生产特点和管理要求。本章首先阐述生产特点和管理要求对产品成本计算有哪些影响，然后分别介绍产品成本计算基本方法中的品种法和分批法。

通过本章学习，要求学生：
● 理解生产特点和管理要求对产品成本计算的影响

---

① 改编自《上海龙头股份有限公司上市公告书》（1998年7月3日）。

- 了解产品成本计算的基本方法和辅助方法
- 掌握品种法的账务处理
- 掌握分批法的账务处理

第一节 生产特点和管理要求对产品成本计算的影响

前面各章讲述了企业应该如何对各项成本费用进行归集和分配,那么企业应该如何计算产品成本呢?成本计算方法的选择很大程度上受到产品生产特点的影响。产品的成本计算是为管理服务的,因此,企业对成本管理的要求也影响着产品成本计算方法的选择。

一、工业企业生产的分类

(一)按照生产组织的特点分类

按照生产组织的特点,工业企业的生产可以分为大量生产、成批生产和单件生产三类。

1. 大量生产

大量生产是指不间断地、重复地进行品种相同的产品的生产。在这种生产的企业或车间中,生产的产品的品种较少,也比较稳定,如发电、采煤、冶金等。

2. 成批生产

成批生产是指按照事先规定的产品的批别和数量进行生产。在这种生产的企业或车间中,产品品种较多,具有一定的重复性。成批生产按照产品批量的大小,又可分为大批生产和小批生产。大批生产,由于产品批量大,往往在几个月内不断地重复生产一种或几种产品,因而性质近于大量生产;小批生产,由于产品的批量小,一批产品一般可以同时完工,因此其性质近于单件生产。

3. 单件生产

单件生产是指根据订货单位的要求而进行的个别的、性质特殊的产品的生产。在这种生产的企业或车间中，产品品种较多，而且很少重复，主要适用于一些大型而复杂的产品，如重型机械、造船、专用设备等。

（二）按照生产工艺的特点分类

1. 单步骤生产

单步骤生产亦称简单生产，是指生产工艺过程不能间断，不可能或不需要划分为几个生产步骤的生产。这类企业由于技术上的不可间断（如发电），或由于工作地点上的限制（如采煤），通常只能由一个企业单独进行，而不能由几个企业协作进行。

2. 多步骤生产

多步骤生产亦称复杂生产，是指生产工艺过程可以间断，由若干个生产步骤组成，可以由一个企业单独进行或多个企业协作进行的生产。多步骤生产按其产品的加工方式，又分为连续式复杂生产和装配式复杂生产两类。连续式复杂生产是指原材料投入生产后，要依次经过几个生产步骤的连续加工，才能成为产品的生产。装配式生产是指先将原材料在各个加工车间平行加工为零部件，然后再将零部件装配为产品的生产。

二、生产特点和管理要求对产品成本计算的影响

生产特点和管理要求对产品成本的计算产生重要的影响，这主要表现在成本计算对象的确定上。所谓成本计算对象，就是生产费用归集的对象。生产组织不同、生产工艺过程不同，成本计算的对象也不同。根据成本管理的需要，工业企业成本计算对象可能是产品的品种、批别或生产步骤。

从产品的生产组织来看，在大量大批生产的情况下，管理上按照产品的品种计算成本；在小批单件生产的情况下，由于其生产的批量小，一批产品可以同时完工，因此管理上要求按照产品的批别计算成本。

从产品的生产工艺过程来看，单步骤生产由于其工艺过程不能间断，只要求按照产品的品种或批别计算成本；多步骤生产不仅要求按照产品的品种或批别计算成本，而且还可以要求按照生产步骤计算成本。

此外，企业选择成本对象时，不仅要考虑生产组织或生产工艺过程等客观因素，还要考虑管理上的要求。在管理上不要求按照生产步骤计

算成本的时候，企业可以只按照产品品种或批别计算成本。

三、产品成本计算的基本方法和辅助方法

如前所述，企业的成本计算对象包括产品品种、产品批别和产品生产步骤三种。因而按照不同的成本计算对象，产品成本计算的基本方法也分为三类：

1. 品种法，即按照产品的品种计算产品成本的方法。这种方法适用于单步骤大量大批生产或管理上不要求分步骤计算成本的多步骤大量大批生产。

2. 分批法，即按照产品的批别计算产品成本的方法。这种方法适用于单步骤小批单件生产或管理上不要求分步骤计算成本的多步骤小批单件生产。

3. 分步法，即按照产品的生产步骤计算产品成本的方法。这种方法适用于管理上要求分步骤计算成本的多步骤生产。

除以上三种基本方法之外，产品成本计算还有两种常用的辅助方法：

1. 分类法，即按照产品的类别计算产品成本的方法。这种方法适用于产品品种、规格繁多的工业企业。在这种企业里，为了简化成本计算工作，将产品按类别归集并核算。

2. 定额法，即按照定额成本和脱离定额的差异来计算产品成本的方法。一些工业企业产品的各项消耗定额比较稳定，定额管理水平也比较高。为了加强成本控制，可以按照定额法来核算成本。

上述五种方法是成本会计实务工作中常用的方法。企业应按照生产特点和管理要求来确定成本计算对象，选择相应的成本计算方法。成本计算的辅助方法一般应与基本方法结合起来使用，而不是单独使用。

第二节 产品成本计算的品种法

无论生产什么类型的产品，也无论管理要求如何，企业最终都必须

按照产品品种计算出产品成本。按照产品品种计算产品成本,是产品成本计算的最一般、最起码的要求,品种法是最基本的成本计算方法。

一、品种法的特点和计算程序

(一)品种法的特点

品种法主要适用于大量大批的单步骤生产(如发电、采掘、铸造),或管理上不要求分步骤计算成本的多步骤大量大批生产(如小型水泥厂、化肥厂以及辅助生产车间的供水、供电、供气)。品种法的主要特点如下:

1. 成本计算对象

品种法的成本计算对象就是产品的品种。如果只生产一种产品,则只需为这种产品开设一本产品成本明细账,所发生的全部生产费用直接计入该成本明细账的各成本项目;如果生产多种产品,则需要按照产品品种分别设置产品成本明细账,采用适当的分配方法将全部生产费用分别计入各产品的成本明细账中。

2. 成本计算期

无论是大量大批的单步骤生产还是多步骤生产,品种法的成本计算一般是在月末进行,与会计核算周期相一致,但可能与产品的生产周期不一致。

3. 月末成本费用在完工产品与在产品之间的分配

如果企业月末有数量较多的在产品,则需要将产品成本明细账中归集的生产费用在完工产品与在产品之间进行分配,以便计算完工产品与在产品的成本。

(二)品种法的计算程序

1. 按照产品品种分别设置生产成本明细账,并按照规定的产品成本项目设置专栏,登记各项目的月初数。

2. 根据"直接费用、直接登记,间接费用、分配登记"的原则,归集分配本月各项生产费用,编制会计分录,登记生产成本明细账,并根据平行登记的原则登记其他有关总分类账户。

3. 月末,按照适当的分配方法,将各产品的生产费用在完工产品与在产品之间进行分配,编制产成品成本汇总表,结转产成品成本。

二、品种法账务处理举例

品种法是产品成本计算中的一种最为基础的方法。全面、系统地掌握品种法的账务处理过程，有助于读者深入理解成本计算的基本原理和实务操作。因此本节较为详细地列举了各种生产费用的归集和分配，列示了相应的分配表、计算表、明细账和汇总表，期望读者通过例题 8-1，理解和掌握产品成本核算的一般程序。

【例 8-1】某企业生产甲、乙两种产品，生产类型属于大量大批的单步骤生产，根据生产特点和管理要求，财务人员决定采用品种法计算产品的生产成本。该企业设立了一个基本生产车间和两个辅助生产车间（机修车间和运输车间），辅助生产车间的制造费用也通过"制造费用"科目核算。该企业不单独核算废品损失。企业的产品成本包括"原材料""燃料及动力""职工薪酬"和"制造费用"4 个明细项目。为简便起见，假设该企业的职工薪酬只包括工资和福利费两项，福利费的计提比例为工资总额的 5%。假设该企业没有发生任何待摊或预提费用。企业按照定额成本法核算月末在产品成本，各成本项目的定额标准如表 8-1 所示。

表 8-1 在产品各成本项目的单位定额标准

2014 年 6 月

产品名称	原材料（元/每件）	定额工时（小时）	燃料及动力（元/每小时）	工资及福利（元/每小时）	制造费用（元/每小时）	合计（元/每件）
甲产品	60	10	1.1	1.2	1.3	96
乙产品	50	8	1	1.1	1.2	76.4

1. 编制各种费用分配表

（1）假定企业的各项货币支出均采用银行存款支付。根据 2014 年 6 月份银行存款付款凭证，汇总得出各部门应负担的成本费用金额如表 8-2 所示。

表 8-2　银行存款付款凭证成本费用汇总表　　　单位：元

应借科目			金额
总账科目	明细科目	成本或费用项目	
辅助生产成本	运输车间	燃料及动力	2 000
制造费用	基本生产车间	办公费	350
		劳动保护费	200
		其他	100
	机修车间	办公费	200
		劳动保护费	150
		其他	100
	运输车间	办公费	220
		劳动保护费	150
		其他	80
	小计		1 550
管理费用		办公费	1 400
		差旅费	500
		其他	200
	小计		2 100
合计			5 650

根据银行存款付款凭证成本费用汇总表，编制会计分录如下：

会计分录①

　　借：生产成本——辅助生产成本——运输车间　　2 000
　　　　制造费用——基本生产车间　　650
　　　　　　　——机修车间　　450
　　　　　　　——运输车间　　450
　　　管理费用　　2 100
　　　贷：银行存款　　5 650

（2）根据原材料相关凭证和有关费用分配标准，编制原材料费用分配表，如表 8-3 所示。

表 8-3　原材料费用分配表（分配表 1）　　　　单位：元

总账科目	应借科目		原材料	其他材料	合计
	明细科目	成本或费用项目			
基本生产成本	甲产品	原材料	8 400	300	8 700
	乙产品	原材料	7 500	200	7 700
	小计		15 900	500	16 400
辅助生产成本	机修车间	原材料	200	70	270
	运输车间	原材料	180	60	240
	小计		380	130	510
制造费用	基本生产车间	机物料消耗		140	140
	机修车间	机物料消耗		100	100
	运输车间	机物料消耗		300	300
	小计			540	540
管理费用	物料消耗			200	200
合计			16 280	1 370	17 650

会计分录②

借：生产成本——基本生产成本——甲产品　　8 700
　　　　　　　　　　　　　　　——乙产品　　7 700
　　生产成本——辅助生产成本——机修车间　　270
　　　　　　　　　　　　　　　——运输车间　　240
　　制造费用——基本生产车间　　140
　　　　　　——机修车间　　100
　　　　　　——运输车间　　300
　　管理费用　　200
　　贷：原材料　　17 650

（3）根据电费相关凭证和有关费用分配标准，编制耗电费用分配表，如表 8-4 所示。

表 8-4 耗电费用分配表（分配表 2）　　　　　　单位：元

应借科目			数量			金额
总账科目	明细科目	成本或费用项目	生产工时	单位小时定额标准	耗用度数（0.50 元/度）	
基本生产成本	甲产品	燃料及动力	4 200	1.1		4 620
	乙产品	燃料及动力	3 500	1		3 500
	小计		7 700			8 120
辅助生产成本	机修车间	燃料及动力			700	350
	运输车间	燃料及动力			600	300
	小计				1 300	650
制造费用	基本生产车间	水电费			600	300
	机修车间	水电费			300	150
	运输车间	水电费			200	100
	小计				1 100	550
管理费用		水电费			360	180
合计					2 760	9 500

会计分录③

借：生产成本——基本生产成本——甲产品　　4620
　　　　　　　　　　　　　　　——乙产品　　3500
　　生产成本——辅助生产成本——机修车间　　350
　　　　　　　　　　　　　　　——运输车间　　300
　　制造费用——基本生产车间　　300
　　　　　　——机修车间　　150
　　　　　　——运输车间　　100
　　管理费用　　180
　　贷：应付账款（假设此笔费用尚未支付）　　9500

（4）根据工资及福利费的相关凭证和费用分配标准，编制工资及福利费分配表，如表 8-5 所示。

表 8-5 工资及福利费分配表（分配表 3） 单位：元

应借科目		生产工时	工资				福利费（工资总额的 5%）	合计
总账科目	明细科目		单位小时定额标准	生产工人	管理人员	小计		
基本生产成本	甲产品	4 200	1.2	5 040		5 040	252	5 292
	乙产品	3 500	1.1	3 850		3 850	192.5	4 042.5
	小计	7 700		8 890		8 890	444.5	9 334.5
辅助生产成本	机修车间			350		350	17.5	367.5
	运输车间			400		400	20	420
	小计			750		750	37.5	787.5
制造费用	基本生产车间				800	800	40	840
	机修车间				250	250	12.5	262.5
	运输车间				200	200	10	210
	小计				1 250	1 250	62.5	1 312.5
管理费用					1 020	1 020	51	1 071
合计				9 640	2 270	11 910	595.5	12 505.5

会计分录④

借：生产成本——基本生产成本——甲产品   5 040
　　　　　　　　　　　　　　　——乙产品   3 850
　　生产成本——辅助生产成本——机修车间   350
　　　　　　　　　　　　　　　——运输车间   400
　　制造费用——基本生产车间   800
　　　　　　——机修车间   250
　　　　　　——运输车间   200
　　管理费用   1 020
　　贷：应付职工薪酬——工资   11 910

会计分录⑤

借：生产成本——基本生产成本——甲产品　　252
　　　　　　　　　　　　　　　——乙产品　　192.5
　　生产成本—辅助生产成本——机修车间　　17.5
　　　　　　　　　　　　　　——运输车间　　20
　　制造费用——基本生产车间　　40
　　　　　　——机修车间　　12.5
　　　　　　——运输车间　　10
　　管理费用　　51
　　贷：应付职工薪酬——职工福利　　595.5

（5）根据固定资产原价和月折旧率，计算本月应提固定资产折旧，编制固定资产折旧费用分配表，如表 8-6 所示。

表 8-6　固定资产折旧费用分配表（分配表 4）　　单位：元

项目	生产车间				管理部门	合计
	基本生产车间	机修车间	运输车间	小计		
提取折旧	1 200	400	300	1 900	720	2 620

会计分录⑥

借：制造费用——基本生产车间　　1 200
　　　　　　——机修车间　　400
　　　　　　——运输车间　　300
　　管理费用　　720
　　贷：累计折旧　　2 620

2. 计算在产品的损毁价值

本月甲产品的在产品由于管理不善毁损 5 件，按照定额成本计价，计价标准见表 8-1。根据相关资料，编制在产品盘亏毁损计算表，如表 8-7 所示。

表 8-7 在产品盘亏毁损计算表（分配表 5）

产品名称：甲

毁损数量：5 件   单位在产品定额工时：10 小时   单位：元

项目	原材料	燃料及动力	工资及福利	制造费用	合计
单位在产品定额标准	60	11	12	13	96
毁损在产品成本（5 件）	300	55	60	65	480
加上：原材料的增值税进项税额		300×17%=51			51
减去：残料回收 　　　员工赔偿		50 100			150
在产品毁损净损失					381

会计分录⑦

借：待处理财产损溢——待处理流动资产损溢　　531
　　贷：生产成本——基本生产成本—甲产品　　480
　　　　应交税费——应交增值税（进项税额转出）　51

对于盘亏的在产品，由于管理不善造成的，该在产品负担的增值税应一并转入"待处理财产损溢"科目。

会计分录⑧

（残料回收 50 元，责任员工应赔偿 100 元，净损失 381 元转入当月基本生产车间制造费用）

借：原材料　　50
　　其他应收款　　100
　　制造费用——基本生产车间　　381
　　　贷：待处理财产损溢——待处理流动资产损溢　　531

3．归集和分配辅助生产费用（假定该企业采用直接分配法分配辅助生产费用）

（1）将辅助生产车间发生的制造费用分配转入辅助生产成本账户。根据银行存款付款凭证成本费用汇总表和分配表 1~4，可以汇总得出机修车间的制造费用为 1 362.5 元（见表 8-12），运输车间的制造费用为 1360 元（见表 8-13）。编制辅助生产车间制造费用分配表，如表 8-8 所示。

表 8-8 辅助生产车间制造费用分配表（分配表 6）　　　单位：元

应借科目		机修车间制造费用	运输车间制造费用	合计
总账科目	明细科目			
辅助生产成本	机修车间	1 362.5		1 362.5
	运输车间		1 360	1 360
合计				2 722.5

会计分录⑨

　　借：生产成本——辅助生产成本——机修车间　　1 362.5

　　　　　　　　　　　　　　　　——运输车间　　1 360

　　　贷：制造费用——机修车间　　1 362.5

　　　　　　　　——运输车间　　1 360

（2）采用直接分配法分配辅助生产费用。根据银行存款付款凭证成本费用汇总表和分配表 1～3 以及分配表 6，可以汇总得出机修车间的辅助生产成本为 2 350 元（见表 8-10），运输车间的辅助生产成本为 4 320 元（见表 8-11）。本月机修车间共提供修理劳务 1 200 小时，其中为运输车间修理 25 小时，为基本生产车间修理 1 000 小时，为管理部门修理 175 小时。运输车间提供运输劳务 2 400 吨公里，其中为机修车间运输 240 吨公里，为基本生产车间运输 1 500 吨公里，为管理部门运输 660 吨公里。根据这些资料，编制辅助生产费用分配表，如表 8-9 所示。

表 8-9 辅助生产费用分配表（分配表 7）　　　单位：元

项目		机修车间	运输车间	合计
待分配费用："辅助生产成本"科目发生额		2 350	4 320	6 670
供应辅助生产以外单位的劳务数量		1 175	2 160	—
辅助生产费用分配率		2	2	
基本生产车间	耗用数量	1 000	1 500	
	分配金额	2 000	3 000	5 000
管理部门	耗用数量	175	660	—
	分配金额	350	1 320	1 670
合计		2 350	4 320	6 670

表中辅助生产费用分配率的计算如下：

$$机修车间费用分配率 = \frac{2\,350}{1\,175} = 2(元/小时)$$

$$运输车间费用分配率 = \frac{4\,320}{2\,160} = 2(元/吨公里)$$

会计分录⑩

借：制造费用——基本生产车间　　5 000
　　管理费用　1 670
　　　贷：生产成本——辅助生产成本——机修车间　　2 350
　　　　　　　　　　　　　　　　　　——运输车间　　4 320

机修车间和运输车间的辅助生产成本明细账以及制造费用明细账分别如表 8-10、表 8-11、表 8-12 和表 8-13 所示。

表 8-10　辅助生产成本明细账（机修车间）　　单位：元

月	日	摘要	原材料	燃料及动力	工资及福利	制造费用	合计	转出	余额
6	30	根据分配表 1	270				270		
6	30	根据分配表 2		350			350		
6	30	根据分配表 3			367.5		367.5		
6	30	根据分配表 6				1362.5	1 362.5		
6	30	待分配费用小计	270	350	367.5	1362.5	2350		
6	30	根据分配表 7						2 350	
6	30	合计							0

表 8-11　辅助生产成本明细账（运输车间）　　单位：元

月	日	摘要	原材料	燃料及动力	工资及福利	制造费用	合计	转出	余额
6	30	根据付款凭证汇总表		2 000			2 000		
6	30	根据分配表 1	240				240		
6	30	根据分配表 2		300			300		
6	30	根据分配表 3			420		420		
6	30	根据分配表 6				1 360	1 360		
6	30	待分配费用小计	240	2 300	420	1 360	4 320		
6	30	根据分配表 7						4 320	
6	30	合计							0

表 8-12　制造费用明细账（机修车间）　　　　　单位：元

月	日	摘要	工资及福利	机物料消耗	水电费	折旧费	修理费	劳动保护费	办公费	其他	合计	转出	余额
6	30	根据付款凭证汇总表						150	200	100	450		
6	30	根据分配表 1		100							100		
6	30	根据分配表 2			150						150		
6	30	根据分配表 3	262.5								262.5		
6	30	根据分配表 4					400				400		
6	30	待分配费用小计									1 362.5		
6	30	根据分配表 6										1362.5	
6	30	合计											0

表 8-13　制造费用明细账（运输车间）　　　　　单位：元

月	日	摘要	工资及福利	机物料消耗	水电费	折旧费	修理费	劳动保护费	办公费	其他	合计	转出	余额
6	30	根据付款凭证汇总表						150	220	80	450		
6	30	根据分配表 1		300							300		
6	30	根据分配表 2			100						100		
6	30	根据分配表 3	210								210		
6	30	根据分配表 4					300				300		
6	30	待分配费用小计									1 360		
6	30	根据分配表 6										1 360	
6	30	合计											0

4．归集和分配基本生产车间的制造费用

根据银行存款付款凭证汇总表和各种费用分配表，汇总得出基本生产车间的制造费用为 8 460 元（见表 8-15）。根据甲、乙产品的生产工时，编制基本生产车间制造费用分配表，如表 8-14 所示。

表 8-14　基本生产车间制造费用分配表（分配表 8）　　　单位：元

应借科目		生产工时	分配金额
总账科目	明细科目		（分配率：1.105325）
基本生产成本	甲产品	4 200	4 642.37
	乙产品	3 500	3 868.63
合计		7 700	8 511

表中基本生产车间制造费用分配率的计算如下：

$$\text{分配率} = \frac{8\,511}{7\,700} = 1.105325 \text{（元/小时）}$$

会计分录⑪

借：生产成本——基本生产成本——甲产品　　4 642.37
　　　　　　　　　　　　　　　　　——乙产品　　3 868.63
　　贷：制造费用——基本生产车间　　8 511

登记基本生产车间制造费用明细账，如表 8-15 所示。

表 8-15　制造费用明细账（基本生产车间）　　　单位：元

月	日	摘要	工资及福利	机物料消耗	水电费	折旧费	修理费	运输费	在产品盘亏	劳动保护费	办公费	其他	合计	转出	余额
6	30	根据付款凭证汇总表								200	350	100	650		
6	30	根据分配表 1		140									140		
6	30	根据分配表 2			300								300		
6	30	根据分配表 3	840										840		
6	30	根据分配表 4				1 200							1 200		
6	30	根据分配表 5							381				381		
6	30	根据分配表 7					2 000	3 000					5 000		
6	30	根据分配表 8												8 511	
6	30	合计													0

5．登记产品成本明细账并计算产品成本

（1）计算甲、乙两种产品月末在产品的定额成本。本月甲产品完工 100 件，未完工产品为 20 件；乙产品完工 80 件，未完工产品为 10 件。

如前所述，该企业按照定额成本计价法核算月末在产品成本，在产品各成本项目的单位定额标准详见表 8-1。根据相关资料，分别编制甲、乙产品月末在产品定额成本计算表，如表 8-16 和表 8-17 所示。

表 8-16　甲产品月末在产品定额成本计算表

数量：20 件
单位在产品定额工时：10 小时　　　　　　　　　　　　　　　　单位：元

产品名称	原材料 ①=60×20	燃料及动力 ②=1.1×10×20	工资及福利 ③=1.2×10×20	制造费用 ④=1.3×10×20	合计 ⑤=①+②+③+④
甲产品	1 200	220	240	260	1 920

表 8-17　乙产品月末在产品定额成本计算表

数量：10 件
单位在产品定额工时：8 小时　　　　　　　　　　　　　　　　单位：元

产品名称	原材料 ①=50×10	燃料及动力 ②=1×8×10	工资及福利 ③=1.1×8×10	制造费用 ④=1.2×8×10	合计 ⑤=①+②+③+④
乙产品	500	80	88	96	764

（2）根据上月产品成本明细账和本月各种费用分配表，登记产品成本明细账的上月末即本月初在产品成本和本月生产费用发生额。编制甲、乙两种产品的产品成本明细账，如表 8-18 和表 8-19 所示。

表 8-18　产品成本明细账

产品名称：甲　　　　　　　　　　　　　　　　　　　　　　　　单位：元

月	日	摘要	产量（件）	原材料	燃料及动力	工资及福利	制造费用	成本合计
5	31	在产品成本（定额成本）		2 400	440	480	520	3 840
6	30	根据分配表 1		8 700				8 700
6	30	根据分配表 2			4 620			4 620
6	30	根据分配表 3				5 292		5 292
6	30	根据分配表 8					4 642.37	4 642.37
6	30	本月生产费用合计		8 700	4 620	5 292	4 642.37	23 254.37

续表

月	日	摘要		产量(件)	原材料	燃料及动力	工资及福利	制造费用	成本合计
6	30	生产费用累计			11 100	5 060	5 772	5 162.37	27 094.37
6	30	减去:毁损在产品的成本(根据分配表5)		5	300	55	60	65	480
6	30	生产费用净额			10 800	5 005	5 712	5 097.37	26 614.37
6	30	产成品成本	总成本	100	9 600	4 785	5 472	4 837.37	24 694.37
			单位成本		96	47.85	54.72	48.37	246.94
6	30	在产品成本(定额成本)		20	1 200	220	240	260	1 920

表 8-19 产品成本明细账

产品名称:乙   单位:元

月	日	摘要		产量(件)	原材料	燃料及动力	工资及福利	制造费用	成本合计
5	31	在产品成本(定额成本)			750	120	132	144	1 146
6	30	根据分配表1			7 700				7 700
6	30	根据分配表2				3 500			3 500
6	30	根据分配表3					4 042.5		4 042.5
6	30	根据分配表8						3 868.63	3 868.63
6	30	本月生产费用合计			7 700	3 500	4 042.5	3 868.63	19 111.13
6	30	生产费用累计			8 450	3 620	4 174.5	4 012.63	20 257.13
6	30	产成品成本	总成本	80	7 950	3 540	4 086.5	3 916.63	19 493.13
			单位成本		99.38	44.25	51.08	48.96	243.66
6	30	在产品成本(定额成本)			500	80	88	96	764

6. 结转库存商品成本

库存商品成本汇总表如表 8-20 所示。

会计分录⑫

借:库存商品——甲产品　　24 694.37
　　　　　　——乙产品　　19 493.13
　　贷:生产成本—基本生产成本——甲产品　　24 694.37
　　　　　　　　　　　　　　——乙产品　　19 493.13

表 8-20　库存商品成本汇总表　　　　　　　　单位：元

产成品名称	单位	产量数量	原材料	燃料及动力	工资及福利	制造费用	成本合计
甲产品	件	100	9 600	4 785	5 472	4 837.37	24 694.37
乙产品	件	80	7 950	3 540	4 086.5	3 916.63	19 493.13
合计			17 550	8 325	9 558.5	8 754	44 187.5

第三节　产品成本计算的分批法

一、分批法的特点和计算程序

（一）分批法的特点

分批法主要适用于小批单件的单步骤生产或管理上不要求分步骤计算成本的多步骤生产的企业，如船舶制造、重型机器制造、精密仪器制造、印刷、服装加工等企业，也适用于企业的新产品试制、自制材料和设备等。分批法的主要特点如下：

1. 成本计算对象

分批法的成本计算对象是产品的批别或件别。在小批和单件生产中，产品订单往往列明了产品的种类和批量，因此也可说是按产品订单计算成本。在订单中产品的品种不唯一或要求分批交货时，企业生产部门也可能将产品的订单按照品种和批别分批组织生产。若产品的构造比较复杂，如大型船舶或重型机械，也可按照产品的组成部分分批组织生产。因此，在这些情况下，分批法的成本计算对象，就不再是产品的订单，而是生产部门下发的生产任务通知单。会计部门按照生产任务通知单上的产品批号设立产品成本明细账，归集并分配生产成本。同样，发生的直接费用可直接记入相应账户，间接费用也要采用适当的分配方法加以分配，然后记入各产品的成本明细账。

2. 成本计算期

由于分批法的成本计算对象是产品的批别或件别，成本计算期应与各批产品的生产周期相一致，可能与会计核算的报告期不一致。

3. 月末成本费用在完工产品与在产品之间的分配

在单件生产的情况下，产品完工之前，产品成本明细账记录的生产费用都属于在产品的成本，产品完工之后，产品成本明细账记录的生产费用就是完工产品的成本。因此对单件生产而言，月末的成本费用要么全部是在产品成本，要么全部是完工产品的成本，不存在在完工产品与在产品之间分配的问题。在小批生产的情况下，又分两种情况：在批内产品能同时完工，不存在跨月完工的情况时，月末成本费用也不存在在完工产品与在产品之间分配的问题。若批内产品存在跨月完工的情况，则需要将月末成本费用在完工产品与在产品之间进行分配。此时，若月末完工产品的数量占总批量的比重较小，可以采用计划成本、定额成本或者相似产品的单位成本等方法来简单结转完工产品的成本，产品成本明细账中的剩余部分即在产品的成本[①]。如果企业月末完工产品的数量占总批量的比重较大，为了提高成本计算的准确度，则需要利用比例分配法等方法将产品成本明细账中归集的生产费用在完工产品与在产品之间进行分配。

（二）分批法的计算程序

1. 按照产品批别分别设置生产成本明细账，并按照规定的产品成本项目设置专栏，登记各项目的月初数。

2. 根据"直接费用、直接登记，间接费用、分配登记"的原则，归集分配本月各项生产费用，编制会计分录，登记生产成本明细账，并根据平行登记的原则登记其他有关总分类账户。其中，间接费用的分配，可以采用当月分配法，也可以采用累计分配法。当月分配法是指将当月所发生的间接费用全部分配给各批产品，而不论各批产品是否已经完工。累计分配法是指先将发生的间接费用在基本生产成本二级账中归集，若有产品完工，则根据完工产品的累计工时占全部累计工时的比例计算出属于完工产品的间接费用，而全部在产品的间接费用仍以总数反映在基本生产成本二级账中，不进行分配，因此也称为不分批计算在产品成本的方法。

[①] 定额成本与计划成本是有区别的，前者依据当月现行定额制定，表示当月应达到的成本水平，各月的定额可能随着生产技术水平的提高而进行修订；后者则依据计划期内各月的平均定额制定，反映计划期内预计应达到的平均成本水平。计划成本是企业制定的较长时期的目标成本，而定额成本则是为完成这一目标成本而制定的，作为对当时的产品成本进行控制和考核的依据。

3. 月末，按照适当的分配方法（计划成本法、定额成本法、比例分配法等），将各产品的生产费用在完工产品与在产品之间进行分配，结转产成品成本。在该批产品尚未全部完工之前，产品成本明细账可以连续使用，不需逐月结转更换。

二、分批法账务处理举例

（一）完工产品成本的简单计算法与比例分配法应用举例

【例 8-2】某企业根据用户的订单小批量生产甲、乙两种产品，根据生产特点和管理要求该企业采用分批法核算产品的成本。2014 年 6 月该企业的生产情况和费用支出情况如下：

（1）本月共发生了 33 号、34 号和 35 号三批产品的生产费用。

（2）33 号甲产品 10 台，4 月投产，本月全部完工。

（3）34 号乙产品 5 台，5 月投产，截止到本月末完工 4 台，未完工 1 台。

（4）35 号乙产品 10 台，6 月投产，截止到本月末完工 1 台，未完工 9 台，计划 8 月完工。

（5）各批产品的月初在产品费用和本月发生的生产费用如表 8-21 所示。

表 8-21　各批产品的月初在产品费用和本月发生的生产费用　　单位：元

批号	摘要	原材料	燃料及动力	工资及福利	制造费用	合计
33 号	月初在产品费用	6 000	7 000	4 000	3 500	20 500
34 号		5 000	4 500	3 500	3 000	16 000
33 号	根据分配表得出的本月发生的生产费用	—	2 000	2 800	1 000	5 800
34 号		—	1 500	2 500	600	4 600
35 号		10 500	5 000	4 500	3 000	23 000

各个批号产品的完成情况不同，因此应根据具体情况采取不同的方法在完工产品与在产品之间进行生产费用的分配。对于 33 号产品，由于所生产的产品本月全部完工，因此产品成本明细账所记录的全部生产费用（月初在产品费用和本月发生的生产费用之和），就是完工产品的成本。

33号产品的成本明细账如表8-22所示。

表8-22 产品成本明细账

产品名称：甲
产品批号：33
批量：10台　　　　　　　　　投产日期：4月
已完工：10台　　　　　　　　完工日期：6月　　　　　　　单位：元

摘要	原材料	燃料及动力	工资及福利	制造费用	合计
月初在产品费用	6 000	7 000	4 000	3 500	20 500
根据分配表得出的本月生产费用	—	2 000	2 800	1 000	5 800
累计	6 000	9 000	6 800	4 500	26 300
完工产品成本	6 000	9 000	6 800	4 500	26 300
完工产品单位成本	600	900	680	450	2 630
月末在产品	0	0	0	0	0

对于34号和35号产品，由于月底同时存在完工产品和未完工产品，因此需要将月末成本费用（月初在产品费用和本月发生的生产费用之和）在完工产品和在产品之间进行分配。假设34号产品的原材料是在生产开始时一次性投入，因此原材料费用可以按照完工产品和在产品的数量之比进行分配。对于其余生产费用，由于34号产品月末完工数量占总批量的比重较大，因此可以按照比例分配法进行分配。假设在产品的完工程度为80%，34号产品完工产品与在产品的各项成本费用计算如下：

累计原材料费用=月初原材料费用+本月投入=5 000+0=5 000（元）

完工产品原材料费用=$\dfrac{5\ 000}{4+1}\times 4$=4 000（元）

月末在产品原材料费用=5 000-4 000=1 000（元）

月末在产品约当产量=1×80%=0.8（台）

累计燃料及动力费用=月初燃料及动力费用+本月投入

　　　　　　　　　=4 500+1 500=6 000（元）

完工产品燃料及动力费用=$\dfrac{6\,000}{4+0.8}\times 4$=5 000（元）

月末在产品燃料及动力费用=6 000-5 000=1 000（元）

累计工资及福利费用=月初工资及福利费用+本月投入

=3 500+2 500=6 000（元）

完工产品工资及福利费用=$\dfrac{6\,000}{4+0.8}\times 4$=5 000（元）

月末在产品工资及福利费用=6 000-5 000=1 000（元）

累计制造费用=月初制造费用+本月投入=3 000+600=3 600（元）

完工产品制造费用=$\dfrac{3\,600}{4+0.8}\times 4$=3 000（元）

月末在产品制造费用=3 600-3 000=600（元）

因此，34 号产品的成本明细账如表 8-23 所示。

表 8-23　产品成本明细账

产品批号：34
产品名称：乙
批量：5 台　　　　　　　　　投产日期：5 月
已完工：4 台　　　　　　　　完工日期：7 月　　　　　　　单位：元

摘要	原材料	燃料及动力	工资及福利	制造费用	合计
月初在产品费用	5 000	4 500	3 500	3 000	16 000
根据分配表得出的本月本月生产费用	—	1 500	2 500	600	4 600
累计	5 000	6 000	6 000	3 600	20 600
完工产品成本	4 000	5 000	5 000	3 000	17 000
完工产品单位成本	1 000	1 250	1 250	750	4 250
月末在产品	1 000	1 000	1 000	600	3600

由于 35 号产品月末完工数量占总批量的比重较小，因此可以按照简单计算法进行分配，完工产品按照计划成本转出。假设完工产品的每台计划成本为原材料 1 000 元，燃料及动力 800 元，工资及福利 700 元，

制造费用 600 元，合计 3 100 元，35 号产品完工产品与在产品的各项成本费用计算如下：

累计原材料费用=月初原材料费用+本月投入
=0+10500=10 500（元）
完工产品原材料费用=1 000×1=1 000（元）
月末在产品原材料费用=10 500-1 000=9 500（元）
累计燃料及动力费用=月初燃料及动力费用+本月投入
=0+5 000=5 000（元）
完工产品燃料及动力费用=800×1=800（元）
月末在产品燃料及动力费用=5 000-800=4 200（元）
累计工资及福利费用=月初工资及福利费用+本月投入
=0+4 500=4 500（元）
完工产品工资及福利费用=700×1=700（元）
月末在产品工资及福利费用=4 500-700=3 800（元）
累计制造费用=月初制造费用+本月投入
=0+3 000=3 000（元）
完工产品制造费用=600×1=600（元）
月末在产品制造费用=3 000-600=2 400（元）
因此 35 号产品的成本明细账如表 8-24 所示。

表 8-24　产品成本明细账

产品批号：35
产品名称：乙
批量：10 台　　　　　　　　投产日期：6 月
已完工：1 台　　　　　　　　完工日期：8 月　　　　　　　　单位：元

摘要	原材料	燃料及动力	工资及福利	制造费用	合计
月初在产品费用	0	0	0	0	0
本月生产费用	10 500	5 000	4 500	3 000	23 000
累计	10 500	5 000	4 500	3 000	23 000
完工产品成本	1 000	800	700	600	3 100
完工产品单位成本	1 000	800	700	600	3 100
月末在产品	9 500	4 200	3 800	2 400	19 900

（二）间接费用的当月分配法与累计分配法应用举例

间接费用的分配，可以采用当月分配法，也可以采用累计分配法。当月分配法的计算公式如下：

$$\text{间接费用当月分配率} = \frac{\text{间接费用当月发生额}}{\text{当月标准工时总数}}$$

$$\text{某批产品应分配的间接费用} = \text{该批产品当月发生的标准工时数} \times \text{间接费用当月分配率}$$

累计分配法的计算公式如下：

$$\text{间接费用累计分配率} = \frac{\text{间接费用累计发生额}}{\text{累计标准工时总数}}$$

$$\text{某批产品应分配的间接费用} = \text{该批产品累计发生的标准工时数} \times \text{间接费用累计分配率}$$

下面以例8-3来比较以上两种分配方法的异同。

【例8-3】某企业根据用户的订单小批量生产产品，根据生产特点和管理要求，该企业采用分批法核算产品的成本。2014年6月该企业的生产情况和费用支出情况如下：

（1）本月共发生了36号、37号、38号和39号四批产品的生产费用；其中36号与37号产品全部完工，38号和39号产品全部未完工。

（2）各批次产品的工时和间接费用资料如表8-25所示。

表8-25　各批次产品的工时和间接费用　　　　　单位：元

产品批次	工时		间接费用	
	截止到上月末累计工时	本月发生工时	截止到上月末累计费用	本月发生费用
36号	1 000	400		
37号	1 200	700		
38号	800	400		
39号	1 000	500		
合计	4 000	2 000	20 000	8 800

根据以上资料，分别按照当月分配法和累计分配法来分配间接费用。
按照当月分配法，计算结果如下：

间接费用当月分配率=$\dfrac{8\,800}{2\,000}$=4.4（元/小时）

36 号产品应分配的间接费用=400×4.4=1 760（元）
37 号产品应分配的间接费用=700×4.4=3 080（元）
38 号产品应分配的间接费用=400×4.4=1 760（元）
39 号产品应分配的间接费用=500×4.4=2 200（元）

按照累计分配法，计算结果如下：

间接费用累计分配率=$\dfrac{20\,000+8\,800}{4\,000+2\,000}$=$\dfrac{28\,800}{6\,000}$=4.8（元/小时）

36 号完工产品应分配的间接费用=（1 000+400）×4.8
=6 720（元）
37 号完工产品应分配的间接费用=（1 200+700）×4.8
=9 120（元）

38 号产品和 39 号产品未完工，均属于月末在产品，在累计分配法下全部在产品的间接费用仍以总数反映在基本生产成本二级账中，不进行分配。

月末在产品应分配的间接费用=（20 000+8 800）-6 720-9 120
=12 960（元）

通过这个例题可以看出，当月分配法和累计分配法计算出来的分配率是不一样的（一个是 4.4 元/小时，另一个是 4.8 元/小时）。导致这种情况的原因是累计分配法下计算分配率时分子包括了截止到上月末的累计费用，分母包括了截止到上月末的累计工时，而当月分配法的分子、分母均为当月的费用和工时。因此，虽然采用累积分配法可以在一定程度上简化间接费用的分配和登记工作，但是在各月份的费用水平或工时水平相差悬殊的情况下，会影响各月产品成本计算结果的准确性。如果月末在产品的批次较少，核算工作不是很繁重，就不宜采用这种方法。

为了进一步列示累计分配法的账务处理，下面以例 8-4 来说明。

【例 8-4】某企业根据用户的订单小批量生产甲、乙、丙三种产品，原材料是期初一次性投入。根据生产特点和管理要求，该企业采用分批

法中的间接费用累计分配法核算产品的成本。2014年6月该企业的生产情况和费用支出情况如下:

（1）本月份共发生了40号、41号、42号和43号四批产品的生产费用;

（2）40号为甲产品10件,4月份投产,本月完工;

（3）41号为乙产品8件,4月份投产,本月完工2件,完工产品工时定额为160小时/件;

（4）42号为乙产品10件,5月份投产,尚未完工;

（5）43号为丙产品5件,6月份投产,尚未完工。

各批次产品的工时和费用资料如表8-26所示。

表8-26 各批次产品的工时和费用　　　　　　　　单位:元

产品批次	工时		直接费用		间接费用			
			原材料		工资及福利		制造费用	
	截止到上月末累计	本月发生	截止到上月末累计	本月发生	截止到上月末累计	本月发生	截止到上月末累计	本月发生
40号	1 000	400	8 500	1 500				
41号	650	350	6 400	0	—		—	
42号	400	200	8 000	0				
43号		200	0	3 000				
合计	2 050	1 150	22 900	4 500	13 700	3 900	17 500	6 500

由表8-26可知,该企业的间接费用包括工资及福利和制造费用。各间接费用累计分配率的计算如下:

工资及福利的累计分配率=$\dfrac{13\,700+3\,900}{2\,050+1\,150}=\dfrac{17\,600}{3\,200}=5.5$（元/小时）

制造费用的累计分配率=$\dfrac{17\,500+6\,500}{2\,050+1\,150}=\dfrac{24\,000}{3\,200}=7.5$（元/小时）

40号产品本月全部完工,41号产品本月有部分完工,按照累积分配法的规则,根据完工产品的累计工时占全部累计工时的比例计算出属于完工产品的间接费用,而全部在产品的间接费用仍以总数反映在基本生产成本二级账中,不进行分配。

40号订单属于完工产品的间接费用的计算如下：

属于40号订单完工产品的工资及福利=（1 000+400）×5.5
=7 700（元）

属于40号订单完工产品的制造费用=（1 000+400）×7.5
=10 500（元）

此外，属于40号订单完工产品的原材料费用=8 500+1 500
=10 000（元）

41号订单属于完工产品的间接费用的计算如下：

属于41号订单完工产品的工资及福利=160×2×5.5
=1 760（元）

属于41号订单完工产品的制造费用=160×2×7.5
=2 400（元）

此外，由于原材料是期初一次性投入，计算属于41号订单完工产品的原材料费用如下：

属于41号订单完工产品的原材料费用=6 400÷8×2
=1 600（元）

属于41号订单在产品的原材料费用=6 400-1 600
=4 800（元）

根据计算结果，登记该企业基本生产成本二级账和各批次产品的产品成本明细账，如表8-27、表8-28、表8-29、表8-30、表8-31所示。

表8-27 基本生产成本二级账
（各批产品的汇总成本） 单位：元

月	日	摘要	原材料	生产工时	工资及福利	制造费用	成本合计
5	31	在产品成本	22 900	2 050	13 700	17 500	54 100
6	30	本月发生	4500	1 150	3 900	6 500	14 900
6	30	累计	27 400	3 200	17 600	24 000	69 000
6	30	间接费用累计分配率	—	—	5.5	7.5	
6	30	本月完工产品转出	11 600	1 720	9 460	12 900	33 960
6	30	在产品成本	15 800	1 480	8 140	11 100	35 040

表 8-28　产品成本明细账

产品批号：40
产品名称：甲
批量：10 台　　　　　　　投产日期：4 月
已完工：10 台　　　　　　完工日期：6 月　　　　　　　　单位：元

月	日	摘要	原材料	生产工时	工资及福利	制造费用	成本合计
5	31	在产品成本	8 500	1 000			
6	30	本月发生	1 500	400			
6	30	累计	10 000	1 400			
6	30	间接费用累计分配率	—	—	5.5	7.5	
6	30	本月完工产品转出	10 000	1 400	7 700	10 500	28 200
6	30	在产品成本	0	0	0	0	0

表 8-29　产品成本明细账

产品批号：41
产品名称：乙
批量：8 台　　　　　　　投产日期：4 月
已完工：2 台　　　　　　完工日期：　　　　　　　　　单位：元

月	日	摘要	原材料	生产工时	工资及福利	制造费用	成本合计
5	31	在产品成本	6 400	650			
6	30	本月发生	0	350			
6	30	累计	6 400	1 000			
6	30	间接费用累计分配率	—	—	5.5	7.5	
6	30	本月2件完工产品转出	1 600	320	1 760	2 400	5 760
6	30	在产品成本	4 800	680	—		

表 8-30　产品成本明细账

产品批号：42
产品名称：乙
批量：10 台　　　　　　投产日期：5 月
已完工：　　　　　　　完工日期：　　　　　　　　　单位：元

月	日	摘要	原材料	生产工时	工资及福利	制造费用	成本合计
5	31	在产品成本	8 000	400			
6	30	本月发生	0	200			
6	30	累计	8 000	600			

表 8-31　产品成本明细账

产品批号：43
产品名称：丙
批量：5 台　　　　　　　　　　投产日期：6 月
已完工：　　　　　　　　完工日期：　　　　　　　　单位：元

月	日	摘要	原材料	生产工时	工资及福利	制造费用	成本合计
6	30	本月发生	3 000	200	—	—	—
6	30	累计	3 000	200	—	—	—

知识链接

　　成本核算对于一个企业是至关重要的。2000 年初，南京大学会计学系课题组在全国范围内对企业财务负责人进行了一次问卷调查。

　　调查显示，57.11%的企业使用品种法，41.15%的企业使用分步法，其中使用平行结转法的有 22.19%，使用逐步结转法的有 18.16%。品种法适用于单步骤类型或大批大量多步骤的生产，之所以有很多企业选择该方法，一方面可能是因为该方法是最简便的，另一方面在于中国的广大企业生产工艺还不够复杂，适用于品种法。当前世界生产发展的趋势是小批量多品种的生产方式，因为购买者的偏好并非完全相同，随着生产的发展，购买者完全可以根据自己的需要要求厂方设计并生产自己最满意的商品，厂方也以高效率保证购买者在短时间内取得理想的商品。在这种情况下，一条生产线上可能只有几台相同甚至是没有两台完全一样的产品。这样的生产方式将适合用于分批法计算成本。我国现在只有 5.17%的企业采用分批法计算成本，这表明我国的生产组织还比较粗放，对消费个性的重视不够，相应带来成本核算方法选择上的简单化。[①]

　　从行业角度分析，(1) 50%的纺织企业采用逐步结转法，比例最多，原因是逐步结转法适用于半成品对外销售，它需要计算各生产步骤所产半成品成本的情况，纺织企业的中间产品和产成品一样都有对外销售的，所以采用这种方法比较适宜。(2) 机械行业有 42.11%的企业采用平行结转法，原因是平行结转法比较适用于大批量生产而又不需要计算中间成

---

① 因为一些企业同时采用了两种或三种方法，所以各种方法的百分比之和超过了 100%。

本的机械制造行业。(3) 品种法对各个行业而言基本上是一种最基础的方法，有些采用分步计算的企业仍需要分品种计算成本。具体情况如表 8-32 所示。

表 8-32　成本核算方法调查（按行业比较）

类别		品种法		分批法		逐步结转法		平行结转法		分类法		其他	
		家数	百分比	家数	百分比	家数	百分比	家数	百分比	家数	百分比	家数	百分比
合计	70	40	57.1	4	5.7	13	18.6	16	22.9	9	12.9	6	8.6
纺织	4	1	25.0	0	0.0	2	50.0	0	0.0	0	0.0	1	25.0
化工	14	8	57.1	1	7.1	4	28.6	2	14.3	2	14.3	2	14.3
石油	2	2	100.0	1	50.0	0	0.0	0	0.0	0	0.0	0	0.0
机械	19	9	47.4	1	5.3	5	26.3	8	42.1	2	10.5	1	5.3
建设	4	0	0.0	0	0.0	1	25.0	1	25.0	1	25.0	1	25.0
其他工业	13	8	61.5	1	7.7	1	7.7	4	30.8	2	15.4	0	0.0
农垦	7	6	85.7	0	0.0	0	0.0	0	0.0	2	28.6	0	0.0
商业	3	3	100.0	0	0.0	0	0.0	0	0.0	0	0.0	0	0.0
其他工业	4	3	75.0	0	0.0	0	0.0	1	25.0	0	0.0	1	25.0

具体从地区看，东部和老工业基地采用品种法的企业最多，比例均在 60% 以上；中西部地区采用分步法的企业最多，占总数的 61.16%，其次才是按品种法计算成本的企业，比例为 38.15%。限于分布的行业存在着一定的不均衡，暂时无法对这种成本计算方法的地区差异作出判断分析。具体情况如表 8-33 所示。

表 8-33　成本核算方法调查（按地区比较）

类别		品种法		分批法		逐步结转法		平行结转法		分类法		其他	
		家数	百分比	家数	百分比	家数	百分比	家数	百分比	家数	百分比	家数	百分比
东部	48	29	60.4	3	6.3	9	18.8	9	18.8	7	14.6	3	6.3
中西部	13	5	38.5	1	7.7	3	23.1	5	38.5	0	0.0	1	7.7
老工业基地	9	6	66.7	0	0.0	1	11.1	2	22.2	2	22.2	2	22.2

从资产规模来看，资产规模大于 1 亿元的企业采用品种法的比例为 59.13%，比资产规模小于 1 亿元的企业高 16.14 个百分点，而资产规模

小于 1 亿元的企业采用分批法的比例高于资产规模大于 1 亿元的企业近 10 个百分点。原因可能是小企业相对于大企业而言，大批量生产的可能性要小一些，小企业的优势在于不断适应市场需要开发更多的新品种，这样采用分批法计算更符合实际情况。大企业采用逐步结转法和平行结转法的比例均高于小企业，原因是分步法适合于大批量、多步骤生产的企业，小企业可能会因为尚未达到生产规模而无须采用这种方法。具体情况如表 8-34 所示。

表 8-34 成本核算方法调查（按资产规模比较）

类别	品种法		分批法		逐步结转法		平行结转法		分类法		其他	
	家数	百分比	家数	百分比	家数	百分比	家数	百分比	家数	百分比	家数	百分比
资产<1亿	7	3	42.9	1	14.3	1	14.3	1	14.3	2	28.6	1	14.3
资产>1亿	59	35	59.3	3	5.1	12	20.3	14	23.7	6	10.2	5	8.5
未注	4	2	50.0	0	0.0	0	0.0	1	25.0	1	25.0	0	0.0

——南京大学会计学系课题组. 中国企业成本管理方法及其效果的调查分析. 会计研究，2001（7）.

案例讨论

福兴电力公司主营业务为发电。在 2014 年的前 3 个月中，福兴公司实际发生的业务量及成本如表 8-35 所示。

表 8-35 福兴公司业务量及成本费用

	1月	2月	3月
发电的数量（亿千瓦时）	1	1.2	1.1
耗用的直接材料（万元）	7 000	8 000	7 500
发生的直接人工（万元）	6 000	7 000	7 000
发生的制造费用（万元）	合计：10 000		

要求：

1. 福兴公司应该采用什么成本计算方法计算产品成本？为什么？

2. 如果福兴公司采用工人工资比例法分配制造费用，1月、2月、3月的总成本各是多少？

练习题

1. 某企业根据用户的订单小批量生产产品，采用分批法核算产品的成本。2014年3月该企业的生产情况和费用支出情况如下：

（1）本月份共发生了24号、25号、26号和27号四批产品的生产费用；其中，24号与25号产品全部完工，26号和27号产品全部未完工。

（2）各批次产品的工时和间接费用资料如表8-36所示。

表8-36 各批次产品的工时和间接费用　　　　　单位：元

产品批次	工时		间接费用	
	截止到上月末累计工时	本月发生工时	截止到上月末累计费用	本月发生费用
24号	800	300		
25号	1 000	400		
26号	900	350		
27号	1 300	550		
合计	4 000	1 600	17 400	6 400

要求：根据以上资料，分别按照当月分配法和累计分配法来分配间接费用。

2. 华阳公司的成本计算采用分批法，间接费用的分配采用当月分配法。公司8月份尚有三批产品在生产，订单号分别为A、B、C，分别生产A、B、C三种产品，订单量分别为20台、10台、10台。A产品6月投产，7月、8月各完工生产10台；B产品7月投产，8月完工；C产品8月投产，完工5台，原材料在生产开始时一次性投入，在产品的完工程度为60%。表8-37、表8-38分别为A订单和B订单以前月份的生产成本明细账，表8-39为8月份三批产品的成本、工时的资料。

表 8-37 生产成本明细账

产品批号：A

月份	摘要	直接材料	直接人工	制造费用	合计
6	本月发生	20 000	30 000	10 000	60 000
7	本月发生	0	35 000	5 000	40 000
7	完工转出 10 台总成本	10 000	40 000	10 000	60 000
7	月末在产品成本	10 000	25 000	5 000	40 000

表 8-38 生产成本明细账产品

批号：B

月份	摘要	直接材料	直接人工	制造费用	合计
7	本月发生	30 000	20 000	20 000	70 000

表 8-39 8 月份有关成本、工时资料

产品批号	直接材料	直接人工	制造费用	生产工时
A	0			1 500
B	0			2 500
C	10 000			1 000
合计		40 000	20 000	5 000

要求：

（1）编制 8 月份费用分配表，按生产工时比例分配各批产品的直接人工和制造费用。

（2）登记各批产品的生产成本明细账，计算完工产品的总成本和单位成本。

第九章 产品成本计算的基本方法
——分步法

导入案例

长春丰越公司是中国第一汽车公司与日本丰田汽车公司的合资企业。丰越公司的主要产品为高端越野车兰德酷路泽和混合动力轿车普锐斯。2012 年丰越公司引进生产轻型轿车卡罗拉、城市越野 RAV4 等整车以及相关半成品。丰越公司原有的成本核算对象是兰德酷路泽和普锐斯等整车,采取的产品成本核算方法为平行结转分步法。2013 年,丰越公司开始了对 RAV4 相关零部件的生产和销售。这些零部件属于企业的内制半成品,原有的核算方法不能满足企业成本管理的需要了。如果丰越公司将平行结转分步法改为逐步结转分步法,不但能反映 RAV4 整车与半成品之间的种类构成关系,还能清晰准确地核算内制半成品的成本金额。①

平行结转分步法和逐步结转分步法各是什么含义?为什么丰越公司需要将平行结转分步法转变为逐步结转分步法呢?

本章引言

这一章讲述产品成本计算基本方法中的分步法。分步法适用于大批大量多步骤生产企业的成本核算,具体又分为逐步结转分步法和平行结转分步法两种类型。本章的第一节介绍逐步结转分步法,第二节介绍平

---

① 改编自《FY 公司成本核算研究》,陈宏佳,吉林大学 2013 年硕士学位论文。

行结转分步法。

通过本章学习，要求学生：
- 了解分步法的特点
- 掌握逐步结转分步法的账务处理
- 掌握平行结转分步法的账务处理

第一节 分步法的特点与逐步结转分步法

一、分步法的特点

分步法是按照产品的生产步骤来计算产品成本的一种成本计算方法。分步法主要适用于大批大量多步骤生产且管理上要求分步骤核算产品成本的企业，如纺织企业的生产可以划分为纺纱、织布、印染等步骤；冶金企业的生产可以划分为炼铁、炼钢、钢压延加工等步骤；采矿企业的生产可分为矿石的开采、清洗、筛选等步骤；汽车制造企业的生产可分为零部件的铸造、加工和装配等步骤。分步法的主要特点如下：

1. 成本计算对象

分步法以各个加工步骤的各种或各类产品作为成本计算对象，按每个加工步骤的各种或各类产品设置成本明细账进行成本核算。在按照生产步骤设立车间的企业中，如果某车间的生产步骤比较复杂，也可以在车间中再分步计算成本。在生产步骤比较简单的企业中，也可以将几个车间合并为一个生产步骤计算成本。

2. 成本计算期

由于大批大量的多步骤生产一般生产周期较长，往往都是跨月陆续完工，因此分步法的成本计算一般都是在月末进行，与生产周期不一致，而与会计核算周期一致。

3. 月末成本费用在完工产品与在产品之间的分配

在大批大量多步骤生产的情况下，每一生产步骤月末一般都有在产品。因此，企业必须按照一定的标准将产品成本在完工产品与在产品之间进行分配，以便计算完工产品与在产品的成本。

4. 分步法的类型

根据是否计算并结转半成品成本，分步法可分为逐步结转分步法和平行结转分步法。逐步结转分步法计算并结转各步骤半成品成本。平行结转分步法不计算不结转各步骤半成品成本。

二、逐步结转分步法

（一）逐步结转分步法的定义

逐步结转分步法又称为计算半成品成本分步法，是指按照产品逐步加工的顺序，计算并结转每一步的半成品成本，在最后一个步骤中计算出完工产品成本的计算产品成本的方法。从定义可知，逐步结转分步法的特点就是计算了每一步的半成品成本。在一些大批大量多步骤生产的工业企业中，计算半成品的成本主要是出于以下三个经营管理的要求：

1. 对外销售的需要

有些工业企业不仅产成品要对外销售，而且半成品也可以对外销售，如纺织企业在生产棉布之前要先生产棉纱，而棉纱也可以作为商品对外出售。因此有必要计算这些半成品的成本。

2. 成本计算的要求

有些工业企业的半成品为多种产成品共同耗用，为了计算各种产成品的成本，也需要计算这些半成品的成本。

3. 成本控制的要求

为了有效控制各生产步骤的生产耗费和资金占用水平，也为了与同行业相比较，要求计算出各生产步骤的半成品成本。

（二）逐步结转分步法的计算程序

1. 按照产品生产步骤分别设置生产成本明细账，并按照规定的产品成本项目设置专栏，登记各项目的月初数。

2. 每月各项生产费用（包括耗用的上一步骤半成品成本）在各步骤产品成本明细账中归集，月末采用适当的分配方法将全部生产费用在完工的半成品成本和正在加工的在产品之间进行分配。按照加工顺序，依次结转计算，在最后一个生产步骤计算出产成品的成本。实际上，逐步结转分步法是品种法的多次连续应用,每一个生产步骤产品成本的计算和结转都是品种法的应用,环环相扣,最后得出产成品的成本。

逐步结转分步法的成本核算程序如图 9-1 所示。

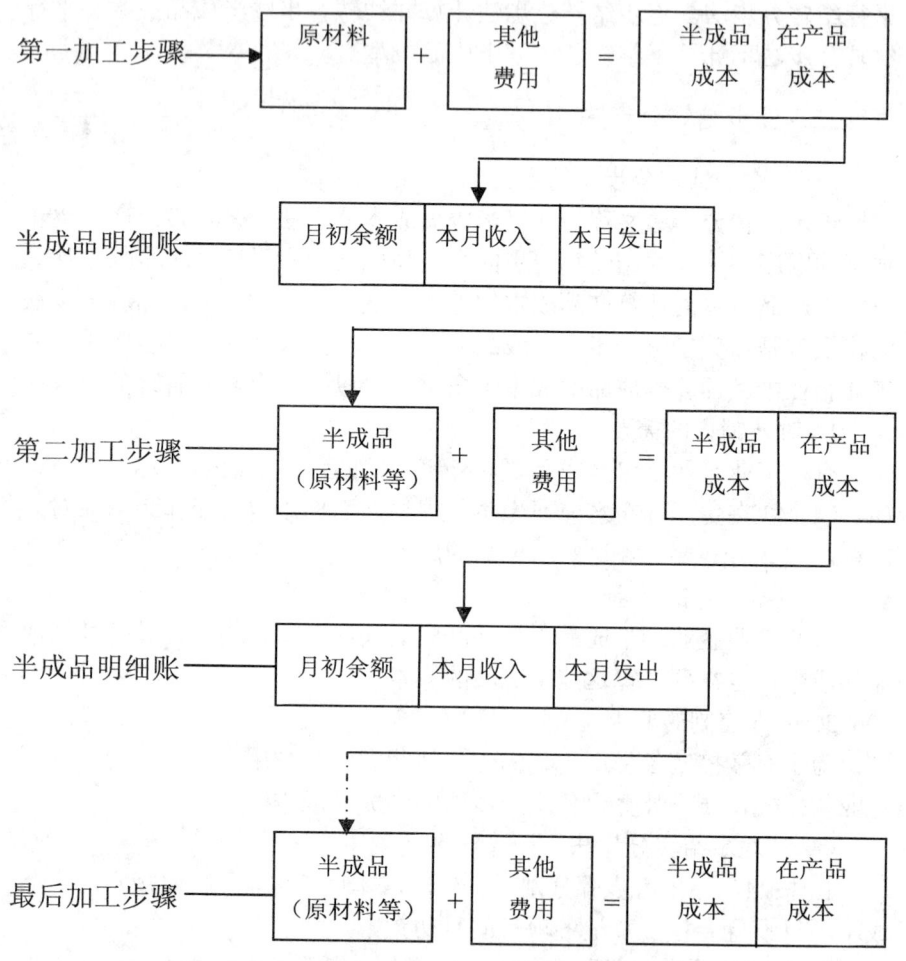

图 9-1 逐步结转分步法的成本核算程序

逐步结转分步法下,半成品成本结转到下一步骤有综合结转和分项结转两种方法,因此逐步结转分步法又可分为综合结转法和分项结转法。

（三）综合结转法

综合结转法，就是把各步骤所耗用的上一步骤半成品的成本，以"半成品"或"原材料"项目，综合结转入该步骤的产品成本明细账中。综合结转半成品的成本，可以按照实际成本结转，也可以按照计划成本或定额成本结转。

1．半成品按照实际成本综合结转

在这种结转方式下，各步骤所耗用的上一步骤半成品的费用，应该根据所耗半成品的数量与半成品的实际单位成本的乘积来计算。半成品的实际单位成本可以按照个别计价法、先进先出法或加权平均法来计算。其中，加权平均法还可分为期末加权平均法（又称全月一次加权平均法）和移动加权平均法两种。若采用期末加权平均法，则相应的计算公式如下：

$$\text{加权平均单位成本} = \frac{\text{期初结存半成品的实际成本} + \text{本期入库半成品的实际成本}}{\text{期初结存半成品的数量} + \text{本期入库半成品的数量}}$$

本期发出半成品成本＝本期发出半成品的数量×加权平均单位成本

期末结存半成品成本＝期末结存半成品的数量×加权平均单位成本

为了提高成本计算的及时性，在半成品月初余额较大，本月所耗用的半成品的成本全部或大部分都是以前月份生产的情况下，本月所耗用的半成品的成本也可以按照上月月末（即本月月初）的半成品的加权平均单位成本计算。

下面举例说明期末加权平均法的应用。

【例9-1】某企业大批大量生产甲产品，假设甲产品的生产需要经过两个步骤，分别由两个车间进行。第一车间生产出的80件半成品交半成品库验收。第二车间从半成品库领用100件半成品并最终生产出80件产成品。根据生产特点和管理要求该企业采用综合结转分步法，并采用期末加权平均法核算半产品的成本。两个车间的月末在产品均按定额成本计价。2014年6月该企业的成本计算程序如下：

（1）根据各种生产费用分配表、半成品产量月报和第一车间在产品定额成本资料，登记第一车间甲产品的半成品成本明细账，如表 9-1 所示。

表 9-1　产品成本明细账

第一车间：甲半成品　　　　　　　　　　　　　　　　　　　　　　单位：元

摘要	产量（件）	原材料	工资及福利	制造费用	成本合计
月初在产品（定额成本）		7 500	6 000	3 500	17 000
根据分配表得出的本月费用		10 500	7 500	4 000	22 000
合计		18 000	13 500	7 500	39 000
完工半成品转出	80	16 000	12 000	6 400	34 400
月末在产品（定额成本）		2 000	1 500	1 100	4 600

根据第一车间产品成本明细账和半成品交库单，编制以下会计分录：

借：自制半成品——甲半成品　　34 400
　　贷：生产成本——基本生产成本——甲半成品　　34 400

（2）根据第一车间半成品交库单和第二车间半成品领用单，登记自制半成品明细账，如表 9-2 所示。

表 9-2　自制半成品明细账

甲半成品　　　　　　　　　　　　　　　　　　　　　　　　　　　单位：元

月份	月初余额		本月增加		合计			本月减少	
	数量（件）	实际成本	数量（件）	实际成本	数量（件）	实际成本	单位成本	数量（件）	实际成本
6	40	16 960	80	34 400	120	51 360	428	100	42 800
7	20	8 560							

根据自制半成品明细账和第二车间半成品领用单，编制以下会计分录：

借：生产成本——基本生产成本——甲产品　　42 800
　　贷：自制半成品——甲半成品　　42 800

（3）根据各种生产费用分配表、半成品领用单、产成品产量月报以及第二车间在产品定额成本资料，登记第二车间甲产品成本明细账，如表 9-3 所示。

表 9-3 产品成本明细账

第二车间：甲产成品　　　　　　　　　　　　　　　　　　　　　单位：元

摘要	产量（件）	半成品	工资及福利	制造费用	成本合计
月初在产品（定额成本）		8 500	3 080	2 420	14 000
本月费用		42 800	13 520	9 680	66 000
合计		51 300	16 600	12 100	80 000
完工产成品转出	80	40 675	9 800	7 525	58 000
单位成本		508.44	122.5	94.06	725
月末在产品（定额成本）		10 625	6 800	4 575	22 000

根据第二车间的产品成本明细账和产成品产量月报，编制如下会计分录：

借：库存商品——甲产成品　　58 000
　　贷：生产成本——基本生产成本——甲产成品　　58 000

2. 半成品按照计划成本综合结转

与计划成本法下材料的日常核算方法相类似，半成品的日常收发均按计划成本结算，在半成品的实际成本计算出来以后，再计算半成品的成本差异和成本差异率，调整所耗半成品的成本差异。按照计划成本来结转半成品，自制半成品的明细账不仅要反映半成品收发和结存的实际成本，而且要反映计划成本、成本差异和成本差异率，在自制半成品的明细账下分设"计划成本""成本差异""成本差异率"等栏目。

假设例 9-1 中，半成品的计划成本为 425 元/件，编制自制半成品明细账和第二车间产品成本明细账，如表 9-4 和表 9-5 所示。

$$\text{半成品成本差异率} = \frac{\text{期初结存半成品成本差异} + \text{本期入库半成品成本差异}}{\text{期初结存半成品计划成本} + \text{本期入库半成品计划成本}} \times 100\%$$

$$= \frac{-40 + 400}{17\,000 + 3\,4000} \times 100\%$$

$$= 0.7059\%$$

耗用半成品的成本差异=耗用半成品计划成本×半成品成本差异率
=42 500×0.7059%
=300（元）
耗用半成品的实际成本=耗用半成品的计划成本+耗用半成品的成本差异
=42 500+300
=42 800（元）

表9-4　自制半成品明细账

甲半成品

计划单位成本：425元　　　　　　　　　　　　　　　　　　　　　单位：元

月份	月初余额			本月增加			合计					本月减少		
	数量（件）	计划成本	实际成本	数量（件）	计划成本	实际成本	数量（件）	计划成本	实际成本	成本差异	成本差异率	数量（件）	计划成本	实际成本
6	40	17 000	16 960	80	34 000	34 400	120	51 000	51 360	360	0.71%	100	42 500	42 800
7	20	8 500	8 560											

表9-5　产品成本明细账

第二车间：甲产成品　　　　　　　　　　　　　　　　　　　　　　单位：元

摘要	产量（件）	半成品			工资及福利	制造费用	成本合计
		计划成本	成本差异	实际成本			
月初在产品（定额成本）		8 500	—	8 500	3 080	2 420	14 000
本月费用		42 500	300	42 800	13 520	9 680	66 000
合计		51 000	300	51 300	16 600	12 100	80 000
完工产成品转出	80	40 375	300	40 675	9 800	7 525	58 000
单位成本		504.69	3.75	508.44	122.5	94.06	725
月末在产品（定额成本）		10 625	—	10 625	6 800	4 575	22 000

与按实际成本相比较，按照计划成本结转半成品成本有如下两个优点：

（1）简化了成本计算工作。按照计划成本结转半成品的成本，简化了半成品收发凭证的计价和记账工作，在半成品种类较多的时候，减轻工作量的优势更为突出。在半成品月初余额较大，本月所耗用的半成品的成本全部或大部分都是以前月份生产的情况下，本月产成品所耗用的半成品的成本差异也可以根据上个月的成本差异率来计算，这样各个步骤的成本计算可以同时进行，简化了成本计算工作。

（2）便于成本的考核和分析。按照计划成本结转半成品成本，在各步骤的产品成本明细账中，反映了所耗用的半成品的计划成本、成本差异和实际成本，因而在分析各步骤成本时，可以剔除上一步骤半成品成本变动的影响，有利于明确责任，便于成本的考核和分析。如果各个步骤所耗用的半成品的成本差异，不计入各个步骤的成本，而是直接计入最后的产成品成本，还可以进一步简化成本计算工作，而且每个步骤的产品成本不再受到其他步骤成本变动的影响。

3. 综合结转法下的成本还原

从表 9-3 可以看出，完工产成品的成本中，大部分是第二车间所耗用的半成品的费用（占总完工成本的 70.13%），而工资等第二车间本身发生的费用相对较少。如果我们想考察产成品的成本构成，则显然不能从表 9-3 直接找到答案，而要将产成品所耗用的半成品的费用还原为原材料、工资及福利和制造费用等三项。所谓成本还原，就是从生产的最后一个步骤起，把本月产成品所耗用的上一步骤半成品的综合成本还原成原材料、工资及福利、制造费用等原始的成本项目，从而获得产成品的原始成本项目构成。

那么应该如何进行还原呢？从表 9-1 可知，从第一车间结转出的 80 件半成品的成本是 34 400 元，每件半成品的成本为 430 元；从表 9-2 可知，从自制半成品库发出的 100 件半成品的成本为 42 800 元，每件半成品的成本为 428 元。由于当月半成品的生产和领用的数目不同，结转的单位成本也不同，因此上一步骤产生的半成品成本与下一步骤所耗用的半成品费用不能直接抵消。通常采用的成本还原方法，是将本月产成品所耗用的上一步骤半成品的综合成本，按照本月所生产的这种半成品的成本构成进行还原。这种方法需要先计算出一个还原分配率，因此称为还原分配率法。具体到例 9-1，就是将第二车间产成品耗用的 40 675 元半成品费用，按照 34 400 元的成本构成进行还原。还有一种简化的还原方法，预先根据半成品的定额成本确定半成品中各个成本项目占半成品总成本的比例，在进行成本还原时，用各个成本项目的比例分别乘以产成品所耗用的该步骤半成品的成本，即得出产成品的原始成本构成。这种方法称为定额成本还原法。

（1）还原分配率法

下面，以例 9-1 为例，说明还原分配率法下成本还原的步骤。

首先，需要计算还原分配率。计算如下：

$$还原分配率 = \frac{本月产成品所耗用的上一步骤半成品成本合计}{本月所产该种半成品的成本合计}$$

$$= \frac{40\ 675}{34\ 400} = 1.182413$$

其次，用算得的还原分配率分别乘以本月所产该种半成品的各个成本项目的费用。计算如下：

原材料费用=16 000×1.182413=18 918.60（元）

工资及福利=12 000×1.182413=14 188.95（元）

制造费用=6 400×1.182413=7 567.45（元）

最后，将半成品还原出的原材料费用、工资及福利和制造费用与表 9-3 中产成品所耗用的对应成本项目的金额相加，即可得出按原始成本项目反映的还原后的产成品的成本构成。相关计算如下：

还原后的产成品中原材料费用=18 918.60+0

=18 918.60（元）

还原后的产成品中工资及福利=14 188.95+9 800

=23 988.95（元）

还原后的产成品中制造费用=7 567.45+7 525

=15 092.45（元）

三者的合计数正好为 58 000 元。编制产成品成本还原计算表，如表 9-6 所示。

表 9-6　产成品成本还原计算表　　　　　　　　　　　　单位：元

项目	产量（件）	还原分配率	半成品	原材料	工资及福利	制造费用	成本合计
还原前产成品成本			40 675		9 800	7 525	58 000
本月生产半成品成本	80	34 400 ÷1.182413		16 000	12 000	6 400	34 400
产成品所耗半成品成本还原			-40 675	18 918.60	14 188.95	7 567.45	—
还原后产成品成本				18 918.60	23 988.95	15 092.45	58 000
还原后产成品单位成本	—	—		236.48	299.86	188.66	725

如果甲产品的生产步骤不是两步，而是三步或更多，则应从最后一步起按照以上程序进行依次分解还原，直至半成品项目的综合成本全部分解为原始成本项目为止。下面，以例 9-2 来说明三个生产步骤的企业应如何进行成本还原。

【例 9-2】某企业大批大量生产乙产品，假设乙产品的生产需要经过三个步骤，分别由三个车间进行，原材料系生产开始时一次投入。该企业采用综合结转法来计算乙产品的成本，设立半成品库。2014 年 6 月该企业各生产步骤完工半成品和完工产成品的成本资料如表 9-7 所示。

表 9-7　完工半成品和完工产成品的成本资料　　　　　　　单位：元

成本项目	第一步骤完工半成品成本	第二步骤完工半成品成本	第三步骤完工产成品成本
半成品	—	12 000（从半成品库领用）	21 000
原材料	5 500	—	—
工资及福利	2 500	4 500	3 000
制造费用	2 000	3 500	2 000
合计	10 000	20 000	26 000

根据以上资料，编制乙产品成本还原计算表，如表 9-8 所示。

表 9-8　乙产品成本还原计算表　　　　单位：元

成本项目	还原前产成品成本	第一次还原			第二次还原			还原后产成品成本
		第二步骤半成品成本	还原分配率	还原	第一步骤半成品成本	还原分配率	还原	
行次	①	②	③	④*	⑤	⑥	⑦***	⑧*****
半成品	21 000	12 000	1.05*	12 600		1.26***		
原材料					5 500	1.26	6 930	6 930
工资及福利	3 000	4 500	1.05	4 725	2 500	1.26	3 150	10 875
制造费用	2 000	3 500	1.05	3 675	2 000	1.26	2 520	8 195
合计	26 000	20 000		21 000	10 000		12 600	26 000

注：*：$1.05=\dfrac{21\,000}{20\,000}$；**：④=②×③；***：$1.26=\dfrac{12\,600}{10\,000}$；****：⑦=⑤×⑥；*****：⑧=①+④+⑦。

（2）定额成本还原法

还原分配率法是在本月完工半成品的实际成本的基础上进行还原的，在生产品种较多、生产步骤较为复杂的情况下，这种还原方法计算工作较为繁重。此时，如果企业各项成本项目的消耗定额制定得较为准确，则可以采用另一种成本还原方法——定额成本还原法。完工产成品所耗用的半成品的费用可以按照半成品定额成本的比例来还原。下面，以例 9-3 来说明定额成本还原法的计算过程。

【例 9-3】某企业大批大量生产丙产品，假设丙产品的生产需要经过两个步骤，分别由两个车间进行，原材料系生产开始时一次投入。2014年6月该企业第一工序半成品的定额成本构成以及完工产成品的成本资料如表 9-9 所示。

表 9-9　半成品定额成本构成及产成品的资料　　　　单位：元

项目	半成品	原材料	工资及福利	制造费用	合计
单位半成品定额成本		3 360	960	480	4 800
各成本项目占定额成本的比例（%）		70	20	10	100
产成品总成本	64 000	—	12 500	6 500	83 000

根据以上资料,编制定额成本还原计算表,如表 9-10 所示。

表 9-10 丙产品成本还原计算表　　　　　　　单位:元

行次	项目	半成品	原材料	工资及福利	制造费用	合计
①	还原前产成品成本	64 000	—	12 500	6 500	83 000
②	半成品定额比例(%)		70	20	10	100
③*	半成品成本还原	-64 000	44 800	12 800	6 400	
④**	还原后产成品成本	0	44 800	25 300	12 900	83 000

注:*:③=64000×②;**:④=①+③。

(四)分项结转法

分项结转法就是把各步骤所耗用的上一步骤的半成品成本,按照成本项目分项转入各该步骤的产品成本明细账的各个成本项目中。在这种方法下,在自制半成品明细账中登记半成品的成本时,也要按照成本项目分别登记。分项结转半成品的成本,可以按照半成品的实际成本结转,也可以按照半成品的计划成本结转。但是采用计划成本结转,还需要调整成本差异,为了减少成本计算手续,企业大多采用实际成本进行结转。

仍采用例 9-1 的数据资料,说明如何运用分项结转法进行成本结转,如表 9-11 和表 9-12 所示。

表 9-11 自制半成品明细账

甲半成品　　　　　　　　　　　　　　　　　　　　　　单位:元

月份	摘要	数量	实际成本			
			原材料	工资及福利	制造费用	合计
6	月初余额	40	7 500	6 000	3 460	16 960
	本月增加	80	16 000	12 000	6 400	34 400
	合计	120	23 500	18 000	9 860	51 360
	单位成本		195.83	150	82.17	428
	本月减少	100	19 583	15 000	8 217	42 800
7	月初余额	20	3 916.6	3 000	1 643.4	8 560

表 9-12 产品成本明细账

第二车间：甲产成品　　　　　　　　　　　　　　　　　　　　　　单位：元

摘要	产量（件）	原材料	工资及福利	制造费用	成本合计
月初在产品（定额成本）		8 500	3 080	2 420	14 000
本月除半成品以外生产费用			13 520	9 680	23 200
本月耗用半成品费用		19 583	15 000	8 217	42 800
合计		28 083	31 600	20 317	80 000
产成品成本	80	17 458	24 800	15 742	58 000
产成品单位成本		218.23	310	196.77	725
月末在产品（定额成本）		10 625	6 800	4 575	22 000

可以看出，采用分项结转法可以直接而又准确地提供按照原始成本项目反映的产成品的成本构成，不需要进行成本还原。但是其缺点是不能反映各步骤完工产品中所耗用的上一步骤半成品费用的水平以及本步骤加工费用的大小，因而不便于进行完工产品的成本分析。这种结转方法适用于管理上不要求提供每步骤消耗的上一步骤的半成品费用和本步骤加工费用等资料，只要求提供产品原始成本项目组成的企业。而采用综合结转法，可以提供各步骤完工产品中所耗用的上一步骤半成品费用的水平以及本步骤加工费用的大小，有利于进行成本管理，但需要进行成本还原的工作，比较烦琐。二者的优缺点正好相对应。

第二节　平行结转分步法

一、平行结转分步法的定义

在一些企业中（如机械制造业），产品的生产过程首先是将各种原材料平行加工成多个型号规格的零件、部件等半成品，然后再转入装配车间进行装配，得到最终的产成品。虽然生产步骤生产的半成品的种类很多，但半成品外售的数额比较少，管理上不要求核算半成品的成本。在这类企业中，产成品成本费用的计算可以采用平行结转分步法。

平行结转分步法又称为不计算半成品成本分步法，是指在计算产成品的成本时，不计算各步骤生产的半成品的成本，也不计算各步骤耗用的上一步骤生产的半成品的成本，而只计算各步骤所发生的各项生产费用以及这些费用中应计入产成品成本的份额；月末将各步骤属于同一产成品的份额进行平行结转，即可计算出完工产成品的成本。

二、平行结转分步法的计算程序

1. 按照产品生产步骤分别设置生产成本明细账，并按照规定的产品成本项目设置专栏，登记各项目的月初数。

2. 每月各项生产费用在各步骤产品成本明细账中归集，并计算这些费用中应由产成品负担的份额，不计算本步骤生产或上步骤转入的半成品的成本。

3. 月末将各步骤属于同一产成品的份额进行平行结转，即可计算出产成品的成本。

平行结转分步法的成本核算程序如图 9-2 所示。

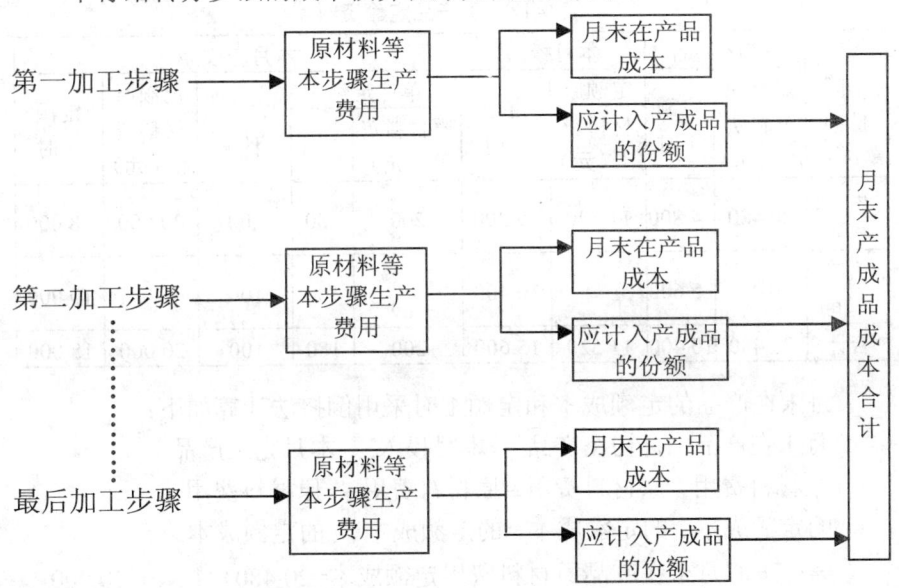

图 9-2 平行结转分步法的成本核算程序

在平行结转分步法下,关键的问题是如何正确确定各步骤生产费用中应计入产成品成本的份额。按照确定方法的不同,平行结转分步法又可分为定额比例分配法和广义在产品分配法。

三、定额比例分配法

通常,在企业的消耗定额制定得比较准确的情况下,采用定额比例分配法。这种方法需要事先制定好月初在产品、本月投入的生产费用和产成品的成本定额和工时定额,采用倒挤的办法计算月末在产品的定额成本和定额工时。

本章以例9-4来说明定额比例分配法的计算过程。

【例9-4】某企业大批大量生产丁产品,假设丁产品的生产需要经过两个步骤,分别由两个车间进行,原材料系生产开始时一次投入。其中原材料费用按照定额原材料费用比例分配,其他各项费用按照定额工时比例分配。2014年6月该企业有关产品的定额资料如表9-13所示。

表9-13 丁产品定额资料

车间份额	月初在产品		本月投入		本月产成品				
	定额原材料费用(元)	定额工时	定额原材料费用(元)	定额工时	单件定额		产量(件)	定额原材料费用(元)	定额工时
					原材料费用(元)	工时			
第一车间	20 480	4 800	11 520	5 200	200	80	100	20 000	8 000
第二车间		5 600		10 400		100	100		10 000
合计	20 480	10 400	11 520	15 600	200	180	100	20 000	18 000

月末在产品的定额成本和定额工时采用倒挤法计算如下:

月末在产品   月初在产品   本月投入   本月完工产品
原材料费用 = 原材料费用 + 原材料费用 − 原材料费用
的定额成本   的定额成本   的定额成本   的定额成本

第一车间月末在产品原材料费用定额成本 = 20 480 + 11 520 − 20 000
= 12 000(元)

第一车间月末在产品定额工时=4 800+5 200-8 000=2 000（工时）
丁产品实际发生的各项生产费用如表 9-14 所示。

表 9-14　丁产品实际发生的生产费用　　　　　　单位：元

车间	月初在产品			本月投入			合计		
	原材料费用	工资及福利	制造费用	原材料费用	工资及福利	制造费用	原材料费用	工资及福利	制造费用
第一车间	21 340	7 200	7 800	12 260	3 800	4 200	33 600	11 000	12 000
第二车间	—	12 200	10 520	—	6 200	5 800	—	18 400	16 320
合计	21 340	19 400	18 320	12 260	10 000	10 000	33 600	29 400	28 320

第一车间原材料费用分配率=$\dfrac{21\,340+12\,260}{20\,480+11\,520}$=1.05

第一车间原材料费用属于产成品的份额=20 000×1.05
$$=21\,000（元）$$

第一车间月末在产品原材料费用=21 340+12 260-21 000
$$=12\,600（元）$$

第一车间工资及福利费用分配率=$\dfrac{11\,000}{4\,800+5\,200}$=1.1

第一车间工资及福利费用属于产成品的份额=8 000×1.1
$$=8\,800（元）$$

第一车间月末在产品工资及福利费用=11 000-8 800
$$=2\,200（元）$$

第一车间制造费用分配率=$\dfrac{12\,000}{4\,800+5\,200}$=1.2

第一车间制造费用属于产成品的份额=8 000×1.2
$$=9\,600（元）$$

第一车间月末在产品制造费用=12 000-9 600
$$=2\,400（元）$$

类似的，可以得出第二车间各成本项目的分配数额，如下：

第二车间工资及福利费用分配率 = $\dfrac{18\,400}{5\,600 + 10\,400}$ = 1.15

第二车间工资及福利费用属于产成品的份额 = 10 000×1.15
= 11 500（元）

第二车间月末在产品工资及福利费用 = 18 400 − 11 500
= 6 900（元）

第二车间制造费用分配率 = $\dfrac{16\,320}{5\,600 + 10\,400}$ = 1.02

第二车间制造费用属于产成品的份额 = 10 000×1.02
= 10 200（元）

第二车间月末在产品制造费用 = 16 320 − 10 200 = 6 120（元）

据此，可得丁产品成本汇总表，如表 9-15 所示。

表 9-15 丁产品成本汇总表　　　　　单位：元

车间份额	产量（件）	原材料费用	工资及福利	制造费用	合计
第一车间	100	21 000	8 800	9 600	39 400
第二车间	100	0	11 500	10 200	21 700
合计	100	21 000	20 300	19 800	61 100
单位成本	—	210	203	198	611

第一车间和第二车间的产品成本明细账，如表 9-16 和表 9-17 所示。

表 9-16 产品成本明细账

第一车间：丁产品　　　　　　　　　　　　　　　　单位：元

摘要	产成品产量（件）	原材料		工资及福利	制造费用	成本合计
		定额成本	实际成本			
月初在产品		20 480	21 340	7 200	7 800	36 340
本月生产费用		11 520	12 260	3 800	4 200	20 260
合计	100	32 000	33 600	11 000	12 000	56 600
费用分配率			1.05	1.1	1.2	—
属于产成品的份额		20 000	21 000	8 800	9 600	39 400
月末在产品		12 000	12 600	2 200	2 400	17 200

表 9-17 产品成本明细账

第二车间：丁产品　　　　　　　　　　　　　　　　　　　　　　　　　单位：元

摘要	产成品产量（件）	原材料		工资及福利	制造费用	成本合计
		定额成本	实际成本			
月初在产品			—	12 200	10 520	22 720
本月生产费用			—	6 200	5 800	12 000
合计	100		—	18 400	16 320	34 720
费用分配率			—	1.15	1.02	—
属于产成品的份额			—	11 500	10 200	21 700
月末在产品			—	6 900	6 120	13 020

四、广义在产品分配法

广义在产品分配法需要将该步骤发生的费用（包括月初在产品费用和该月投入的生产费用）在产成品和广义在产品之间进行分配。广义在产品包括：（1）本步骤尚未加工完毕的在产品；（2）本步骤已加工完毕但尚未转出的半成品；（3）从本步骤转入以后各步骤进一步加工，尚未最后完成的半成品。

在广义在产品分配法下，需要先计算各步骤在产品的约当产量和各步骤各成本项目的分配率，然后再分别计算产成品和月末在产品各自应负担的各项生产费用的数额。计算公式如下：

$$\text{在产品约当产量} = \text{在产品数量} \times \text{完工程度} + \text{完工半成品未转出数量} + \text{以后步骤在产品数量} \quad ①$$

$$\text{费用分配率} = \frac{\text{月初在产品费用} + \text{本月生产费用}}{\text{产成品的产量} + \text{在产品约当产量}}$$

产成品应负担的份额＝产成品产量×费用分配率

---

① 此为在产品约当产量的简化计算公式，实际上，运用这个公式来计算在产品的约当产量需要满足一些假设前提，例如以后步骤的月末在产品均包含本步骤转入的半成品，且均是一一对应的关系（即每件以后步骤的月末在产品均只包含一件本步骤转出的半成品，而不是少于一件或多于一件），等等。此外，此公式还忽略了各生产步骤月初在产品成本构成情况的影响，实际上这也是一个影响公式适用性的因素。

$$\text{月末在产品应负担的份额} = \text{月初在产品费用} + \text{本月生产费用} - \text{产成品应负担的份额}$$

我们以例 9-5 和例 9-6 来说明广义在产品分配法的计算过程。

【例 9-5】假设甲产品的生产需要经过三个步骤，分别由三个车间进行，原材料系生产开始时一次投入。2014 年 6 月初某企业初次生产甲产品，月初投产 200 件产品，本月完工 140 件，月末第一车间剩余在产品 30 件，第二车间剩余在产品 20 件，第三车间剩余在产品 10 件，各车间剩余在产品的完工程度均为 50%。假设各步骤的完工半成品均已转到下一步骤。2014 年 6 月该企业各道工序发生的生产费用如表 9-18 所示。

表 9-18　甲产品各道工序发生的生产费用　　　　单位：元

工序	原材料费用	其他加工费用	合计
第一车间	1 000	370	1 370
第二车间		800	800
第三车间		580	580
合计	1 000	1 750	2 750

按照广义在产品分配法，各道工序生产费用的分配如下：

第一道工序的分配：

广义在产品约当产量=30×50%+20+10=45（件）

原材料费用分配率=$\dfrac{1\,000}{140+30+20+10}$=5（元/件）（原材料在生产开始时一次投入）

其他加工费用分配率=$\dfrac{370}{140+45}$=2（元/件）

完工产品应分配原材料费用=140×5=700（元）

月末在产品应分配原材料费用=1 000-700=300（元）

完工产品应分配其他加工费用=140×2=280（元）

月末在产品应分配其他加工费用=370-280=90（元）

第二道工序的分配：

广义在产品约当产量=20×50%+10=20（件）

其他加工费用分配率=$\frac{800}{140+20}$=5（元/件）

完工产品应分配其他加工费用=140×5=700（元）

月末在产品应分配其他加工费用=800-700=100（元）

第三道工序的分配：

广义在产品约当产量=10×50%=5（件）

其他加工费用分配率=$\frac{580}{140+5}$=4（元/件）

完工产品应分配其他加工费用=140×4=560（元）

月末在产品应分配其他加工费用=580-560=20（元）

三道工序加总：

完工产品应分配的费用总额=700+280+700+560=2 240（元）

月末在产品应分配的费用总额=300+90+100+20=510（元）

【例9-6】假设甲产品的生产需要经过三个步骤，分别由三个车间进行，原材料系生产开始时一次投入。2014年6月初某企业各道工序的产量记录和发生的生产费用如表9-19和表9-20所示。

表9-19　甲产品各工序产量记录　　　　　　　　单位：件

项目	第一车间	第二车间	第三车间
月初在产品数量	100	60	140
本月投产数量	200	220	240
本月完工产品数量	240	240	300
月末在产品数量	60	40	80

表9-20　甲产品各工序生产费用　　　　　　　　单位：元

成本项目	第一车间			第二车间			第三车间		
	月初	本月发生	合计	月初	本月发生	合计	月初	本月发生	合计
原材料	1 800	8 200	10 000						
其他加工费用	800	1 550	2 350	1 000	3 000	4 000	2 500	4 300	6 800
合计	2 600	9 750	12 350	1 000	3 000	4 000	2 500	4 300	6 800

三道工序的相关计算如下：

第一道工序的分配：

已完工尚未转入下一道工序的半成品数量=240-220=20（件）

广义在产品约当产量=60×50%+20+40+80=170（件）

原材料费用分配率=$\dfrac{10\,000}{300+60++20+40+80}$=20（元/件）（原材料生产开始时一次投入）

其他加工费用分配率=$\dfrac{2\,350}{300+170}$=5（元/件）

完工产品应分配原材料费用=300×20=6 000（元）

月末在产品应分配原材料费用=10 000-6 000=4000（元）

完工产品应分配其他加工费用=300×5=1 500（元）

月末在产品应分配其他加工费用=2 350-1 500=850（元）

第二道工序的分配：

广义在产品约当产量=40×50%+80=100（件）

其他加工费用分配率=$\dfrac{4\,000}{300+100}$=10（元/件）

完工产品应分配其他加工费用=300×10=3 000（元）

月末在产品应分配其他加工费用=4 000-3 000=1 000（元）

第三道工序的分配：

广义在产品约当产量=80×50%=40（件）

其他加工费用分配率=$\dfrac{6\,800}{300+40}$=20（元/件）

完工产品应分配其他加工费用=300×20=6 000（元）

月末在产品应分配其他加工费用=6 800-6 000=800（元）

三道工序加总：

完工产品应分配的费用总额=6 000+1 500+3 000+6 000
=16 500（元）

月末在产品应分配的费用总额=4 000+850+1 000+800=6 650（元）

第一车间、第二车间和第三车间产品成本明细账如表9-21、表9-22、

表 9-23 和表 9-24 所示。

表 9-21 产品成本明细账

第一车间：甲产品　　　　　　　　　　　　　　　　　　　　　　单位：元

摘要	原材料	其他加工费用	成本合计
月初在产品	1 800	800	2 600
本月生产费用	8 200	1 550	9 750
合计	10 000	2 350	12 350
全部约当产量（件）	500	470	—
费用分配率	20	5	—
属于产成品的份额	6 000	1 500	75 00
月末在产品	4 000	850	4 850

表 9-22 产品成本明细账

第二车间：甲产品　　　　　　　　　　　　　　　　　　　　　　单位：元

摘要	原材料	其他加工费用	成本合计
月初在产品		1 000	1000
本月生产费用		3 000	3000
合计		4 000	4000
全部约当产量		400	—
费用分配率		10	—
属于产成品的份额		3 000	3000
月末在产品		1 000	1000

表 9-23 产品成本明细账

第三车间：甲产品　　　　　　　　　　　　　　　　　　　　　　单位：元

摘要	原材料	其他加工费用	成本合计
月初在产品		2 500	2 500
本月生产费用		4 300	4 300
合计		6 800	6 800
全部约当产量		340	—
费用分配率		20	—
属于产成品的份额		6 000	6 000
月末在产品		800	800

表 9-24　甲产品成本汇总表　　　　　单位：元

车间份额	产成品产量（件）	原材料费用	其他加工费用	合计
第一车间	300	6 000	1 500	7 500
第二车间	300		3 000	3 000
第三车间	300		6 000	6 000
合计	300	6 000	10 500	16 500
单位成本	—	20	35	55

知识链接

企业根据具体情况，可分别选择使用逐步结转法和平行结转法计算产品成本。这两种方法计算的成本信息各有侧重、又相互补充。笔者就此谈些看法，以寻求成本核算的新途径。

1. 两种分步法的利弊

逐步结转法以各步骤的半成品（最后一个步骤为产成品）为成本计算对象，又称计列半成品成本法，各步骤的半成品成本随着实物转移而结转到下一步骤，最后一个步骤即按产成品核算全部生产成本。采用逐步结转法，成本流转和实物流转保持一致，各步骤成本计算单上可累计算出产品成本。用这种方法计算成本，各步骤的产品成本只有在上一步骤产品成本计算完毕后才能计算出来，因此成本核算的及时性受到一定影响。另一方面，各步骤的产品成本水平，受到上一步骤成本水平的影响，上一步骤成本管理方面的问题容易转嫁给下一个步骤，不利于考核各步骤的成本业绩，这也是逐步结转分步法需要解决的问题。

用平行结转分步法只计算本步骤产品发生的费用以及各步骤中由产成品负担的费用，成本按其发生地进行归集，并不随半成品的转移而结转至下一步骤，因此财会部门在月末将各步骤成本计算出，将各月成本平行汇总，即可得出产成品的全部生产成本。这种平行结转分步法每一步骤不必等到上步骤成本计算后再进行成本计算，可使成本核算的及时性大大提高；成本项目平行归集，可以正确反映产品成本结构的实际情况，以及产品在各部门的耗费与升降对产品成本的影响，有利于进行成本分析。这种方法的缺点是，由于不计列半成品成本，各步骤成本计算单上汇总的生产费用不够完整，不能提供各步骤半成品的完全成本资料；

成本按其发生地归集，实物流转和成本流转脱节，使各步骤账面成本和实际结转入该步骤的在产品金额不一致，不能反映该步骤实际占压资金的情况，不利于加强生产资金的管理。因此它通常适用于半成品成本信息并不重要的多步骤生产的企业。

随着生产的发展，企业在采用某一基准成本计算方法得出常规资料的同时，还可能需要另一方法提供的信息，二者的有机配合应用，就显得很有必要。

2. 两种方法的有机融合

如上所述，逐步结转法和平行结转法各有利弊，在应用过程中难免顾此失彼，尤其是在两级成本核算中，如何有效地解决实物流转、价值流转相一致及如何反映产品成本构成的"本来面目"，是实际工作中的两个难题。部分企业在实践中，吸收两种分步法的优点，将二者有机融入一套核算账户体系，创造出一种新的方法。其基本思路是：（1）利用逐步综合结转法的长处，随着半成品实物在各步骤的转移，其价值主体（定额成本）也随之结转，可称之为"逐步综合结转定额"；（2）月末各步骤实际成本脱离定额成本的差异，由厂部平行结转并汇总，以计算产成品实际总成本。这种计算方法突出强调定额的重要作用，以定额成本为基础，各步骤可自行计算成本，不必像逐步结转法那样要等待上步骤成本计算结果出来之后才能进行，而且也消除了各步骤成本的相互影响，明确成本责任，加强成本控制和分析。而平行结转成本差异的做法，简化了会计核算，避开了复杂的"成本还原"工作，也未影响成本核算的准确性。这种分步法的计算程序，可以归纳为如下步骤：

1. 各步骤归集并计算本步骤完工产品实际成本（期初在产品定额成本+本期实际发生的费用-期末在产品定额成本。其中，本期实际发生的费用包括上步骤转入的半成品定额成本）。

2. 随着半成品实物的结转，将半成品的定额成本转入下一步骤。结转时可采用逐步结转法，也可采用分项结转法。

3. 计算各步骤完工产品的成本差异（完工产品实际成本-完工产品数量×单位定额成本），平行结转给总部财会部门。

4. 总部财会部门计算产成品定额成本（产成品数量×单位定额成

本），并汇总各步骤转入的成本差异（通常由产成品负担），从而计算出产成品的实际成本（产成品定额成本+成本差异总和）。

要使两种分步法有机结合，可有效地克服逐步结转法和平行结转法的缺陷，使成本核算具有及时性、简便性、完整性，便于成本考核。当然，这种方法也不是十全十美的，在特殊条件下，实际成本脱离定额的差异可能会很大，致使各半成品成本的准确性较差，同时成本差异全部交由产成品负担的处理方式，有时也不尽如人意。不管怎样，这种结合提供了一种新的思路，企业可结合自身的实际情况，将各种先进合理的核算方法不断地进行融会贯通，相互取长补短，促使成本核算程序、方法的不断完善。

——王显伟，田东礼. 对核算成本的两种分步法的探析. 中国乡镇企业会计，2003（7）.

案例讨论

华强公司生产和销售甲、乙两种产品。两种产品都属于大量大批的多步骤生产。甲产品的半成品要对外销售，管理上要求核算半成品的成本。乙产品的半成品种类较多，但半成品外售的数额少，管理上不要求核算半成品的成本。两种产品的计划和定额管理的基础都很扎实，各项成本项目的消耗定额制定得比较准确。

要求：根据既满足管理的需要又简化成本计算工作的要求，说说这两种产品应分别采用什么样的成本计算方法。

练习题

1. 企业产成品经过三个步骤加工而成，采用逐步结转分步法中的综合结转法。该企业各个步骤完工半成品和完工产成品的成本资料如表9-25所示。

表 9-25　产品成本资料　　　　　　　　　　单位：元

成本项目	第一步骤	第二步骤	第三步骤
半成品	——	2 250	2 400
原材料	2 000	——	——

续表

成本项目	第一步骤	第二步骤	第三步骤
直接人工	400	300	400
制造费用	600	450	600
合计	3 000	3 000	3 400

要求：根据以上资料，完成产品成本还原计算表（见表9-26）。

表9-26　产品成本还原计算表　　　　　单位：元

成本项目	还原前产成品成本	第一次还原			第二次还原			还原后产成品成本
		第二步骤半成品成本	还原分配率	还原	第一步骤半成品成本	还原分配率	还原	
半成品								
原材料								
直接人工								
制造费用								
合计								

2. 某企业采用平行结转分步法中的广义在产品分配法计算成本。6月份有关资料如下：

（1）A产品相关资料（见表9-27）。

表9-27　产品资料表　　　　　单位：件

项目	第一步骤	第二步骤
月初在产品结存	20	10
本月投入或转入	100	80
本月完工并转出	80	80
月末在产品结存	40	10
完工程度	50%	50%

（2）月初在产品成本和本月生产费用参见产品成本明细账。原材料在每个步骤生产开始时一次投入。各项费用在产成品和广义在产品之间进行分配。

要求：(1)采用约当产量比例法在完工产品和在产品之间分配费用。
(2)登记各步骤产品成本明细账（见表9-28和表9-29）。

①第一生产步骤：

表 9-28 产品成本明细账　　　　　　　　　　单位：元

项目	原材料	直接人工	制造费用	合计
月初在产品成本	5 000	1 000	2 000	
本月生产费用	21 000	10 000	9 000	
合计				
应计入产成品成本份额				
月末在产品成本				

②第二生产步骤：

表 9-29 产品成本明细账　　　　　　　　　　单位：元

项目	原材料	直接人工	制造费用	合计
月初在产品成本	2 000	2 000	1 000	
本月生产费用	16 000	15 000	7 500	
合计				
应计入产成品成本份额				
月末在产品成本				

（3）登记完工产品成本计算表，计算完工产品总成本和单位成本（见表 9-30）。

表 9-30 完工产品成本计算表

产品名称：A　　　　　　　　　　　　　　　　产量：80 件

项目	原材料	直接人工	制造费用	合计
第一生产步骤成本份额				
第二生产步骤成本份额				
产成品总成本				
单位成本				

第十章　产品成本计算的辅助方法

导入案例

微普电子有限公司生产的产品包括电阻、电容、二极管、三极管、IC元件、电位器等多类电子元器件，广泛应用于通讯、网络、仪器仪表、电视、电脑、MP3、MP4、DVD、音响等产品中。每类产品都有多个品种，每个品种又有多个不同的规格型号，按不同的型号计算足有上千种。为了满足客户多品种、小批量的供货要求，公司产品的生产批次也很繁多。会计主管李青犯了难：如果采用品种法和分批法进行成本计算，会计人员的工作过于繁重，常常不能及时地报送出领导需要的成本资料。应该如何化繁为简呢？

本章引言

除了品种法、分批法和分步法等基本方法以外，产品成本的计算还有一些辅助的方法。本章介绍产品成本计算的分类法和定额法。在讲解了分类法的基本计算过程之后还介绍了分类法在联产品、副产品与等级产品中的具体应用。

通过本章学习，要求学生：
● 理解分类法的定义和计算程序
● 掌握分类法的账务处理及实际应用
● 了解定额法的定义和计算程序
● 掌握定额法下产品成本的计算及账务处理

第一节 产品成本计算的分类法

一、分类法的定义和计算程序

（一）分类法的定义

分类法就是按照产品的类别归集生产费用，计算产品成本的方法，主要应用于虽然产品的品种规格繁多，但可以根据原材料和生产工艺将产品划分为若干类来进行成本核算的工业企业，如电子元器件、化工、针织、鞋帽、食品加工等企业。在这些企业里，若逐一按照产品的品种或规格归集分配生产费用，则计算工作过于繁重，必须采用简化的处理办法。具体思路是先把相似的产品归为一类，对该类产品归集生产费用，再按照一定的标准在该类的各种产品中进行成本分配。分类法只是成本计算中的一种辅助方法，并不能单独使用，在实务操作中必须和品种法、分批法以及分步法结合起来。

在分类法下，同类产品间的分配标准有定额耗用量、定额成本、计划成本、售价以及产品的长度、体积、重量等技术经济指标。各成本项目可以按照一个标准进行分配，也可以根据成本项目的性质选择不同的分配标准。如原材料费用可以按照定额成本或定额耗用量进行分配，而工资及福利可以按照定额工时比例进行分配。企业应该根据每类产品的特点选择最适合的分配标准。

为方便起见，工作人员可以在同类产品中选择一种产量最大、生产比较稳定或规格较为适中的产品作为基准，把这种产品的指标值定为"1"，其他产品的指标值与该产品的指标值相比，得出其他产品的指标系数值，然后按照系数值分配各个成本项目的费用。由于分类法在计算同类中各产品的成本时常常使用系数，因此也称为系数法。系数一经确定，在一定时期内应保持稳定。

（二）分类法的计算程序

1. 根据产品所用原材料和生产工艺的不同，将产品划分为若干类，按照类别设置生产成本明细账,并按照规定的产品成本项目设置专栏,登记各项目的月初数,计算各类产品成本。

2. 选择适当的分配标准,在类内各种品种的产品之间进行各项生产费用的分配,编制各种产品成本的汇总表,计算每类产品中各种产品的总成本。

3. 类内各种产品的月末在产品成本,可以按照定额成本或约当产量比例计算。月初在产品成本加上该月发生的生产费用再减去月末在产品成本,即为各种产品的完工产品的成本。

分类法的成本计算程序如图 10-1 所示。

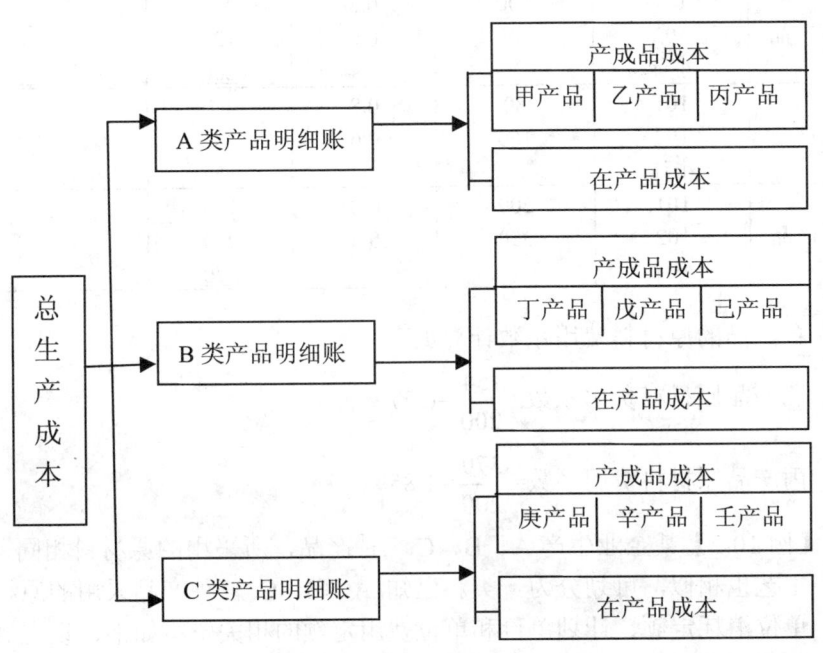

图 10-1　分类法的成本计算程序

二、分类法账务处理举例

下面通过例 10-1 和例 10-2 来说明如何应用分类法来计算产品的成本。

【例 10-1】某企业生产甲、乙、丙三种产品，所采用的原材料相同，生产工艺也相似，财务人员决定采用分类法来计算各种产品的成本。已知甲、乙、丙三种产品采用的原材料的编号、单位消耗定额、计划单价和单位产品费用定额的相关资料如表 10-1 所示，设定甲产品的原材料费用系数为 1，试计算乙产品和丙产品的单位原材料费用系数。

表 10-1 三种产品消耗原材料的各项费用定额   单位：元

产品名称	单位产品原材料费用				单位产品的原材料费用系数
	原材料编号	消耗定额（千克）	计划单价（元）	费用定额（元）	
甲产品	101 102 小计	100 200	0.8 0.6	80 120 200	1
乙产品	101 102 小计	80 150	0.8 0.6	64 90 154	
丙产品	101 102 小计	200 350	0.8 0.6	160 210 370	

各产品的原材料费用系数计算如下：

乙产品原材料费用系数 = $\dfrac{154}{200}$ = 0.77

丙产品原材料费用系数 = $\dfrac{370}{200}$ = 1.85

【例 10-2】某企业生产 A、B、C 三种产品，所采用的原材料相同，生产工艺也相似，可划分为一类。已知 A、B、C 三种产品采用的原材料、单位消耗定额、计划单价和单位费用定额的相关资料如下，设定 A 产品的原材料费用系数为 1，三种产品的产量分别为 20 件、30 件、40 件，单位产品的工时定额分别为 40 小时、50 小时、60 小时。试计算 B 产品和 C 产品的单位产品的原材料费用系数及全部产品的总系数。企业按照定额工时来分配工资及福利、制造费用。请计算类内各种产品的产成品的各项成本费用。具体情况如表 10-2 和表 10-3 所示。

表 10-2　三种产品消耗原材料的各项费用定额　　　　单位：元

产品名称	单位产品原材料费用				单位产品的原材料费用系数
	原材料编号	消耗定额（千克）	计划单价（元）	费用定额（元）	
A产品	101	40	0.2	8	1
	102	24	0.5	12	
	103	80	1	80	
	小计			<u>100</u>	
B产品	101	60	0.2	12	
	102	40	0.5	20	
	103	100	1	100	
	小计			<u>132</u>	
C产品	101	50	0.2	10	
	102	32	0.5	16	
	103	90	1	90	
	小计			<u>116</u>	

表 10-3　该类产品各项成本费用　　　　单位：元

产品名称	原材料费用	工资及福利	制造费用	成本合计
月初在产品成本	3 500	2 500	2 000	8 000
本月生产费用	11 500	5 600	4 500	21 600
合计	15 000	8 100	6 500	29 600
产成品成本	11 660	6 110	5 640	23 410
月末在产品成本	3 340	1 990	860	6 190

（1）B产品和C产品的单位产品原材料费用系数计算如下：

B产品原材料费用系数=$\dfrac{132}{100}$=1.32

C产品原材料费用系数=$\dfrac{116}{100}$=1.16

（2）A产品、B产品和C产品的原材料费用的总系数计算如下：

A产品原材料费用总系数=20×1=20

B产品原材料费用总系数=30×1.32=39.6

C产品原材料费用总系数=40×1.16=46.4

三种产品原材料费用总系数之和=20+39.6+46.4=106

（3）A产品、B产品和C产品的定额工时计算如下：

A产品总定额工时=20×40=800（小时）

B产品总定额工时=30×50=1 500（小时）

C产品总定额工时=40×60=2 400（小时）

三种产品总定额工时之和=800+1 500+2 400=4 700（小时）

（4）A产品、B产品和C产品的完工产品原材料费用应分配金额计算如下：

产成品原材料费用单位系数应分配金额=$\dfrac{11\,660}{106}$=110（元）

A产品完工产品原材料费用应分配金额=20×110=2 200（元）

B产品完工产品原材料费用应分配金额=39.6×110=4 356（元）

C产品完工产品原材料费用应分配金额=46.4×110=5 104（元）

（5）A产品、B产品和C产品的完工产品工资及福利费用应分配金额计算如下：

产成品工资及福利费用单位工时定额应分配金额=$\dfrac{6\,110}{4\,700}$=1.3（元/工时）

A产品完工产品工资及福利费用应分配金额=800×1.3=1 040（元）

B产品完工产品工资及福利费用应分配金额=1 500×1.3=1 950（元）

C产品完工产品工资及福利费用应分配金额=2 400×1.3=3 120（元）

（6）A产品、B产品和C产品的完工产品制造费用应分配金额计算如下：

产成品制造费用单位工时定额应分配金额=$\dfrac{5\,640}{4\,700}$=1.2（元/工时）

A产品完工产品制造费用应分配金额=800×1.2=960（元）

B产品完工产品制造费用应分配金额=1 500×1.2=1 800（元）

C产品完工产品制造费用应分配金额=2 400×1.2=2 880（元）

（7）A产品、B产品和C产品的全部完工产品应分配金额计算如下：

A产品完工产品应分配金额总计=2 200+1 040+960=4 200（元）

B产品完工产品应分配金额总计=4 356+1 950+1 800=8 106（元）

C产品完工产品应分配金额总计=5 104+3 120+2 880=11 104（元）
三种产品完工产品应分配金额总计=4 200+8 106+11 104=23 410（元）
计算结果如表10-4所示。

表10-4　三种产品各项成本费用计算　　　　单位：元

产品名称	原材料费用	工资及福利	制造费用	成本合计
A产品	2 200	1 040	960	4 200
B产品	4 356	1 950	1 800	8 106
C产品	5 104	3 120	2 880	11 104
合计	11 660	6 110	5 640	23 410

三、分类法的实际应用——联产品、副产品与等级产品

（一）联产品及联产品成本的分配

1. 联产品的含义

有些工业企业，对同一种原材料进行加工可以生产出多种主要产品。例如在对原油进行提炼的过程中可以同时生产出汽油、柴油、煤油等多种产品，水分解之后可以得到氢气和氧气，制糖厂对甘蔗进行加工，同时可生产出白砂糖和赤砂糖等。这些联合生产出的产品称为联产品。联产品一般到生产结束才能分离开。分离以后，一些联产品还需要进一步加工，才能制成产成品。在分离之前，联产品的成本是合在一起的，称为联合成本，在分离之后，个别联产品发生的继续加工费用称为可分成本。分离之前，联产品通常具有相同的原材料和生产工艺，因此对联产品的联合成本可以采用分类法进行计算。分离后的加工成本可按一般的成本计算方法单独核算。

2. 联产品账务处理举例

常见的联产品联合成本的分配方法有四种：实物量分配法、系数分配法、销售价值分配法和可实现净值分配法。

（1）实物量分配法

实物量分配法是按照联产品分离之前各产品的生产产量（或重量、体积等技术指标）的比例来分配联合成本的方法。

【例 10-3】某企业使用同一种原材料，经过同一生产过程，生产出

甲、乙、丙三种产品。联合成本为 20 000 元。生产出的甲产品为 100 千克，乙产品为 150 千克，丙产品为 250 千克。试采用实物量分配法计算甲产品、乙产品和丙产品各自应分担的联合成本。

甲产品产量占总产量的比例 = $\dfrac{100}{100+150+250} \times 100\% = 20\%$

乙产品产量占总产量的比例 = $\dfrac{150}{100+150+250} \times 100\% = 30\%$

丙产品产量占总产量的比例 = $\dfrac{250}{100+150+250} \times 100\% = 50\%$

甲产品应分担的联合成本 = 20 000×20% = 4 000（元）
乙产品应分担的联合成本 = 20 000×30% = 6 000（元）
丙产品应分担的联合成本 = 20 000×50% = 10 000（元）
三种产品分担联合成本计算单如表 10-5 所示。

表 10-5　三种产品分担联合成本的计算　　　　单位：元

产品名称	产量（千克）	分配率	应分担的联合成本（元）
甲产品	100	$\dfrac{20\ 000}{500}=40$	40×100=4 000
乙产品	150		40×150=6 000
丙产品	250		40×250=10 000
合计	500		20 000

（2）系数分配法

系数分配法是将各种联产品的实际实物量按照规定的系数折算为标准实物量，然后将联合成本按照各个联产品的标准实物量的比例进行分配。

【例 10-4】某企业使用同一种原材料，经过同一生产过程，生产出甲、乙、丙三种产品。联合成本为 33 600 元。生产出的甲产品为 800 千克，乙产品为 1 000 千克，丙产品为 1 500 千克。假设乙产品为标准产品，系数确定为 1，甲产品的系数为 0.7，丙产品的系数为 1.2，试采用系数分配法计算甲产品、乙产品和丙产品各自应分担的联合成本。

甲产品标准产量 = 800×0.7 = 560（千克）
乙产品标准产量 = 1 000×1 = 1 000（千克）
丙产品标准产量 = 1 500×1.2 = 1 800（千克）

标准产量分配率=$\dfrac{33\,600}{560+1\,000+1\,800}$=10（元/千克）

甲产品应分担的联合成本=560×10=5 600（元）
乙产品应分担的联合成本=1000×10=10 000（元）
丙产品应分担的联合成本=1800×10=18 000（元）
三种产品分担联合成本计算单如表 10-6 所示。

表 10-6 三种产品分担联合成本的计算　　　　单位：元

产品	产量（千克）	折算系数	标准产量	分配率	应分担的联合成本
甲产品	800	0.7	560	10	5 600
乙产品	1 000	1	1 000		10 000
丙产品	1 800	1.2	1 800		18 000
合计	3 600	—	3 360	—	33 600

（3）销售价值分配法

销售价值分配法是按各个联产品的销售价值的比例分配联合成本的方法。这种方法的理论依据是销售价格高的产品应该负担更多的联合成本。此方法适用于产品分离后不再发生加工费用的联产品。

【例 10-5】某企业使用同一种原材料，经过同一生产过程，生产出甲、乙、丙三种产品。联合成本为 45 000 元。生产出的甲产品为 80 千克，单价为 5 元/千克；乙产品为 100 千克，单价为 8 元/千克；丙产品为 160 千克，单价为 5 元/千克。试采用销售价值分配法计算甲产品、乙产品和丙产品各自应分担的联合成本。

甲产品销售价格=80×5=400（元）
乙产品销售价格=100×8=800（元）
丙产品销售价格=160×5=800（元）

甲产品应分担的联合成本=45 000×$\dfrac{400}{400+800+800}$=9 000（元）

乙产品应分担的联合成本=45 000×$\dfrac{800}{400+800+800}$=18 000（元）

丙产品应分担的联合成本=45 000×$\frac{800}{400+800+800}$=18 000（元）

三种产品分担联合成本计算单如表 10-7 所示。

表 10-7 三种产品分担联合成本的计算　　　　单位：元

产品	产量(千克)	单价	销售价格	分配率	应分担的联合成本
甲产品	80	5	400	$\frac{45\,000}{2\,000}$ = 22.5	22.5×400=9 000
乙产品	100	8	800		22.5×800=18 000
丙产品	160	5	800		22.5×800=18 000
合计	340	-	2 000	—	45 000

（4）可实现净值分配法

可实现净值分配法是按各个联产品的可实现净值比例分配联合成本的方法。这种方法适用于产品分离后还要继续进行加工，因而除联合成本外还有可分成本的联产品。可实现净值是指销售价格扣除可分成本之后的余额。

【例 10-6】某企业使用同一种原材料，经过同一生产过程，生产出甲、乙、丙三种产品。联合成本为 16 000 元。生产出的甲产品为 100 千克，乙产品为 120 千克，丙产品为 150 千克。单价分别为 100 元/千克、80 元/千克和 20 元/千克。乙产品的可分成本为 1 600 元，丙产品的可分成本为 1 000 元。试采用可实现净值分配法计算甲产品、乙产品和丙产品各自应分担的联合成本。

甲产品销售价格=100×100=10 000（元）
乙产品销售价格=80×120=9 600（元）
丙产品销售价格=20×150=3 000（元）
甲产品可实现净值=10 000-0=10 000（元）
乙产品可实现净值=9 600-1 600=8 000（元）
丙产品可实现净值=3 000-1 000=2 000（元）
三种产品可实现净值总和=10 000+8 000+2 000=20 000（元）
甲产品应分担联合成本的比例=$\frac{10\,000}{20\,000}$×100%=50%

乙产品应分担联合成本的比例=$\dfrac{8\,000}{20\,000}\times 100\%=40\%$

丙产品应分担联合成本的比例=$\dfrac{2\,000}{20\,000}\times 100\%=10\%$

甲产品应分担的联合成本=16 000×50%=8 000（元）
乙产品应分担的联合成本=16 000×40%=6 400（元）
丙产品应分担的联合成本=16 000×10%=1 600（元）
甲产品销售毛利=甲产品可实现净值-甲产品应分担的联合成本
　　　　　　 =10 000-8 000=2 000（元）
乙产品销售毛利=乙产品可实现净值-乙产品应分担的联合成本
　　　　　　 =8 000-6 400=1600（元）
丙产品销售毛利=丙产品可实现净值-丙产品应分担的联合成本
　　　　　　 =2 000-1 600=400（元）
三种产品分担联合成本计算单如表 10-8 所示。

表 10-8　三种产品分担联合成本的计算　　　　单位：元

产品	产量（千克）	单价（元）	销售价格	可分成本	可实现净值	分配率	应负担成本	毛利
甲产品	100	100	10 000	0	10 000	$\dfrac{16\,000}{20\,000}=0.8$	8 000	2 000
乙产品	120	80	9 600	1 600	8 000		6 400	1 600
丙产品	150	20	3 000	1 000	2 000		1 600	400
合计	370	—	22 600	2 600	20 000		16 000	4 000

（二）副产品及副产品成本的分配

1. 副产品的含义

副产品是指工业企业在生产主要产品时附带生产出来的非主要产品。例如在原油加工的过程中产生的渣油和石油焦，制皂过程中产生的甘油等。副产品虽然不是企业的主要产品，所占费用比例较小，但亦有一定的经济价值，应当予以管理和核算。通常，生产费用在主要产品和副产品之间很难划分，因此需要将主要产品和副产品合并为一类，采用分类法计算成本，然后将副产品按照一定的方法计价，再从总成本中扣除，以扣除后的成本作为主要产品的成本。与联产品类似，副产品亦可能出现与主要产品分离后还继续发生可分成本的情况。因此，副产品的成本计算亦有不同的方法。副产品的计价是副产品成本计算的关键。

副产品成本的计算，一般有两种方法：

（1）副产品成本按实际成本计算

一些副产品和主要产品分离以后，还需要继续进行加工，才能得到最终产品。例如在制皂过程中生产的含有甘油的盐水，在与主要产品分离后，还需要进一步加工，才能制成甘油。制糖企业生产糖后产生的甘蔗渣，经过进一步处理，才能造出纸张。这种情况下，要根据副产品的实际投入单独计算成本。副产品所分配的原材料费用，可以按照定额成本核算，其他加工费用可以按照生产工时比例进行分配。

（2）副产品成本按计划成本计算

如果副产品的加工时间不长，费用较小，也可以按照计划单位成本计价，不计算其实际成本，以简化成本的计算工作。从主、副产品的生产费用总额中扣除副产品的计划成本，即为主要产品的成本。

2. 副产品账务处理举例

【例10-7】某企业使用同一种原材料，经过一定时间的生产，在生产出甲产品的同时，还附带生产出乙产品的原料，这种原料经过进一步加工就成为乙产品。乙产品的原材料按照定额成本计价，每千克为0.6元，甲、乙产品月初、月末在产品均按原材料的定额成本计价。其他相关资料如下，试按照实际成本计算主要产品和副产品的单位成本，并登记产品明细账。

（1）甲、乙产品的生产工时分别为15 000小时和1 000小时，该月发生的工资及福利总额为24 000元，制造费用总额为8 000元。计算甲、乙产品各自应分配的工资及福利、制造费用。

工资及福利分配率=$\dfrac{24\,000}{15\,000+1\,000}$=1.5（元/小时）

甲产品应分配工资及福利=1.5×15 000=22 500（元）

乙产品应分配工资及福利=1.5×1 000=1 500（元）

制造费用分配率=$\dfrac{8\,000}{15\,000+1\,000}$=0.5（元/小时）

甲产品应分配制造费用=0.5×15 000=7 500（元）

乙产品应分配制造费用=0.5×1 000=500（元）

（2）甲、乙产品本月产量及原材料耗用情况如表10-9所示。

表10-9　甲、乙产品本月产量及原材料耗用情况　　单位：元

产品名称	月初在产品成本（定额成本）	本月生产费用	副产品耗用原料（千克）	产成品产量（件）	月末在产品成本（定额成本）
甲产品	10 000	52 000	—	500	10 800
乙产品	300		2 000	50	400

乙产品本月耗用原材料的金额=0.6×2 000=1 200（元）

甲产品本月耗用原材料的金额=52 000-1 200=50 800（元）

（3）根据有关费用分配计算、原材料耗用情况表，登记甲、乙产品的成本明细账，如表10-10和表10-11所示。

表10-10　产品成本明细账

产品名称：甲产品（主要产品）

产量：500件　　　　　　　　　　　　　　　　　　　　单位：元

摘要	原材料	工资及福利	制造费用	合计
月初在产品（定额成本）	10 000			10 000
本月生产费用	50 800	22 500	7 500	80 800
合计	60 800	22 500	7 500	90 800
完工产品成本	50 000	22 500	7 500	80 000
完工产品单位成本	100	45	15	160
月末在产品（定额成本）	10 800	0	0	10 800

表10-11　产品成本明细账

产品名称：乙产品（副产品）

产量：50件　　　　　　　　　　　　　　　　　　　　单位：元

摘要	原材料	工资及福利	制造费用	合计
月初在产品（定额成本）	300			300
本月生产费用	1 200	1 500	500	3 200
合计	1 500	1 500	500	3 500
完工产品成本	1 100	1 500	500	3 100
完工产品单位成本	22	30	10	62
月末在产品（定额成本）	400	0	0	0

(4) 假定乙产品采用计划成本计价，计划单位成本为 60 元，其中原材料的计划价格为 20 元，工资及福利的计划价格为 25 元，制造费用的计划价格为 15 元，则乙产品按照计划单位成本计算时，甲产品成本项目费用的各项计算如下：

甲产品应分配工资及福利=24 000-25×50=22 750（元）
甲产品应分配制造费用=8 000-15×50=7250（元）
乙产品本月耗用原材料的金额=20×50+400-300=1 100（元）
甲产品本月耗用原材料的金额=52 000-1 100=50 900（元）
甲产品的产品成本明细账如表 10-12 所示。

表 10-12　产品成本明细账

产品名称：甲产品（主要产品）　　　　　　　　　　　　　　　　单位：元

摘要	原材料	工资及福利	制造费用	合计
月初在产品（定额成本）	10 000			10 000
本月生产费用	50 900	22 750	7 250	80 900
合计	60 900	22 750	7 250	90 900
完工产品成本	50 100	22 750	7 250	80 100
完工产品单位成本	100.2	45.5	14.5	160.2
月末在产品（定额成本）	10 800	0	0	10 800

（三）等级产品及等级产品成本的分配

1. 等级产品的含义

等级产品是指使用同样的原材料，经过同一生产过程生产出来的品种相同而质量不同的产品。等级产品与联产品和副产品的区别是，等级产品是同一品种而不同质量的产品，而联产品和副产品是不同品种的产品。一般而言，等级产品是指合格产品，而副、次产品指的是非合格产品，但实务中也有将副、次产品按照等级产品处理的。

按照等级产品产生的原因不同，等级产品成本的计算也分为两种方法：

（1）等级产品成本按实物数量进行分配

如果不同质量等级的产品是由于工人违规操作或管理不善等主观因素造成的，则等级低的产品亦应负担和等级高的产品相同的成本，否则如果因为低等级的产品售价低就分配给较低的成本,则会掩盖操作或管理中的失误,高估高质量产品的成本,使企业不能及时发现问题、解决问题。因此,主观因素导致的产品质量等级的差异,不应导致不同的分配标准,单位产品的成本应该相同,不同等级产品之间按照实物数量进行分配。

(2)等级产品成本按照系数进行分配

如果不同质量等级的产品是由于目前生产技术水平和原材料质量等客观原因造成的,则不同等级产品应该负担不同的成本。单位售价高的产品负担的成本更高。一般可按照单位售价制定系数标准,按照系数的比例来分配成本。

2. 等级产品账务处理举例

【例 10-8】某企业使用同一种原材料,经过一定时间的生产,共生产甲产品的完工产品 120 件,按照产品的质量分为一、二、三共三个等级,各等级数量分别为 60 件、40 件、20 件。企业考察不同等级产品产生的原因,发现是由于管理不善引起的,因此决定采用实物数量进行分配。完工甲产品各种料、工、费合计 6 000 元。按照实物数量分配如表 10-13 所示。

表 10-13 各等级产品成本计算表(按实物数量) 单位:元

产品名称	本月生产费用	分配率	产成品产量	应负担成本
一等品		50	60	3 000
二等品	6 000	50	40	2 000
三等品		50	20	1 000
合计	—		120	6 000

其中,分配率 $=\dfrac{6\,000}{60+40+20}=50$(元/件)。

【例 10-9】某企业使用同一种原材料,经过一定时间的生产,共生产甲产品的完工产品 100 件,按照产品的质量分为一、二、三共三个等级,各等级数量分别为 60 件、40 件、20 件,单位售价分别为 100 元、90 元和 60 元。企业考察不同等级产品产生的原因,发现是由于原材料质量问题的客观因素引起的,因此决定采用销售价格系数法进行分配。完工甲产品各种料、工、费合计 8 640 元。分配结果如表 10-14 所示。

表 10-14　各等级产品成本计算表（按销售系数）　　单位：元

产品名称	本月生产费用	单位售价	分配系数	产成品产量	标准产量	标准产量分配率	应负担成本	单位成本
一等品	8 640	100	1	60	60	80	4 800	80
二等品		90	0.9	40	36		2 880	72
三等品		60	0.6	20	12		960	48
合计	—	—		120	108	—	8 640	—

其中，标准产量分配率 = $\dfrac{8\,640}{108}$ = 80（元/件）

第二节　产品成本计算的定额法

一、定额法的定义和计算程序

（一）定额法的定义

产品成本计算的定额法就是为了及时反映和监督生产费用和实际成本脱离定额的差异，加强成本管理和成本控制的一种成本计算方法。定额法下，企业事先制定产品原材料、工时的消耗定额、计划单价、计划小时工资率、计划小时费用率等指标，在生产费用发生时，将符合定额的费用和脱离定额的差异分别核算；在月末计算产品成本时，根据产品的定额成本加减各种差异，得出产品的实际成本。定额法适用于定额管理比较好，各项消耗定额的制定比较准确而且稳定的企业。与分类法相似，定额法也是产品成本核算的一种辅助方法，在实际中需要和品种法、分批法、分步法结合起来使用。

（二）定额法的计算程序

1. 制定各种消耗定额、计划单价、计划小时工资率等指标。
2. 根据成本计算对象和产品成本项目设置生产成本明细账，并设置定额成本、脱离定额差异、定额变动差异、材料成本差异等专栏，登记各项目月初在产品的定额成本和差异，并根据定额资料的变动计算定额变动差异。

3. 根据各项凭证、费用计算表和分配表，登记本月发生的定额成本、脱离定额差异、定额变动差异和材料成本差异。

4. 计算各项成本差异分配率，在完工产品和月末在产品之间分配差异。

二、定额法下产品实际成本的计算公式及账务处理举例

（一）定额法下实际成本的计算公式

在定额法下，产品的实际成本可由以下公式进行计算：

$$\text{产品实际成本} = \text{产品定额成本} \pm \text{脱离定额差异} \pm \text{定额变动差异} \pm \text{材料成本差异}$$

也就是说，定额法下产品的实际成本由四项内容构成。下面分别举例介绍如何计算这四项内容。

（二）产品定额成本的计算

企业根据现有的工艺技术水平，制定出产品原材料、工时的消耗定额、计划单价、计划小时工资率、计划小时费用率等指标，据以计算出企业的各项费用定额并汇总得到单位产品的定额成本。

各项费用定额的计算公式如下：

产品原材料消耗定额×原材料计划单价＝原材料费用定额

产品生产工时定额×生产工资计划单价＝生产工资费用定额

产品生产工时定额×制造费用计划单价＝制造费用定额

需要说明的是，计算定额成本所依据的消耗定额可能随着生产技术的进步和劳动生产率的提高而修订，此外生产工资计划单价和制造费用计划单价在计划期内也可能发生变动，这些修订和变动形成了定额变动差异，具体计算将在后面加以说明。

产品的单位定额成本，包括单位零件定额成本、单位部件定额成本和单位产成品定额成本。在零部件不多的情况下，一般是先计算出零件和部件的定额成本，然后再汇总得出产成品的定额成本。计算流程如图10-2所示。

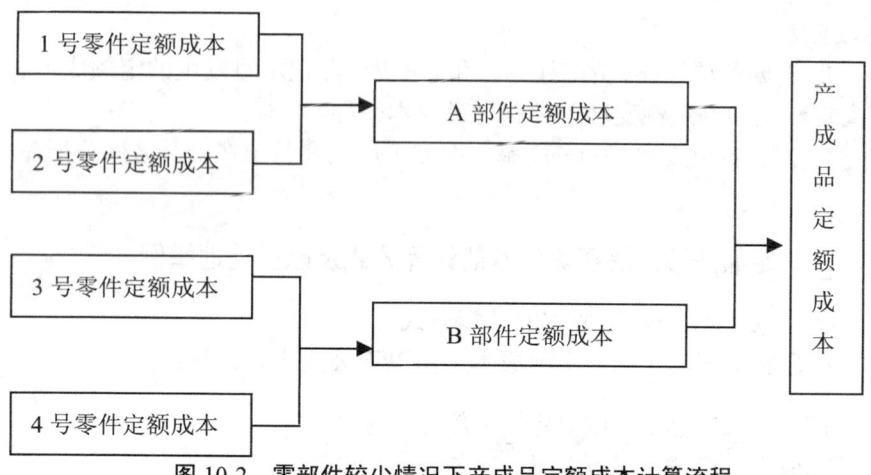

图 10-2　零部件较少情况下产成品定额成本计算流程

在零部件较多的情况下，也可以不计算零件的定额成本，而直接根据零件定额卡所列的资料以及计划单价、计划小时工资率等指标，计算出部件的定额成本，然后汇总计算产成品的定额成本。当然，也可以跳过计算部件的定额成本这一步，直接计算产成品的定额成本，如图 10-3 所示。

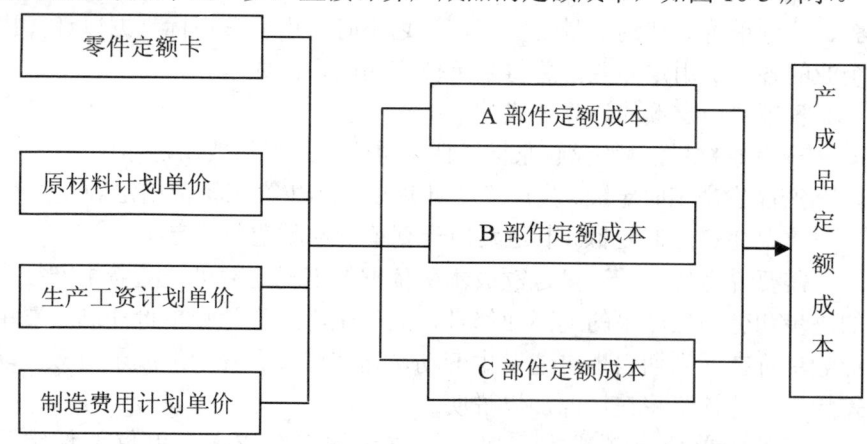

图 10-3　零部件较多情况下产成品定额成本计算流程

【例 10-10】某企业生产甲产品，甲产品由 2 个 M 部件，1 个 N 部件组成。1 个 M 部件由 2 个 A 零件、2 个 B 零件装配而成。1 个 N 部件由1个C零件和1个D件组成。下面列出了零件定额卡、部件定额成本和产成品定额成本各自的填列和计算（为了省略，只列出了一个零件定额卡和一个部件定额成本计算表），如表 10-15、表 10-16 和表 10-17 所示。

表10-15 零件定额卡

零件编号：001　　　　　　　　　　　　　　　　　　　零件名称：A

材料编号和名称		计量单位	材料消耗定额
021	××××	千克	4
工序		工时定额	累计工时定额
1		1	1
2		1.2	2.2
3		2.8	5

表10-16 部件定额成本计算表

部件编号：101　　　　　　　　　　　　　　　　　　　部件名称：M

零件名称	零件数量	原材料费用定额						原材料合计	工时定额
		021			022				
		消耗定额	计划单价	金额	消耗定额	计划单价	金额		
A	2	8	4	32				32	10
B	2				10	5	50	50	8
装配									2
合计								82	20
定额成本项目									
原材料	工资及福利			制造费用			定额成本合计		
	每小时定额		金额	每小时定额		金额			
82	5.5		110	6		120	312		

表10-17 产品定额成本计算表

产品编号：501　　　　　　　　　　　　　　　　　　　产品名称：甲

部件名称	部件数量	原材料费用定额		工时定额	
		部件	产品	部件	产品
M	2	82	164	20	40
N	1	104	104	12	12

续表

部件名称	部件数量	原材料费用定额		工时定额	
		部件	产品	部件	产品
装配					8
合计			268		60

定额成本项目						定额成本合计
原材料	工资及福利		制造费用			
	每小时定额	金额	每小时定额	金额		
268	5.5	330	6	360		958

（三）脱离定额差异的计算

脱离定额的差异，是指各项生产费用的实际支出脱离现行定额的差额。计算定额差异，有利于防止生产费用的超支，避免浪费和损失。在有条件的企业，可以将脱离定额成本的差异同车间小组的经济责任制结合起来。在发生生产费用时，应将符合费用定额的费用和脱离定额的差异分别编制定额凭证和差异凭证，并在有关的费用分配表和明细账中分别予以登记。

1. 原材料脱离定额差异的计算

原材料费用是成本的大头，原材料脱离定额差异的计算需要十分仔细和慎重。传统上，对原材料脱离定额差异的计算有三种方法：限额法、切割法和盘存法。

（1）限额法。限额法下，为了控制原材料的领用，生产车间领用材料采用限额制度。符合定额的原材料应根据限额领料单等定额凭证领发。如果增加产品产量，需要增加用料，在办理追加限额手续后，也可以根据定额凭证领发。其他原因超额领料的，应填制专设的超额材料领料单等差异凭证，经过一定的审批手续后领发。如果采用代用材料或废料利用，还应在有关的限额领料单中注明，并从原定的限额中扣除。差异凭证应填明差异的数量、金额以及发生差异的原因。在每批生产任务完成后，应根据车间余料编制退料单，办理退料手续。退料单也应视为差异凭证，退料单中所列的原材料数额和限额领料单中的原材料余额都是原材料脱离定额的节约差异。

限额领料单的格式如表 10-18 所示。

表 10-18　限额领料单

领料单位：铸件　　车间编号：302
用途：A 部件　　　发料仓库：甲仓库

材料类别	材料编号	材料名称	产品数量（件）	单位产品用料限额（千克）	全月领用限额	全月实发数量	计划单价（元）	金额	备注
钢材类	025	工字钢	1 000	1	1 000	950	5	4 750	

供应部门负责人：签章　　　　　　　　　生产计划部门负责人：签章

日期	请领		实发			扣除代用材料数量	退料		限额余额
	数量	领料单位负责人	数量	发料人	领料人		数量	退料单编号	
6/1	500	×××	500	×××	×××				500
6/21	300	×××	300	×××	×××				200
6/30	150	×××	150	×××	×××				50
合计	950		950						

需要注意的是，限额法只能控制领料，不能完全控制用料，领料差异不一定是用料差异。若实际耗用材料的产品数量与领料单规定的产品数量一致，且车间没有期初和期末余料，或期初、期末余料数量相等，那么此时领料限额就是材料的定额消耗量，实际领用数量就是材料的实际消耗量，两者差异就是原材料脱离定额的差异。若投入的产品数量不等于限额领料单规定的产品数量，车间中还有期初、期末余料并且余料的数量不一致，那么此时限额领料单规定的领料限额不一定是原材料的定额消耗量，限额领料单所记的实际领料数量不一定是原材料的实际消耗量，两者的差异也不一定就是用料脱离定额的差异。

无论是否采用限额领料单，原材料脱离定额差异的计算公式都为：

$$\text{原材料脱离定额差异} = \left(\text{原材料实际耗用量} - \text{原材料定额耗用量} \right) \times \text{原材料的计划单价}$$

【例 10-11】某企业生产甲产品，限额领料单规定的产品数量为 1 000 件，每件产品的原材料定额为 1 千克，本月实际领料 980 千克，月初车间余料为 20 千克，月末车间余料为 40 千克，本月实际投产数量也为 1 000 件。原材料计划单价为 5 元/千克。则原材料脱离定额差异的计算如下：

原材料定额消耗量=1 000×1=1 000（千克）

原材料实际消耗量=980+20-40=960（千克）

原材料脱离定额差异=（960-1 000）×5=-200（元），即节约了 200 元的原材料。

若本月实际投产数量为 950 件，则

原材料定额消耗量=950×1=950（千克）

原材料脱离定额差异=（960-950）×5=50（元），即超支了 50 元的原材料。

（2）切割法。切割法适用于必须经过切割才能进一步使用的材料，如板材、棒材和棍材等。采用该法进行控制用料时，应先采用限额法控制领料。切割法下用料差异的计算方法是把分割后材料的数量乘上单件消耗定额，得到分割后材料的定额耗用量，与实际耗用量相比，其差额就是定额差异。如果企业的切割材料很重要，也可设置材料切割核算单进行差异的核算。材料切割核算单的格式如表 10-19 所示。

表 10-19　材料切割核算单

材料编号或名称：0211　　　材料计量单位：千克　　　材料计划单价：4 元
产品名称：甲零件　　　　　编号或名称：A　　　　　图纸号：320
切割工人姓名：张三　　　　机床编号：05
发交切割日期：2014 年 6 月 6 日　　　完工日期：2014 年 6 月 16 日

发料数量	退回余料数量			材料实际消耗量		废料回收数量
163	7			156		10
单件消耗定额	单件回收废料定额	应割成毛坯数量		实际割成毛坯数量	材料定额消耗量	废料定额回收量
8	0.5	20		18	144	9
材料脱离定额差异		废料脱离定额差异		脱离定额差异原因		责任者
数量	金额	数量	单价	金额	操作失误	张三
12	48	-11	1.3	-14.3		

（3）盘存法。对于大量生产且不能采用切割核算法的原材料，为了更好地控制用料，除了采用限额法外，还可采用盘存法核算用料差异。

盘存法是指根据产量凭证提供的完工数量以及期初在产品数量记录和期末在产品的盘存数量,计算出本期产品投产数量,再乘以原材料消耗定额计算出原材料定额耗用量;根据限额领料单和超额领料单等领料、退料凭证和车间余料的盘存数量,计算出原材料实际消耗量;再根据二者的差异和原材料计划单价计算出原材料脱离定额差异。其计算公式如下:

$$\text{本期产品投产数量} = \text{完工产品产量} + \text{期末在产品数量} - \text{期初在产品数量}$$

$$\text{原材料定额耗用量} = \text{本期产品投产数量} \times \text{单位原材料消耗定额}$$

$$\text{原材料脱离定额差异} = (\text{原材料实际耗用量} - \text{原材料定额耗用量}) \times \text{原材料的计划单价}$$

注意:上列公式是假定原材料在期初一次投入的情况。如果原材料随着生产进度陆续投入,在产品还要耗用原材料,那么,上列公式中的期初和期末在产品数量应折算成约当产量。

【例10-12】某企业生产甲产品,期初在产品数量为1 000件,完工产品的产品数量为8 000件,期末在产品数量为2 000件,每件产品的原材料定额为1千克,限额领料单显示本月实际领料9 200千克,月初车间余料为100千克,月末车间余料为150千克,原材料的计划单价为每千克5元,则原材料脱离定额差异计算如下:

本期产品投产数量=8 000+2 000-1 000=9 000(件)

原材料定额消耗量=9 000×1=9 000(千克)

原材料实际消耗量=9 200+100-150=9 150(千克)

原材料脱离定额差异=(9 150-9 000)×5=750(元),即超支了750元的原材料。

无论采用哪一种方法核算,原材料定额消耗量和脱离定额差异都应分批或定期地按照成本计算对象汇总,编制原材料定额费用和脱离定额差异汇总表。原材料脱离定额差异汇总表可以报送有关领导或向职工公布,以便根据差异发生的原因采取措施;还可以替代原材料费用分配表登记生产成本明细账。原材料定额费用和脱离定额差异汇总表的示例如表10-20所示。

表 10-20 原材料定额费用和脱离定额差异汇总表

产品名称：甲　　　　　　　　　　　　　　　　　　　　　　　　　单位：元

原材料类别	材料编号	单位	计划单位成本	定额消耗和费用		实际消耗和费用		脱离定额差异		差异原因
				数量	金额	数量	金额	数量	金额	
原料	0211	千克	4	2 000	8 000	2 100	8 400	100	400	略
主要材料	0222	千克	3	1 500	4 500	1 600	4 800	100	300	略
辅助材料	0223	千克	2	3 000	6 000	3 050	6 100	50	100	略
合计					18 500		19 300		800	

需要说明的是，此处的原材料脱离定额差异核算的仅仅是原材料耗用数量上的差异，材料的日常核算都以计划价格计价。由实际单价和计划单价的不同而形成的材料成本差异的计算方法将在后面介绍。

2. 生产工人工资脱离定额差异的计算

生产工人工资脱离定额差异的计算根据工资制度的不同而不同。在计件工资制度下，单件产品应支付的工资是事先确定好的，因此按照计价单价支付的工资就是定额工资。脱离定额的差异部分，如女工哺乳时间津贴、补加工资等应在工资补付单等差异凭证中加以反映。单中也应列明差异发生的原因，并执行相应的审批手续。在计时工资制度下，实际工资总额要到月底才能确定，因此只有在月末才能计算生产工人工资脱离定额的差异。在计时工资制下，脱离定额差异的计算又有两种方法：

（1）当生产工资能够直接计入产品成本时，工资脱离定额差异的计算公式为：

$$\text{某种产品生产工人工资脱离定额差异} = \text{该产品实际生产工人工资} - \left(\text{实际产量} \times \text{单位产品的定额工资} \right)$$

（2）当生产工资按实际工时分配，只能间接计入产品成本时，计算公式为：

$$\text{某种产品生产工人工资脱离定额差异} = \left(\text{该产品实际产量的实际工时} \times \text{实际小时工资费用} \right) - \left(\text{该产品实际产量的定额工时} \times \text{计划小时工资费用} \right)$$

其中，实际小时工资费用=$\dfrac{车间实际生产工人工资总额}{该车间实际生产工时总数}$

计划小时工资费用=$\dfrac{车间计划产量的定额生产工人工资总额}{该车间计划产量的定额生产工时总数}$

从上面的计算公式可以看出，要降低生产工人工资费用，不仅要控制单位工时的实际工资率，还需要降低单位产品耗用工时的数量。

【例10-13】某车间生产包括甲产品在内的多种产品，6月份计划的定额生产工资费用为20 000元，计划产量的定额工时为4 000小时。该月实际生产工资费用为23 100元，实际生产工时为4 200小时。甲产品的定额工时为1 200小时，实际工时为1 250小时。则甲产品生产工资脱离定额的差异计算如下：

本期计划小时工资费用=$\dfrac{20\,000}{4\,000}$=5（元/小时）

本期实际小时工资费用=$\dfrac{23\,100}{4\,200}$=5.5（元/小时）

甲产品的定额生产工资=5×1 200=6 000（元）

甲产品的实际生产工资=5.5×1 250=6 875（元）

甲产品生产工资脱离定额的差异=6 875-6 000=875（元）

3. 制造费用及其他费用脱离定额差异的计算

制造费用一般属于间接计入费用，不能直接按照产品计算脱离定额的差异，而只能在月份内先行汇总，在月末计算出实际小时制造费用，才能根据实际发生数和脱离计划的差异计算属于某产品的制造费用脱离定额的差异。对于制造费用中的材料消耗，也可以采取填制限额领料单等凭证的方法来控制支出，对于制造费用中的零星费用，则可以采取填制"领用手册""费用定额卡"等凭证的方法来控制。对于超计划的领用，也需要经过一定的审批手续。

总之，制造费用脱离定额差异的计算，与在计时工资制下，生产工资脱离定额差异的计算类似。其计算公式为：

$\begin{matrix}某种产品制造费用\\脱离定额差异\end{matrix}=\begin{pmatrix}该产品实际产\\量的实际工时\end{pmatrix}\times\begin{matrix}实际小时\\制造费用\end{matrix}-\begin{pmatrix}该产品实际产\\量的定额工时\end{pmatrix}\times\begin{matrix}计划小时\\制造费用\end{matrix}$

其中，实际小时制造费用=$\dfrac{\text{车间实际制造费用总额}}{\text{该车间实际生产工时总数}}$

计划小时制造费用=$\dfrac{\text{车间计划制造费用总额}}{\text{该车间计划产量的定额生产工时总数}}$

【例 10-14】某车间生产包括甲产品在内的多种产品，6 月份计划的定额制造费用为 12 000 元，计划产量的定额工时为 4 000 小时。该月实际生产工资费用为 13 440 元，实际生产工时为 4 200 小时。甲产品的定额工时为 1 200 小时，实际工时为 1 250 小时。则甲产品生产工资脱离定额的差异计算如下：

本期计划小时工资费用=$\dfrac{12\,000}{4\,000}$=3（元/小时）

本期实际小时工资费用=$\dfrac{13\,440}{4\,200}$=3.2（元/小时）

甲产品的定额制造费用=3×1 200=3 600（元）

甲产品的实际制造费用=3.2×1 250=4 000（元）

甲产品制造费用脱离定额的差异=4 000-3 600=400（元）

废品损失应采用废品通知单和废品损失计算表来反映。由于产品的定额成本通常不包括"废品损失"这一项，因此发生的废品损失直接计入产品脱离定额的差异。月末，产品脱离定额的差异要在完工产品与在产品之间进行分配，分配的方法大多采用定额比例法。如果各月在产品的数量比较稳定，也可以对在产品按照定额成本进行计算，全部脱离定额的差异均计入完工产品的成本。

（四）定额变动差异的计算

随着经济的发展、劳动生产率的提高和生产技术的革新，企业的各项消耗定额、计划价格等资料也应随之修订，以保证各项定额能够准确真实地体现企业的物资成本和人工成本，有利于企业利润的核算和生产经营管理。而消耗定额以及计划价格的修订，必然会使各项产品的定额成本也发生变动。定额变动差异，是指由于修订消耗定额或计划价格而产生的新旧产品定额成本之间的差异。与脱离定额差异不同，定额变动差异是由于定额自身的变动引起的，与生产费用的节约或超支无关。

企业修订各项消耗定额和计划价格后，本期发生的生产成本费用将按照新的标准计算，然而期初的在产品仍然是按照旧的成本定额计算的。为了将期初的在产品的成本与本期生产投入在新定额的基础上统一起来，有必要计算期初在产品的定额变动差异，调整期初在产品的定额成本。

计算期初在产品的定额变动差异，可以按照在产品盘存数量和修订前后的消耗定额和计划成本，按照零部件和工序依次计算。但是如果企业的零部件比较多，工序比较复杂，则这样做的工作量将会很大。为了简化计算，可以将按照新旧定额所计算出的单位产品的费用进行对比，计算二者之比的系数值，然后根据系数直接算出期初在产品定额变动差异。计算公式如下：

$$新旧定额成本折算系数 = \frac{按照新定额计算的单位产品费用}{按照旧定额计算的单位产品费用}$$

$$月初在产品定额变动差异 = 按照旧定额计算的月初在产品费用 \times (1-系数)$$

【例 10-15】甲产品的某些零部件从 2014 年 6 月 1 日开始执行新的原材料消耗定额。单位产品旧的原材料消耗定额为 5 元，新的原材料消耗定额为 4.5 元。甲产品月初在产品的按照旧消耗定额计算的原材料定额费用为 20 000 元。则该月在产品定额变动差异的计算如下：

$$新旧定额成本折算系数 = \frac{4.5}{5} = 0.9$$

月初在产品定额变动差异
=按照旧定额计算的月初在产品费用×（1-系数）
=20 000×0.1=2 000（元）

系数法虽然简便，但由于系数是按照产品来计算的，不是按照零部件来计算，因此只适用于零部件成套生产或成套性较大的情况下使用。如果零部件不成套生产，则这种方法的误差较大。各种消耗定额一般都呈不断下降的趋势，因而月初在产品定额成本通常都是逐渐降低的。在从月初在产品的定额成本中扣除该项差异的同时，由于该项差异是月初在产品实际发生的支出，因此也要将该项差异计入本月产品的成本。反之，如果月初在产品定额变动差异为负数，则在从月初在产品的定额成本中加上该项差异的同时，由于该项差异并非月初在产品实际发生的支出，因此要将该项差异从本月产品的成本中扣除。

（五）材料成本差异的计算

在定额法下，企业平时所发生的材料费用，包括材料的定额费用和脱离定额的差异都是按照原材料的计划单价计算的。月末计算材料的实际成本时，就需要对材料成本的差异进行调整。计算公式如下：

$$\text{某产品应分配的原材料成本差异} = \left(\text{该产品的原材料定额费用} \pm \text{原材料脱离定额差异} \right) \times \text{原材料成本差异率}$$

【例 10-16】甲产品 6 月份所耗用的原材料定额成本为 4 000 元，脱离定额差异为超支 300 元，原材料的成本差异率为节约 1%。则该产品应分配的原材料成本差异的计算如下：

应分配的原材料成本差异=（4 000+300）×（-1%）=-43（元）

材料成本差异一般由完工产品的成本负担，月末在产品不再负担材料成本差异。在多步骤生产中，如果逐步结转半成品的成本，也可按计划成本或定额成本进行结转。在月末计算实际成本时，也要计算产品所耗用的半成品的成本差异。这时，产品实际成本的计算公式为：

$$\text{产品实际成本} = \text{产品定额成本} \pm \text{脱离定额差异} \pm \text{定额变动差异} \pm \text{原材料或半成品成本差异}$$

（六）定额法应用举例

【例 10-17】某企业 2014 年 6 月生产甲产品，期初在产品的数量为 15 件，共完工 200 件，期末在产品的数量为 20 件。原材料为生产开始一次投入，耗用 021 和 022 两种原材料。021 号原材料按照消耗定额计算的耗用量为 3 690 千克，实际耗用量为 4 000 千克，计划单价为 4 元/千克，材料成本差异率为超支 1%；022 号原材料按照消耗定额计算的定额耗用量为 4 920 千克，实际耗用量为 5 200 千克，计划单价为 5 元/千克，材料成本差异率为节约 1%。单位产成品的定额工时为 16 小时，021 号原材料的定额耗用量为 18 千克，022 号原材料的定额耗用量为 24 千克。甲产品本月按照实际产量计算的定额工时为 3 240 小时，实际工时为 3 402 小时；单位小时的计划工资为 5 元，实际小时工资为 4.5 元，单位小时的制造费用为 4 元，实际小时制造费用为 4.1 元。甲产品月初在产品的原材料定额成本为 3 000 元，脱离定额差异为 45 元；工资定额成本为 600 元，脱离定额差异为-105 元；制造费用的定额成本为 480 元，脱离定额差异为 114 元。该企业在 6 月初对消耗定额作了调整，单位产品的原材料定额费用由 200 元降为 192 元。根据以上资料，按照定额法计算甲产品的实际成本是多少？

主要计算过程及结果如下：

（1）计算定额变动差异：

新旧定额成本折算系数=$\dfrac{192}{200}$=0.96

月初在产品定额变动差异=按照旧定额计算的月初在产品费用×（1-系数）

=200×15×0.04=120（元）

（2）计算原材料脱离定额差异：

021 号原材料脱离定额差异（数量）=4 000-3 690=310（千克）
021 号原材料脱离定额差异（金额）=310×4=1 240（元）
022 号原材料脱离定额差异（数量）=5 200-4 920=280（千克）
022 号原材料脱离定额差异（金额）=280×5=1 400（元）
本月原材料脱离定额差异合计=1 240+1 400=2 640（元）

（3）计算材料成本差异：

021 号原材料材料成本差异=4 000×4×1%=160（元）
022 号原材料材料成本差异=5 200×5×-1%=-260（元）
原材料材料成本差异合计=160-260=-100（元）

（4）计算原材料脱离定额差异的差异分配率：

本月投入原材料的定额成本=3 690×4+4 920×5=39 360（元）

全部原材料脱离定额差异的差异分配率=$\dfrac{45+2\,640}{3\,000-120+39\,360}$×100%

=$\dfrac{2\,685}{42\,240}$×100%

=6.36%

（5）计算生产工人工资脱离定额差异的差异分配率：

本月投入生产工人工资的定额成本=3 240×5=16 200（元）

本月投入生产工人工资脱离定额的差异=3 402×4.5-16 200=-891（元）

$$\text{全部生产工人工资脱离定额差异的差异分配率} = \frac{(-105-891)}{(600+16\,200)} \times 100\%$$

$$= \frac{-996}{16\,800} \times 100\%$$

$$= -5.93\%$$

（6）计算制造费用脱离定额差异的差异分配率：

本月投入制造费用的定额成本=3 240×4=12 960（元）

本月投入制造费用脱离定额的差异=3 402×4.1-12 960=988.2（元）

$$\text{全部制造费用脱离定额差异的差异分配率} = \frac{114+988.2}{16\,480+12\,960} \times 100\%$$

$$= \frac{1\,102.2}{13\,440} \times 100\%$$

$$= 8.20\%$$

（7）计算并分配产成品与月末在产品的各项成本费用的脱离定额差异：

产成品原材料的定额成本=（18×4+24×5）×200=38 400（元）

在产品原材料的定额成本=3 000-120+39 360-38 400

=43 320-38 400

=3 840（元）

本月产成品原材料脱离定额差异=38 400×6.36%=2 442.24（元）

本月在产品原材料脱离定额差异=45+2 640-2 442.24=242.76（元）

产成品生产工人工资的定额成本=16×5×200=16 000（元）

在产品生产工人工资的定额成本=600+16 200-16 000

=16 800-16 000=800（元）

本月产成品工人工资脱离定额差异=16 000×（-5.93%）

=-948.8（元）

本月在产品工人工资脱离定额差异=（-105-891）-（-948.8）=-47.2（元）

产成品制造费用的定额成本=16×4×200=12 800（元）
在产品制造费用的定额成本=480+12 960-12 800
$$=13\ 440-12\ 800$$
$$=640（元）$$
本月产成品制造费用脱离定额差异=12 800×8.20%=1 049.6（元）
本月在产品制造费用脱离定额差异=114+988.2-1 049.6=52.6（元）
（8）汇总计算产成品各项成本费用的实际成本：
本月产成品原材料的实际成本=38 400+2 442.24+（-100）+120
$$=40\ 862.24（元）$$
本月产成品生产工人工资的实际成本=16 000+（-948.8）
$$=15\ 051.2（元）$$
本月产成品制造费用的实际成本=12 800+1 049.6=13 849.6（元）

根据例题 10-17 编制的产品成本明细账见表 10-21。表 10-21 最后一行成本合计数的计算过程略。

（七）定额法的优缺点及应用条件

定额法的主要优点是：

1. 制定各项消耗定额和计划价格，能够较为合理而简便地在产成品和在产品之间分配费用。

2. 把产品成本的计划、控制、核算和分析结合在一起，有助于提高成本管理水平和降低生产成本。

定额法的主要缺点是：

1. 成本计算过程比较麻烦，核算的工作量比较大。

2. 如果定额不准确或没有及时更新，会影响成本计算的准确性。

要发挥定额法的长处，企业必须具有适合定额法的平台。采用定额法的企业应该具备以下条件：一是产品的生产已经定型，各项消耗定额比较准确和稳定；二是企业具有较为健全的定额管理制度，定额管理工作执行得比较好。只有具备了这些前提，定额法才能发挥出成本控制的优势，使企业真正受益。

表 10-21 产品成本明细账

产品名称：甲　　　　产量：200 件　　　　　　　　　　　　　　　　　　　　　　　　单位：元

成本项目	月初在产品		月初在产品变动		本月生产费用			生产费用合计				差异分配率	产成品成本				月末在产品成本		
	定额成本	脱离定额差异	定额成本调整	定额变动差异	定额成本	脱离定额差异	材料成本差异	定额成本	脱离定额差异	定额变动差异	材料成本差异	脱离定额差异	定额成本	脱离定额差异	定额变动差异	材料成本差异	实际成本	定额成本	脱离定额差异
行次	①	②	③	④	⑤	⑥	⑦	⑧=①+③+⑤	⑨=②+⑥	④	⑦	⑩=⑨÷⑧	⑪	⑫=⑪×⑩	④	⑦	⑬=④+⑦+⑪+⑫	⑭=⑧-⑪	⑮=⑨-⑫
原材料	3 000	45	-120		39 360	2 640	-100	42 240	2 685	120	-100	6.36%	38 400	2 442.24	120	-100	40 862.24	3 840	242.76
工资	600	-105			16 200	-891		16 800	-996			-5.93%	16 000	-948.8			15 051.2	800	-47.2
制造费用	480	114			12 960	988.2		13 440	1 102.2			8.20%	12 800	1 049.6			13 849.6	640	52.6
成本合计	4 080	54	-120	120	68 520	2 737.2	-100	72 480	2 791.2	120	-100	—	67 200	2 543.04	120	-100	69 763.04	5 280	248.16

知识链接

1. 标准成本法与定额法基本原理

标准成本法（标准成本制度）不仅仅是一种成本计算方法，而是一种将成本计算和成本控制相结合，由一个包括制定标准成本、计算和分析成本差异及处理成本差异三个环节组成的系统。标准成本的制定和分析过程也是企业内部各部门管理水平的检查过程、员工积极性的激励过程和企业业绩的评价过程。

定额法需要以事先制定的定额成本为基础，生产费用发生时，计算实际费用脱离定额的差异，及时反馈信息给管理者，以达到控制生产费用的目的，并根据定额及差异额进行产品实际成本计算的成本计算与控制方法。定额法的应用不受生产特点影响，仅为加强成本控制，揭露成本计划过程中存在的问题，及时采取措施，加以改进而采用。

2. 标准成本法与定额法的比较

（1）标准成本法与定额法的联系

① 实施功能和目的相同。二者具有基本相同的功能和实施环节，均包括成本的计划、控制、执行、分析、考核及计算等环节。两种方法应用的目的大体相同，都是为加强企业成本控制并进行业绩评价。

② 重视成本控制。二者都不是单纯的成本核算方法，而是具有核算功能的同时兼具控制功能。定额法的本质最终要体现产品实际成本，不过实施的过程中离不开成本控制。

③ 分析成本差异。两种方法均事前确定目标成本，当作成本控制依据，并进一步计算、分析成本差异，研究差异产生的原因。对于各责任者在成本控制方面的业绩进行考核，明确经济责任，以达到挖掘成本降低潜力，加大成本控制的力度，利润增长的目的。

（2）标准成本法和定额法的区别

① 制定目标成本的依据不一致。标准成本的制定形式较多，较为灵活，各成本项目的标准成本均按标准用量和标准单位成本（标准费用率）确定；定额成本是按不同成本项目的现行数量定额以及计划单位成本制定的。

② 目标成本稳定性不同。标准成本是有效经营条件下发生的目标成本，具备约束性和稳定性，年度内基本不变，不涉及目标成本变动差异的计算；而定额成本的确定依据是现行定额，当外界经济环境、企业生产条件等方面发生变化时，现行定额要随之修订，即一个会计年度内定额成本可能发生变化，应确定其变动的趋势和金额。

③ 差异处理不同。标准成本法下，没有单独设置差异凭证，一般由某会计期间产品的实际消耗量及实际价格与实际产量的标准消耗量及标准价格的比较来核算差异。差异的种类也较多，对每种差异均单独设置账户，年终统一处理，或转为主营业务成本，或计入当期损益；定额法下的差异通过差异凭证反映，记录各项生产费用的实际支出脱离现行定额或预算的数额。差异种类相对较少，核算较为简单，只核算各成本项目的差异，未单设会计科目。

④ 提供产品成本资料不同。这是标准成本法与定额法的根本区别。标准成本法的成本差异不按产品分配计算，只按标准成本对期末在产品、库存商品及已售产品计价，核算过程简便、及时，并不计算各种产品真实成本；定额法下，最终要确定产品实际成本，将三类差异在各种产品间分配，也在对应存货中分配，将定额成本调整为实际成本。

⑤ 提供管理信息的详细程度与侧重点不同。标准成本法按成本形态划分成本，可以确定责任的归属，有助于促进各部门和车间的相互配合，建立经济责任制；定额法计算出的产品成本则需要按成本项目反映，日常核算揭示材料数量，尤其强调材料成本的控制，除材料以外的费用需要用实际数减去预算数得到差异。

⑥ 成本动因的分析存在差异。标准成本法需要分项目求出成本差异，进而对差异原因深入分析，可以得到较为详尽的成本差异数据，在实际管理活动中减少实际成本与标准成本之间的不利差异；定额法则只按成本项目计算成本差异，不考虑成本差异发生的根本原因，可能出现有利差异遮掩不利差异的情况。

3. 小结

两种方法在实际应用中均存在一定的缺陷。标准成本法的缺陷在于：对标准成本的重视程度不足，可能导致对下属的业绩评价出现偏差、员工参与热情不高、出现问题相互推诿等问题；标准成本法的成本控制不利于各生产部门的合作，反而会让他们之间形成竞争的关系；信息得不到及时反馈，信息滞后会导致管理人员不能尽早修正产品方案；实施条件较为严格，现行电算化软件中相应模块的功能尚未完善。

定额法的缺陷在于：定额法需要进行定额的制定、修订等定额管理工作，单独核算各种差异工作量较大，推行有难度；核算差异较为笼统，不便于考核分析各个责任部门的工作情况；定额资料准确性直接影响成本计算的准确性，不利于经营决策，且量价合一的形式不能充分反映各种价格变动情况；不便于各种产品、各企业之间的横向比较，企业之间的竞争在一定程度上变成了让利和计算能力的比较。

——孙莹莹. 标准成本法与定额法的比较分析. 企业技术开发，2012（17）.

案例讨论

凉凉制糖厂以甘蔗为原料同时生产出白砂糖和赤砂糖，总成本为120 000元。生产出的白砂糖为10吨，单价为20元/千克；赤砂糖为4吨，单价为25元/千克。

问题：应采用什么成本核算方法来分配白砂糖和赤砂糖的成本？二者的成本分别是多少？

练习题

1. 某企业使用同一种原材料，经过同一生产过程，生产出甲、乙、丙三种产品。联合成本为40 000元。生产出的甲产品为200千克，乙产品为500千克，丙产品为300千克。

要求：采用实物量分配法计算甲产品、乙产品和丙产品各自应分担的联合成本。

2. 某企业生产乙产品，期初在产品数量为2 000件，完工产品的产品数量为10 000件，期末在产品数量为3 000件，每件产品的原材料定额为3千克，限额领料单显示本月实际领料35 000千克，月初车间余料为300千克，月末车间余料为400千克，原材料的计划单价为每千克8元。

要求：计算原材料脱离定额的差异。

3. 某企业 A 产品采用定额法计算成本。8 月份 A 产品有关直接材料费用资料如下：月初在产品直接材料费用为 20 000 元，月初在产品直接材料脱离定额差异为 -600 元。月初在产品定额费用调整降低 1 500 元，定额变动差异全部计入完工产品成本中。本月定额直接材料费用为 50 000 元，本月直接材料脱离定额差异为 2 497.45 元，本月材料成本差异率为 5%，材料成本差异全部由完工产品负担，本月完工产品直接材料定额费用为 60 000 元。

要求：根据上述材料采用定额法计算 8 月份完工产品和月末在产品的原材料成本（脱离定额的差异在完工产品和在产品之间进行分配）。

第十一章 成本报表与成本分析

导入案例

兴华制药厂的总经理杨光想知道该厂 2014 年全部产品的实际生产成本与计划成本以及与上年的实际生产成本相比较的升降情况。此外,兴华制药厂 2014 年产品产量上升了 10%;调整了产品结构,增加了销路更旺的感冒药类产品的生产;在经济不景气的影响下,单位产品的原材料价格比去年上升了 8%。杨光还想知道产品产量、品种构成、单位成本这三个因素的变动对生产成本总变动的影响各自有多大,以便制定下一年的生产决策。该厂负责成本会计工作的小李根据领导的要求编制了相应的产品成本分析表。

本章引言

为了反映企业的成本水平和各项费用的支出情况,考察企业成本计划的执行成果,企业的成本管理人员有必要编制和分析各种成本报表。本章将介绍成本报表的编制和成本分析。

通过本章学习,要求学生:
- 了解成本报表的作用和分类
- 了解成本报表的主要类型
- 掌握成本分析的基本原理
- 掌握成本分析的主要内容

第一节 成本报表

成本报表是根据日常生产经营过程中发生的各项耗费的资料编制的反映企业一定时期的产品成本和期间费用水平及其构成情况的会计报表。虽然我国现行企业会计制度规定企业应该采用制造成本法计算产品成本，但是管理费用、销售费用和财务费用等期间费用也是维持企业生产经营正常运转所必不可少的成本。因此，成本报表也应该包括反映这些费用支出的报表。

一、成本报表的作用

编制成本报表，有助于加强企业的成本管理，降低生产成本，节约费用支出。具体而言，成本报表有以下作用：

1. 企业管理部门通过阅读和分析成本报表，可以了解企业成本计划的执行情况，发现成本管理中存在的问题，实施奖惩措施，修订今后的生产经营决策。

2. 企业的职工通过阅读和分析成本报表，可以了解企业的成本构成，根据个人的工作经验提出增收节支的合理化建议，发挥职工的主观能动性。

3. 上级主管部门或母公司通过阅读和分析企业的成本报表，可以检查企业上报的成本计划的执行情况，对企业不合理的费用支出进行问责；还可以组织下属企业进行经验交流，促使下属各企业提高生产效率，降低生产成本。

二、成本报表的分类

与资产负债表、利润表、现金流量表和所有者权益变动表不同，成本报表不向外报送，而是为企业的内部经营管理服务，因此其种类、格式、内容没有统一规定，可以根据企业的需要灵活制定。

（一）按照所反映的内容划分

1．反映产品成本水平及其构成情况的报表

在制造成本制度下，企业的产品成本由原材料费用、工资及福利、制造费用等项目构成。编制产品成本报表，可以将本期产品成本的实际水平和构成与期初计划、上期实际、历史平均水平相比较，得出产品成本及其构成的变动趋势；也可以与同行业或同类产品的成本水平相比较，找到企业在同行业中的位次，并找出产生差异的原因。反映产品成本水平及其构成情况的报表包括全部产品生产成本表和主要产品单位成本表。

2．反映各种费用水平及其构成情况的报表

企业的制造费用、管理费用、销售费用、财务费用等项目，包含的内容众多，由许多不同经济性质和不同经济用途的费用组成，有必要按照其明细内容编制报表，进而分析各种费用计划的执行情况，找出各项费用支出的变动情况和变动趋势。反映各种费用水平及其构成情况的报表包括制造费用明细表、管理费用明细表、销售费用明细表、财务费用明细表。

（二）按照编制的时间划分

1．定期报表

成本水平是企业生存发展的命脉，是企业密切关注的对象，为了加强成本管理，使成本管理工作有序进行，企业可以按日、周、旬、半月、月、半年和年定期编制反映企业成本费用情况的各种成本报表。

2．不定期报表

企业还可以根据临时需要和突发事件不定期编制各种成本报表，为企业的管理人员和相关责任人提供成本变动的信息，促使其及时采取应对措施，解决生产经营中的问题。

此外，企业还可以根据生产工艺特点和管理要求，编制生产情况表、主要材料成本表、人工成本报表等其他成本报表。企业还可以在前期成本计划完成情况的基础上对后期的成本水平进行预测，编制期中成本预报，对可能出现的偏差采取预防性措施，保证成本计划的顺利完成。

三、成本报表的主要类型

（一）全部产品生产成本表

全部产品生产成本表有两种编制方式，一是按照产品种类编制填列，反映企业在报告期内生产的全部产品的总成本和包括可比产品和不可比产品在内的各种主要产品的单位成本及总成本。利用此种报表提供的信息，可以定期总括地考核企业全部产品和各种主要产品成本计划的执行情况和可比产品成本降低计划的完成情况，为企业下一会计期间成本计划的制定提供依据。二是按照产品的成本项目编制填列，反映企业在报告期内发生的各个成本项目的生产费用以及全部产品的总成本。利用此种报表提供的信息，可以定期总括地考核企业全部产品和各成本项目计划的完成情况，为进一步的明细分析指明方向。

1. 按照产品种类编制的全部产品生产成本表

按照产品种类编制的全部产品生产成本表由基本报表和补充资料两部分组成。格式如下：

（1）基本报表

基本报表部分，共列示了产品名称、实际产量、单位成本、本月总成本和本年累计总成本五栏。其中，实际产量分为本月实际产量和本年累计实际产量两个项目；单位成本分为上年实际平均单位成本、本年计划单位成本、本月实际单位成本和本年累计实际平均单位成本四个项目；本月总成本分为按上年实际平均单位成本计算的总成本、按本年计划单位成本计算的总成本和按本月实际单位成本计算的总成本三个项目；本年累计总成本分为按上年实际平均单位成本计算的总成本、按本年计划单位成本计算的总成本和按本年累计实际单位成本计算的总成本三个项目。

"产品名称"栏，根据主要产品的品种，按照可比产品和不可比产品分别填列。可比产品是指企业过去年度正式生产过、有完整的成本资料进行比较的产品。不可比产品是指企业本年度初次生产的产品，或者虽然不是初次生产，但历史上未曾正式生产、缺乏可比成本资料的产品。在成本计划中，对于可比产品，既规定了计划成本指标，还规定了成本降低计划指标,即本年度可比产品的计划成本比以前年度实际成本的降低额和降低率。对于不可比产品,只规定了本年的计划成本指标。"实际产量"栏,根据各种产品的本月实际产量和从年初起至本月止的本年实际产量的累计数填列。"单位成本"栏,其中"上年实际平均"项目根据各种可比产品的上年实际平均单位成本填列;"本年计划"项目根据本年各种产品的年度计划单位成本填列;"本月实际"项目根据各种产品本月实际单位成本填列;"本年累计实际平均"项目根据从年初起至本月止的各种产品的累计实际成本除以从年初起至本月止的各种产品的累计实际产量求得。"本月总成本"栏,其中"按上年实际平均单位成本计算"项目根据本月实际产量与上年实际平均单位成本的乘积计算填列;"按本年计划单位成本计算"项目根据本月实际产量与本年计划单位成本的乘积计算填列;"本月实际"项目根据本月实际产量与本月实际单位成本的乘积计算填列。"本年累计总成本"栏,其中"按上年实际平均单位成本计算"项目根据本年累计实际产量与上年实际平均单位成本的乘积计算填列;"按本年计划单位成本计算"项目根据本年累计实际产量与本年计划单位成本计算填列;"本年实际"项目根据本年累计实际产量和本年累计实际单位成本的乘积计算填列。

(2) 补充资料

补充资料只填列本年累计实际数,包括可比产品成本降低额、可比产品成本降低率、按照现行价格计算的商品产值、产值成本率四项。相关计算公式如下:

$$\text{可比产品成本降低额} = \text{可比产品按上年实际平均单位成本计算的总成本} - \text{本年可比产品实际总成本}$$

$$\text{可比产品成本降低率} = \frac{\text{可比产品成本降低额}}{\text{按上年实际平均单位成本计算的可比产品总成本}} \times 100\%$$

$$\text{产值成本率} = \frac{\text{产品总成本}}{\text{按现行价格计算的产品总产值}} \times 100\%$$

全部产品生产成本表(按产品种类反映)的参考格式如表 11-1 所示。

编制单位：

表 11-1　全部产品生产成本表（按产品种类反映）

×年×月

单位：元

产品名称	实际产量			单位成本			本月总成本			本年累计总成本	
	计量单位	本月	本年累计	上年实际平均	本年计划	本月实际	本年累计实际平均	按上年实际平均单位成本计算	按本年计划单位成本计算	本月实际	按上年实际平均单位成本计算	按本年计划单位成本计算
		①	②	③	④	⑤=⑨÷①	⑥=⑫÷②	⑦=①×③	⑧=①×④	⑨	⑩=②×③	⑪=②×④	⑫

可比产品合计													
其中：甲	件												
乙	件												
不可比产品合计													
其中：丙	件												
丁	件												
全部产品													

补充资料：

1. 可比产品成本降低额 = ⑩ - ⑫

2. 可比产品成本降低率 = $\frac{⑩-⑫}{⑩} \times 100\%$

3. 按照现行价格计算的产品总产值

4. 产值成本率

2. 按照产品成本项目编制的全部产品生产成本表

按照产品成本项目编制的全部产品生产成本表可分为生产费用和产品成本两部分。生产费用按照直接材料、直接人工、制造费用等成本项目反映；产品成本部分是由生产费用合计数加上期初在产品和自制半成品的余额，再减去期末在产品和自制半成品的余额得到的。由于全部产品包括可比产品和不可比产品两种，而不可比产品不能取得上年实际数，故除成本项目外，此表只设本年计划数、本月实际数和本年累计实际数三栏，而不设上年实际栏。"本年计划数"项目根据本年各产品成本项目的年度计划成本填列；"本月实际数"项目根据各成本项目本月实际成本填列；"本年累计实际数"项目根据从年初起至本月止的各成本项目的累计实际数计算填列。期初、期末在产品和自制半成品的余额应根据各种产品明细账的期初、期末在产品成本和各种自制半成品明细账的余额，分别汇总填列。

按照产品成本项目编制的全部产品生产成本表参考格式如表 11-2 所示。

表11-2 全部产品生产成本表（按成本项目反映）

编制单位： ×年×月 单位：元

成本项目	本年计划数	本月实际数	本年累计实际数
生产费用： 直接材料 直接人工 制造费用			
生产费用合计 加：在产品、自制半成品期初余额 减：在产品、自制半成品期末余额			
产品成本合计			

（二）主要产品单位成本表

主要产品单位成本表是反映企业在报告期内生产的各种主要产品单位成本的水平及其构成情况的成本报表。主要产品是指企业经常生产的，能反映企业生产经营状况的占比重较大的产品。主要产品是企业管理的重点对象，有必要对其进行详细考察。全部产品生产成本表只是从总额的角度反映了单位成本的状况，不能提供各主要产品的成本构成信息。主要产品单位成本表弥补了这一不足。通过此表提供的资料，可以按照各成本项目分析和考核各个主要产品单位成本的计划完成情况；把本月实际和上年实际平均、本年累计实际平均相对比，了解单位成本的变动情况；还可以分析主要技术经济指标的执行情况，从经济与技术结合的角度寻求降低成本的途径。

主要产品单位成本表可分为表头、成本项目和主要经济技术指标三部分。参考格式如表 11-3 所示。

表 11-3 主要产品单位成本表
×年×月

产品名称：　　　　计量单位：　　　本月计划产量：　　　　本月实际产量：
产品规格：　　　　销售单价：　　　本年累计计划产量：　　本年累计实际产量：

成本项目	历史先进水平××年	上年实际平均	本年计划	本月实际	本年累计实际平均
直接材料					
直接人工					
制造费用					
产品单位成本					
主要经济技术指标	耗用量	耗用量	耗用量	耗用量	耗用量
A 材料（千克）					
B 材料（千克）					
生产工时（小时）					

1. 表头，包括产品名称、产品规格、计量单位、销售单价、本月计划产量、本月实际产量、本年累计计划产量、本年累计实际产量等项目。本月计划产量和本年累计计划产量根据生产计划填列；本月实际产量和本年累计实际产量根据产品成本明细账或产成品成本汇总表填列；销售单价根据产品定价表填列。

2. 成本项目，包括"历史先进水平""上年实际平均""本年计划""本月实际""本年累计实际平均"五栏，分别反映直接材料、直接人工、制造费用等成本项目的金额及合计数。"历史先进水平"栏，根据企业历史成本资料中该产品实际成本最低年度的平均单位成本填列；"上年实际平均"栏，根据企业上年度主要产品单位成本表的累计实际平均单位成本填列；"本年计划"栏，根据本年度成本计划填列；"本月实际"栏，根据产品成本明细账或产成品成本汇总表填列；"本年累计实际平均"栏，根据该种产品成本明细账记录的自年初至报告期末完工产品实际总成本除以累计实际产量填列。

3. 主要经济技术指标，包括各种主要材料和工时的历史先进水平耗用量、上年实际平均耗用量、本年计划耗用量、本月实际耗用量和本年累计实际平均耗用量等，根据有关技术资料填列。

（三）制造费用明细表（参见表 11-4）

表 11-4　制造费用明细表

×年×月　　　　　　　　　　　　　　　　　单位：元

项目	本年计划数	上年同期实际数	本月实际数	本年累计实际数
应付职工薪酬				
折旧费				
修理费				
办公费				
取暖费				
水电费				
机物料消耗				
低值易耗品摊销				
劳动保护费				
租赁费				
运输费				
保险费				
设计制图费				
试验检验费				
季节性和修理期间的停工损失				
在产品盘亏和毁损（减盘盈）				
其他				
制造费用合计				

制造费用明细表是反映企业在报告期内发生的制造费用水平及其构成情况的报表。该表包括各明细项目的本年计划数、上年同期实际数、本月实际数和本年累计实际数四个部分。其中,本年计划数根据本年成本计划中的制造费用计划填列;上年同期实际数根据上年同期制造费用明细表的该年累计实际数填列;本月实际数根据各基本车间制造费用明细账的本月合计数汇总计算填列;本年累计实际数根据各基本生产车间制造费用明细账的本月月末累计数汇总计算填列。

(四)期间费用明细表

期间费用明细表是反映企业在报告期内发生的各种期间费用水平及其构成情况的报表,包括管理费用明细表、销售费用明细表和财务费用明细表。

1. 管理费用明细表(参见表 11-5)

表 11-5 管理费用明细表

×年×月 单位:元

项目	本年计划数	上年同期实际数	本月实际数	本年累计实际数
应付职工薪酬				
折旧费				
办公费				
差旅费				
修理费				
办公费				
咨询费				
诉讼费				
排污费				
取暖费				
水电费				
租赁费				
运输费				
保险费				
物料消耗				
低值易耗品摊销				
无形资产摊销				

续表

项目	本年计划数	上年同期实际数	本月实际数	本年累计实际数
坏账损失				
劳动保护费				
研究开发费				
技术转让费				
业务招待费				
材料、产成品盘亏和毁损（减盘盈）				
其他				
管理费用合计				

管理费用明细表反映企业在报告期内管理费用的水平和构成，包括各明细项目的本年计划数、上年同期实际数、本月实际数和本年累计实际数四个部分。其中，本年计划数根据本年行政管理部门的管理费用计划填列；上年同期实际数根据上年同期管理费用明细表的该年累计实际数填列；本月实际数根据管理费用明细账的本月合计数汇总计算填列；本年累计实际数根据管理费用明细账的本月月末累计数汇总计算填列。

2. 销售费用明细表（参见表11-6）

表11-6 销售费用明细表

×年×月　　　　　　　　　　　　　　　单位：元

项目	本年计划数	上年同期实际数	本月实际数	本年累计实际数
应付职工薪酬				
折旧费				
装卸费				
包装费				
展览费				
广告费				
租赁费				
运输费				
保险费				
业务费				
劳动保护费				

续表

项目	本年计划数	上年同期实际数	本月实际数	本年累计实际数
低值易耗品摊销				
销售部门办公费				
委托代销手续费				
销售服务费				
其他				
销售费用合计				

销售费用明细表反映企业在报告期内销售费用的水平和构成，包括各明细项目的本年计划数、上年同期实际数、本月实际数和本年累计实际数四个部分。其中，本年计划数根据本年销售费用计划填列；上年同期实际数根据上年同期销售费用明细表的该年累计实际数填列；本月实际数根据销售费用明细账的本月合计数汇总计算填列；本年累计实际数根据销售费用明细账的本月月末累计数汇总计算填列。

3. 财务费用明细表（参见表 11-7）

表 11-7　财务费用明细表

×年×月　　　　　　　　　　　　　　　　单位：元

项目	本年计划数	上年同期实际数	本月实际数	本年累计实际数
利息支出（减利息收入）				
汇兑损失（减汇兑收益）				
调剂外汇手续费				
金融机构手续费				
其他				
财务费用合计				

财务费用明细表反映企业在报告期内财务费用的水平和构成，包括各明细项目的本年计划数、上年同期实际数、本月实际数和本年累计实际数四个部分。其中，本年计划数根据本年财务费用计划填列；上年同期实际数根据上年同期财务费用明细表的该年累计实际数填列；本月实际数根据财务费用明细账的本月合计数汇总计算填列；本年累计实际数根据财务费用明细账的本月月末累计数汇总计算填列。

(五) 其他成本报表

1. 生产情况表（参见表 11-8）

生产情况表反映企业某车间或部门报告期内产品的生产情况，包括各成本项目的支出、完工产品和在产品的生产数量等。本表可以按照月、半月、旬、周编报，根据需要还可以按日编报，以便及时反映企业各部门的生产情况。

表 11-8　生产情况表

车间：　　　　　　　　　　×年×月　　　　　　　　　　单位：元

产品名称	直接材料	直接人工	制造费用	其他费用	合计	生产数量		
						日期	完工入库数	在产品数
合计								

2. 主要材料成本表（参见表 11-9、表 11-10 和表 11-11）

主要材料成本表可分为材料耗用量报表和材料耗用成本报表，为了分析材料的加工差异，还可编制材料价格差异分析表。材料耗用量报表可按日编报，内容包括该日、该月或该年累计的材料的实际用量、标准用量、差异及差异率等，可以由仓库保管人员编制。材料耗用成本报表由会计人员编制，分部门报告材料耗用的实际成本、标准成本、差异数和差异率。材料价格差异分析表包括报告期内材料的实际和计划的单位成本、实际和计划的总成本、实际成本与计划成本的单位成本及总成本的差异等内容。

表 11-9　材料耗用量报表

材料名称：　　　　　　　　×年×月×日　　　　　　　　计量单位：

本日数				本月数				本年累计数			
实际用量	标准用量	差异	差异率（%）	实际用量	标准用量	差异	差异率（%）	实际用量	标准用量	差异	差异率（%）

表 11-10　材料耗用成本报表

×年×月×日至×年×月×日　　　　　　　　　　　单位：元

部门	实际成本	标准成本	差异数	差异率（%）

表 11-11　材料价格差异分析表

×年×月×日至×年×月×日　　　　　　　　　　　单位：元

材料名称	计量单位	实际成本		计划成本		差异		
		单位成本	总成本	单位成本	总成本	单位成本	总成本	差异率%
合计								

3. 人工成本报表（参见表 11-12）

人工成本报表反映了企业人工费用的执行情况，可按月、半月、旬、周甚至按日编制，包括职工的工号或姓名、实际工时和定额工时、实际小时工资和定额小时工资、实际人工费用和定额人工费用及人工费用差异等栏目。该报表可以揭示人工费用节约或超支的原因，便于进一步处理。

表 11-12　人工成本报表

×年×月×日　　　　　　　　　　　　　　　　　单位：元

工号或姓名	实际人工费用			定额人工费用			差异		
	实际工时	实际小时工资	实际人工费用	定额工时	定额小时工资	定额人工费用	工时差异	工资率差异	人工费用差异

4. 期中成本预报表（参见表 11-13）

期中成本预报表是在前期成本计划完成情况分析的基础上对后期的成本水平进行预测而编制的成本报表。期中成本预报可以根据需要定期或不定期进行。一般来说，月度成本预报在该月中旬末进行，季度成本预报在第二个月的月末进行,年底预报在第三季度的季末进行。

表 11-13 第四季度全部产品生产成本预报表(按成本项目反映)

编制单位: ×年 9 月 30 日 单位:元

成本项目	1~9月计划数	1~9月实际数	11~12月计划数	11~12月预计数	1~12月计划数	1~12月预计数
生产费用: 直接材料 直接人工 制造费用						
生产费用合计 加:在产品、自制半成品期初余额 减:在产品、自制半成品期末余额						
产品成本合计						

第二节 成本分析

成本分析是根据成本报表提供的信息,结合其他相关生产资料,运用定性或定量的分析方法,对企业成本水平及其构成情况进行的分析和评价。成本分析是成本管理的重要内容,对于检查成本计划的执行情况,进行各方案的成本效益比较、评价企业管理业绩、完善成本管理责任制均起着积极的作用。此外,分析所得结论也是编制成本计划、进行新一轮成本预测、决策的重要依据。

一、成本分析的基本原理

(一)成本分析的原则

1. 资料详实的原则

进行成本分析,首先要充分获取相关资料以掌握真实情况,这是成本分析的前提。为了全面、系统地分析成本,需要深入调查研究,详尽地搜集成本报表及其相关生产技术资料,并进行必要的审核和整理。

2. 全面分析与重点分析相结合的原则

成本报表分析要着眼于整体,从全部产品生产成本和各项费用支出的水平及其构成情况的总分析开始,然后按照影响成本计划完成的主要因素分别深入具体地进行分析。

3. 定性分析与定量分析相结合的原则

成本报表分析包括对成本变动性质的分析和对成本变动数量的分析。对前者的分析主要揭示成本费用各种因素的内在特性和相互联系;而对后者的分析则可以从量上揭示成本指标变动的幅度和各因素影响的程度。

4. 纵向分析与横向分析相结合的原则

进行成本报表分析,可以从横向和纵向两个思路来进行。纵向分析是指企业结合内部自身情况的分析。企业可以将本期成本计划实际完成情况与企业的上期成本计划完成情况或历史最好或最差完成情况相比较,以发现企业成本的变化趋势,揭示企业近年来成本管理的真实效果。除了与自身比较外,企业还应该与国内外同行的成本管理水平进行横向的比较,树立学习标杆,以便企业找准在行业中的位置和赶超的目标。

(二)成本分析的程序

按照成本分析的时间进程,可以将成本分析的程序分为准备阶段、实施阶段和报告阶段三个步骤。分析流程如图11-1所示。

1. 准备阶段

在准备阶段需要做好以下几方面工作:

(1)明确分析的目标。进行成本报表分析需要事先确定目标,明确是为了评价企业成本管理的业绩还是为了制定下一步的成本计划?明确了分析的目标,才能围绕目标进一步展开工作。

(2)确立成本报表分析的标准。成本报表分析有多种标准,可分为绝对标准和相对标准;历史标准和预算标准;国家标准、行业标准、地方标准和企业标准等。确立正确的标准,才可以进行进一步的比较和分析。

(3)搜集整理相关资料。在明确目标、确立标准之后,就可以开展成本数据的搜集和整理工作。数据的搜集要真实和全面,搜集来的数据还需经过进一步的筛选之后才可得到有用的资料。

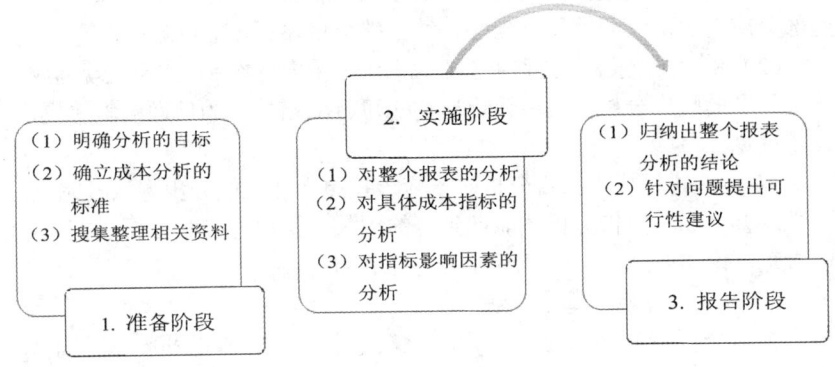

图 11-1　成本分析的流程

2. 实施阶段

在实施阶段要做好以下几方面的工作：

（1）对整个报表的分析。可以采用纵向与横向分析相结合的方法总括地对整个报表进行分析，以把握企业成本管理水平的全貌。

（2）对具体成本指标的分析。在分析了整个报表之后，还需要对具体成本指标进行分析。对于绝对指标，可采用比较分析法；对于相对指标，可采用比率分析法，以进一步考察企业各项成本管理内容的实施效果。

（3）对指标影响因素的分析。对成本报表的分析不能停留在反映现状的水平上，还应该进一步挖掘影响主要成本指标的深层次原因，找出关键影响因素，并确定各影响因素之间的关系，继而确定各因素对分析对象影响的方向和程度，为企业加强成本管理、降低成本水平提供理论依据。

3. 报告阶段

报告阶段是成本报表分析的最后步骤，也是成本报表分析成果的书面化，包括以下两方面的内容：

（1）归纳出整个报表分析的结论。在实施了成本报表分析之后，应该作一整理工作，把分散的各种分析结果有机地组合起来，按照由整体到部分或者由部分到整体的顺序归纳出整个报表分析的结论。

（2）针对问题提出可行性建议。得出分析结论之后，按照发现问题、解决问题的顺序分析人员应该提出切实可行的措施，为问题的解决提供参考意见。

企业在进行成本报告分析时，应该按照上述程序分步骤认真完成。这样，整个成本报告分析才能做到有的放矢、资料详实、分析透彻、条理清楚、论述充分、结论清晰、切实有用。

（三）成本分析的基本方法

成本分析的基本方法有三种：比较分析法、比率分析法和因素分析法，各种方法又细分为不同的小类。下面分别介绍这三种方法。

1. 比较分析法

比较分析法是对经济指标进行比较，从数量上确定差异的一种分析方法。其作用是采用比较的手段揭示存在的差异，进行业绩评价，以指出不足和未来改进的方向。根据比较时采用的标准不同，比较分析法可以分为以下几种：

（1）与计划或预算标准进行比较。计划或预算标准是企业根据自身经营条件或经营情况制定的目标。将指标的实际数值与计划或预算标准进行比较，企业可以分析成本计划或定额的完成情况，有利于进行目标管理。这种方法需要注意的问题是必须注意计划本身的质量，如果设定不合理或不切实际的目标，则失去了指导实际工作的意义。

（2）与历史标准进行比较。历史标准是企业以前年度的业绩。具体而言，可以选择企业上期、前几期的平均值或历史最好水平作为标准进行比较。历史标准具有资料真实可靠和可比性强的优点，也易于为广大职工所接受，但是也有不足之处：一是当前要求与历史要求可能有差异；二是与历史标准作比较只能说明企业自身的变化轨迹，没有涉及企业外部情况的变动。

（3）与行业标准进行比较。每个行业都有自身生产经营的特点，就成本管理而言也是各有特色。企业不但要谋求自身的发展进步，还要关注同行业企业的发展情况，否则就可能由于发展速度落后于同行业企业而被淘汰。因此，企业还需要与行业标准进行比较，以找出差距，推动企业进步，保持或提高在行业中的地位。

在比较法的实际操作中，可以同时使用上面三种方法，以相互补充。由于比较分析法只适用于同质指标的对比，因此应用此法时要注意指标的可比性，在对某一方面进行比较的时候要排除其他因素的影响。比如费用指标常常随着产量的变动而变动，那么可以先将费用指标按照产量的增幅和减幅进行调整，排除产量变动的影响因素，然后再进行比较。与以前各期资料的对比，也要考虑其客观因素是否接近。此外，技术进步也是影响指标可比性的一个因素，在旧的生产技术条件下的各项指标不能直接作为新的生产技术条件下的标准，也需要进行调整后才能进行比较。

2. 比率分析法

比率分析法是通过计算经济指标的比率确定差异的分析方法。实际工作中，常常需要把与成本相关的两个因素联系起来，计算二者的比值，然后再进行分析。由于成本报表分析的目的和角度不同，比率分析法的具体形式也分为以下几种：

（1）相关比率分析法。这种方法是把两个性质不同但又相关的成本指标进行对比，求出比率，以便从指标之间的内在联系中更深入地把握企业的生产经营情况与成本管理水平。这种方法也可以把由于企业规模不同造成的差异去除，把不可比的指标变为可比指标。例如，将产品总成本与按现行价格计算的产品总价值相对比，得到产值成本率，将产品销售成本与产品销售收入相对比，得到销售成本率，将产品销售利润与产品销售成本、费用相对比，得到成本费用利润率等等。计算和分析这些比率可以反映单位生产耗费产生的经济效益，促使企业从收入和支出两方面着手，在增加收入的同时降低生产成本，实现利润最大化。

（2）构成比率分析法。构成比率是指经济指标的各个部分占总体的比重。构成比率分析法就是通过确定某一成本指标的各个组成部分占总体的比重来观察该项指标的构成及其变化。如将原材料费用、工资及福利、制造费用等成本的构成项目与总的生产成本相比，计算比重，就可以得知总成本中各组成项目的比例大小及其变化情况，进而寻找其增减变动的原因。

（3）趋势比率分析法。趋势比率分析法亦称动态比率分析法，是将多个时期的同一或同一类指标进行对比，进行动态比较，据以分析该指标的变化速度与变化趋势。例如，把企业本季度的生产成本总值与上年同季度的生产成本总值进行比较，把本月发生的制造费用与上月发生的制造费用相对比，等等。这种方法又可分为定比分析法和环比分析法两种。定比分析法是以某个时期作为基期，其他时期的数据均与该基期的数据相比较，例如以本年1月份发生的原材料费用为基准，其余各月份发生的原材料费用均与之相对比。环比分析法是以上期作为基期，将本期数据与上期数据进行比较，例如3月份的数据与2月份相比，4月份的数据与3月份相比，依此类推。实际工作中，定比和环比两种方法可以结合运用。

3．因素分析法

因素分析法是寻求经济指标的各个影响因素，并按照一定的程序和方法确定各个因素对经济指标的影响程度的分析方法，又可进一步分为连环替代法和差额计算法两种。

（1）连环替代法。连环替代法就是找出经济指标的各个影响因素及其内在联系的公式，然后按照各个因素在公式中的排列顺序，逐次以一个因素的实际数替代其基数的分析方法，基数可以是计划数或上期实际数等。连环替代法又称为因素替换法或连锁替代法，是因素分析法的基本形式。

下面以原材料费用这一经济指标为例，来说明该方法的分析步骤：

① 确定经济指标的影响因素及其相互关系。首先找出影响经济指标的几个关键因素，然后得出经济指标与影响因素之间的关系式。例如影响原材料费用的因素通常有产品产量和单位产品原材料费用，单位产品原材料费用又可进一步分为单位产品原材料消耗量和材料单价两个因素。它们之间的关系式如下：

原材料费用=产品产量×单位产品原材料费用
=产品产量×单位产品原材料消耗量×材料单价

② 确定基期和报告期的关系式。按照计划数或上年实际数确定基期的原材料费用关系式，按照报告期数值得出报告期的原材料费用关系式，

分别如下：

$$\frac{\text{基期原材料}}{\text{费用}} = \frac{\text{基期产}}{\text{产量}} \times \frac{\text{基期单位产品}}{\text{原材料消耗量}} \times \frac{\text{基期材料}}{\text{单价}}$$

$$\frac{\text{报告期原}}{\text{材料费用}} = \frac{\text{报告期产}}{\text{品产量}} \times \frac{\text{报告期单位产品}}{\text{原材料消耗量}} \times \frac{\text{报告期材}}{\text{料单价}}$$

分析对象=报告期原材料费用-基期原材料费用

③ 连环顺序替代。按照公式中各因素的排列顺序，逐次以各个因素的实际数替换其基数；每次替换后该实际数就保留在公式中，有几个因素就替换几次，直到所有的基数都变为实际数为止。每次替换后都求出计算结果。例如，原材料费用公式的右边有三项影响因素，就按照产品产量、单位产品原材料消耗量、材料单价的顺序依次替换。

④ 将每次替换后的计算结果与替换前的上一次计算结果相比较，两者的差额就是该因素对分析对象的影响程度。

⑤ 检验分析结果。将各个因素对分析对象的影响（即替换前后计算结果的差额）相加，代数和应该与报告期原材料费用和基期原材料费用的差值相等。如果二者不相等，说明在因素替代的计算中出现了错误，应重新检查一遍计算过程。

连环替代法具有各步骤紧密相连、环环相扣的特性，在具体应用时，要注意以下几个问题：

第一，因素分解的客观性。要运用连环替代法，首先就要确定经济指标的影响因素及其相互关系，这就要求找到影响经济指标的关键因素并明确这些因素之间的真正关系。如果没有找到关键的影响因素或者这些因素只是次要的影响因素，或者没有发现关键因素之间的真正关系，则虽然列出了数学关系式，但该关系式不具有实际经济意义。

第二，分析前提的假定性。运用连环替代法，在分析某一因素对经济指标差异的影响时，需要假定其他因素不随该因素的变动而变动，否则就不能直接替代了，而要考虑因素之间的多重共线性问题。实际上，事物之间都不可能是绝对无关的，只是相关性有强有弱而已。如果因素之间的相关性过高，则前提假定不能成立，不能使用这种方法。由于指标分解得越细就越可能出现高度相关的情况，因此因素分解应当适度，不是越细越好。

第三，因素替代的顺序性。运用连环替代法，在计算分析时，一定要按照同一替换顺序进行，这样计算的结果才具有可比性。如果计算时按照不同的排列顺序进行，则会得出不可比的结果，各因素对分析对象影响的代数和也不会与报告期与基期的差值相等。通常，各因素的替代顺序是按照数量指标在前、价值量指标在后的原则进行排列。如果有多个数量指标或价值量指标，则应按照先基本因素，后次要因素的顺序排列。在实际运用中，需要具体问题具体分析。

第四，计算程序的连环性。连环性是指在确定某因素变动对分析对象的影响时，应该将该因素替代后的结果与该因素替代前的结果（亦即前一因素替代后的结果）相对比；而确定该因素后一因素变动对分析对象的影响时，应该依此类推，环环相套，这样才能保证各因素对分析对象影响结果的可分性，保证各因素对分析对象影响的代数和与报告期与基期的差值相等。

（2）差额计算法。差额计算法实质上是连环替代法的一种简化形式，运用原理与连环替代法是相同的。这种方法也需要实施连环替代法的前两个步骤，区别是第三步将连环替代法的第三步和第四步合并在一起进行了。运用这一方法时，先确定各因素的实际数与计划数之间的差异，然后按照各因素的排列顺序，依次计算出各因素变动对分析对象的影响程度，将计算出的各因素实际数与计划数之间的差异值与排列在该因素前面各因素的实际数和排列在该因素后面各因素的基期数相乘，得出的结果就是该因素变动对分析对象的影响程度。连环替代法需要注意的问题差额计算法同样要注意。此外，倘若各影响因素之间不是连乘的关系，则不能使用这样的计算步骤，而要采取其他的方法来计算。

二、成本分析的主要内容

（一）全部产品生产成本表分析

1. 对按照产品种类编制的报表的分析

对按照产品种类编制的报表的分析，就是将各个产品以及全部产品的本期实际总成本与按照实际产量计算的计划总成本进行比较，确定升降额和升降率，以及这些差异对全部产品总成本的影响程度。

【例 11-1】某企业 2014 年按照产品种类编制的全部产品生产成本表，如表 11-14 所示。

表 11-14　全部产品生产成本表（按产品种类反映）

编制单位：　　　　　　　　　　　2014 年度　　　　　　　　　　　单位：元

产品名称	计量单位	本年实际产量	单位成本			总成本		
			上年实际平均	本年计划	本年实际	按上年实际平均单位成本计算	按本年计划单位成本计算	本年实际
可比产品								
甲	件	80	500	450	480	40 000	36 000	38 400
乙	件	100	800	720	700	80 000	72 000	70 000
可比产品合计						120 000	108 000	108 400
不可比产品								
丙	件	10		200	190		2 000	1 900
丁	件	20		300	320		6 000	6 400
不可比产品合计							8 000	8 300
全部产品成本							116 000	116 700

根据表 11-14，编制全部产品成本计划完成情况分析表，如表 11-5 所示。

表 11-15　全部产品成本分析表（按产品种类反映）

编制单位：　　　　　　　　　　　2014 年度　　　　　　　　　　　单位：元

产品名称	本年实际产量的总成本		实际与计划相比	
	计划总成本	实际总成本	升降额	升降率（%）
可比产品				
甲	36 000	38 400	2 400	6.67
乙	72 000	70 000	−2 000	−2.78
可比产品合计	108 000	108 400	400	0.37
不可比产品				
丙	2 000	1 900	−100	−5
丁	6 000	6 400	400	6.67
不可比产品合计	8 000	8 300	300	3.75
全部产品成本	116 000	116 700	700	0.60

从表 11-15 可以看出，无论从可比产品、不可比产品还是全部产品的角度看，该厂均没有完成该年的成本计划。但是从可比产品和不可比产品的明细来看，都各有超支和节约的产品。因此可以进一步分析甲产品和丁产品超支的原因。

2. 对按照产品成本项目编制的报表的分析

按照成本项目对全部产品成本计划完成情况进行分析，就是按成本项目将本期实际总成本与按照实际产量计算的计划总成本进行比较，确定差异额和差异率，以及这些差异对全部产品总成本的影响程度。

【例 11-2】某企业 2014 年按照成本项目编制的全部产品生产成本如表 11-16 所示。

表 11-16　全部产品成本分析表（按成本项目反映）

编制单位：　　　　　　　　　2014 年度　　　　　　　　　单位：元

成本项目	本年实际产量的总成本		实际与计划相比		各成本项目差异对总成本的影响程度（%）
	计划总成本	实际总成本	升降额	升降率（%）	
直接材料	85 000	83 000	−2000	−2.35	−1.6%
直接人工	22 000	20 000	−2000	−9.09	−1.6%
制造费用	18 000	21 000	3000	16.67	2.4%
全部产品成本	125 000	124 000	−1000	−0.8	−0.8%

从表 11-16 可以看出，本年全部产品实际总成本比计划降低了 1000 元，完成了计划。但是从各个成本项目来看，则制造费用项目出现了超支，因此成本管理的重点应放在对制造费用的控制上。如果企业生产的产品全部是可比产品，则按照成本项目对全部产品成本进行分析时，还可以将本年实际总成本与上年实际总成本进行比较，获取更多有用的信息。

（二）可比产品成本降低情况的分析

企业对可比产品不仅规定了计划成本指标，而且规定了成本降低指标，即本年度可比产品计划成本与上一年度或以前年度实际成本相比的降低额和降低率。因此，有必要对可比产品成本降低情况进行分析。

1. 可比产品成本分析的步骤

可比产品成本降低情况计算的步骤如下：

（1）将本年可比产品的实际成本、计划成本分别与上年的实际成本相对比，计算可比产品成本降低额。计算公式如下：

$$\begin{matrix}\text{可比产品成本}\\\text{实际降低额}\end{matrix} = \sum \begin{matrix}\text{各产品本年}\\\text{实际产量}\end{matrix} \times \left(\begin{matrix}\text{上年实际平}\\\text{均单位成本}\end{matrix} - \begin{matrix}\text{本年实际}\\\text{单位成本}\end{matrix}\right)$$

或

$$\begin{matrix}\text{可比产品成本}\\\text{实际降低额}\end{matrix} = \sum \begin{matrix}\text{各产品本年}\\\text{实际产量}\end{matrix} \times \begin{matrix}\text{上年实际平}\\\text{均单位成本}\end{matrix} \times \begin{matrix}\text{该产品成本}\\\text{实际降低率}\end{matrix}$$

其中：

$$\text{个别产品成本实际降低率} = \frac{\text{上年实际单位成本} - \text{本年实际单位成本}}{\text{上年实际单位成本}}$$

$$\begin{matrix}\text{可比产品成本}\\\text{计划降低额}\end{matrix} = \sum \begin{matrix}\text{各产品本年}\\\text{计划产量}\end{matrix} \times \left(\begin{matrix}\text{上年实际平}\\\text{均单位成本}\end{matrix} - \begin{matrix}\text{本年计划}\\\text{单位成本}\end{matrix}\right)$$

或

$$\begin{matrix}\text{可比产品成本}\\\text{计划降低额}\end{matrix} = \sum \begin{matrix}\text{各产品本年}\\\text{计划产量}\end{matrix} \times \begin{matrix}\text{上年实际平}\\\text{均单位成本}\end{matrix} \times \begin{matrix}\text{该产品成本}\\\text{计划降低率}\end{matrix}$$

其中：

$$\text{个别产品成本计划降低率} = \frac{\text{上年实际单位成本} - \text{本年计划单位成本}}{\text{上年实际单位成本}}$$

（2）继续计算可比产品成本降低率。计算公式如下：

$$\begin{matrix}\text{可比产品成本}\\\text{实际降低率}\end{matrix} = \frac{\text{可比产品成本实际降低额}}{\sum\left(\text{本年实际产量} \times \begin{matrix}\text{上年实际平}\\\text{均单位成本}\end{matrix}\right)} \times 100\%$$

或

$$\begin{matrix}\text{可比产品成本}\\\text{实际降低率}\end{matrix} = \frac{\sum \begin{matrix}\text{按上年实际单位}\\\text{成本计算的总成本}\end{matrix} \times \begin{matrix}\text{该产品成本}\\\text{实际降低率}\end{matrix}}{\begin{matrix}\text{可比产品按上年实际单位}\\\text{成本计算的总成本}\end{matrix}} \times 100\%$$

$$\text{可比产品成本计划降低率} = \frac{\text{可比产品成本计划降低额}}{\sum\left(\text{本年计划产量} \times \text{上年实际平均单位成本}\right)} \times 100\%$$

或

$$\text{可比产品成本计划降低率} = \frac{\sum\left(\text{按上年实际单位成本计算的总成本} \times \text{该产品成本计划降低率}\right)}{\text{可比产品按上年实际单位成本计算的总成本}} \times 100\%$$

(3) 计算实际脱离计划的差异:

$$\text{可比产品成本降低额的变动} = \text{可比产品成本实际降低额} - \text{可比产品成本计划降低额}$$

$$\text{可比产品成本降低率的变动} = \text{可比产品成本实际降低率} - \text{可比产品成本计划降低率}$$

下面举例说明如何对可比产品成本降低情况进行分析。

【例 11-3】某企业 2014 年度可比产品成本降低计划和实际完成情况的有关资料如表 11-17 和表 11-18 所示。

表 11-17 可比产品成本降低计划表

编制单位: 　　　　　　　　　　2014 年度　　　　　　　　　单位: 元

可比产品名称	计划产量	单位成本		总成本 (按计划产量计算)		计划降低指标	
		上年实际	计划	上年实际	计划	降低额	降低率 (%)
甲	100	500	450	50 000	45 000	5 000	10
乙	90	800	750	72 000	67 500	4 500	6.25
合计				122 000	112 500	9 500	7.79

表 11-18 可比产品成本实际降低情况表

编制单位: 　　　　　　　　　　2014 年度　　　　　　　　　单位: 元

可比产品名称	实际产量	本年实际单位成本	总成本 (按实际产量计算)			实际降低情况	
			上年实际	计划	本年实际	降低额	降低率 (%)
甲	80	480	40 000	36 000	38 400	1 600	4
乙	100	700	80 000	75 000	70 000	10 000	12.5
合计			120 000	111 000	108 400	11 600	9.67

① 计算可比产品成本的实际降低额和计划降低额：

$$\begin{aligned}\text{可比产品成本}\\\text{实际降低额}\end{aligned} = \sum \text{各产品本年} \atop \text{实际产量} \times \left(\begin{aligned}\text{上年实际平}\\\text{均单位成本}\end{aligned} - \begin{aligned}\text{本年实际}\\\text{单位成本}\end{aligned}\right)$$

$=80\times(500-480)+100\times(800-700)$
$=1\,600+10\,000=11\,600$（元）

或

$$\begin{aligned}\text{可比产品成本}\\\text{实际降低额}\end{aligned} = \sum \text{各产品本年} \atop \text{实际产量} \times \text{上年实际平} \atop \text{均单位成本} \times \text{该产品成本} \atop \text{实际降低率}$$

$=80\times 500\times\dfrac{500-480}{500}+100\times 800\times\dfrac{800-700}{800}$
$=40\,000\times 4\%+80\,000\times 12.5\%$
$=11\,600$（元）

$$\begin{aligned}\text{可比产品成本}\\\text{计划降低额}\end{aligned} = \sum \text{各产品本年} \atop \text{计划产量} \times \left(\begin{aligned}\text{上年实际平}\\\text{均单位成本}\end{aligned} - \begin{aligned}\text{本年计划}\\\text{单位成本}\end{aligned}\right)$$

$=100\times(500-450)+90\times(800-750)$
$=9\,500$（元）

或

$$\begin{aligned}\text{可比产品成本}\\\text{计划降低额}\end{aligned} = \sum \text{各产品本年} \atop \text{计划产量} \times \text{上年实际平} \atop \text{均单位成本} \times \text{该产品成本} \atop \text{计划降低率}$$

$=100\times 500\times\dfrac{500-450}{500}+90\times 800\times\dfrac{800-750}{800}$
$=50\,000\times 10\%+72\,000\times 6.25\%$
$=9\,500$（元）

② 计算可比产品成本的实际降低率和计划降低率：

$$\begin{aligned}\text{可比产品成本}\\\text{实际降低率}\end{aligned} = \dfrac{\text{可比产品成本实际降低额}}{\sum\left(\text{本年实际产量}\times \begin{aligned}\text{上年实际平}\\\text{均单位成本}\end{aligned}\right)}\times 100\%$$

$=\dfrac{11\,600}{80\times 500+100\times 800}\times 100\%$
$=9.67\%$

或

$$可比产品成本实际降低率 = \frac{\sum 按上年实际单位成本计算的总成本 \times 该产品成本实际降低率}{可比产品按上年实际单位成本计算的总成本} \times 100\%$$

$$= \frac{40\,000 \times 4\% + 80\,000 \times 12.5\%}{120\,000} \times 100\%$$

$$= 9.67\%$$

$$可比产品成本计划降低率 = \frac{可比产品成本计划降低额}{\sum \left(本年计划产量 \times 上年实际平均单位成本\right)} \times 100\%$$

$$= \frac{9500}{100 \times 500 + 90 \times 800} \times 100\%$$

$$= 7.79\%$$

或

$$可比产品成本计划降低率 = \frac{\sum 按上年实际单位成本计算的总成本 \times 该产品成本计划降低率}{可比产品按上年实际单位成本计算的总成本} \times 100\%$$

$$= \frac{50\,000 \times 10\% + 72\,000 \times 6.25\%}{122\,000} \times 100\%$$

$$= 7.79\%$$

③ 计算实际脱离计划的差异:

可比产品成本降低额的变动 = 可比产品成本实际降低额 − 可比产品成本计划降低额
= 11 600 − 9 500 = 2 100(元)

可比产品成本降低率的变动 = 可比产品成本实际降低率 − 可比产品成本计划降低率
= 9.67% − 7.79% = 1.88%

由此可以看出,该企业超额完成了 2014 年的可比产品成本降低计划,实际降低额比计划降低额多 2 100 元,实际降低率比计划降低率多 1.88%。

2．影响可比产品成本降低计划完成情况的因素

总括来看，影响可比产品成本降低计划完成情况的因素有三个：产品产量、产品的品种构成和产品的单位成本。下面分别分析这三个因素的影响：

（1）产品产量

产品的实际产量和计划产量往往不一样。成本降低计划是根据计划产量制定的，而实际成本降低额是根据实际产量计算的，因此当产品的品种构成和单位成本一定时，产品的产量增加，实际成本降低额也会增加；反之，产量减少，实际成本降低额也会减少，呈同比例的增减。但是，在其他因素不变的情况下，产品产量的变动对产品成本降低率没有影响。

（2）产品品种构成

产品品种构成是指各种产品在全部产品总成本中的比重。产品品种构成的变动肯定会影响总的产品降低额和降低率，这是因为各种可比产品的成本降低率不同，如果成本降低率低的产品在全部可比产品成本中所占的比重提高，则全部可比产品成本降低率就会被下降，反之则会上升。

（3）产品单位成本

产品的单位成本如果加大，则在产量和品种构成不变的情况下，可比产品的成本会增加；反之，产品的单位成本如果下降，则在产量和品种构成不变的情况下，可比产品的成本会下降。

综上所述，影响可比产品成本降低额的因素有三个：产品产量、产品品种构成和产品单位成本。影响可比产品成本降低率的因素有两个：产品品种构成和产品单位成本。由于影响因素不完全相同，当产品产量变动时，成本降低额和成本降低率的变动可能发生相背离的情况，可能出现成本降低额增加，但成本降低率却没有提高；或者成本降低额减少，但成本降低率却上升的现象。因此，同时分析这两个指标，有利于促进企业既考虑绝对指标，又考虑相对指标，全面完成生产成本计划，从增产和节支两方面努力。下面，对三个影响因素分别举例予以说明。

计算产品产量变动的影响，就是要在产品的品种构成和单位成本不变的情况下，考察计划产量下可比产品的成本降低额和成本降低率与实际产量下可比产品的成本降低额与成本降低率的不同之处。假定该企业

本期各种产品的产量都比计划增长了 10%（为了保证产品的品种构成不变，必须假定各种产品的变动率一样），则产量变动对可比产品成本降低影响的分析表如表 11-19 所示。

表 11-19　产品产量变动影响分析表

编制单位：　　　　　　　　　　2014 年度　　　　　　　　　　单位：元

可比产品名称	实际产量	单位成本		总成本（按实际产量计算）		降低任务完成情况	
		上年实际	计划	上年实际	计划	降低额	降低率%
甲	110	500	450	55 000	49 500	5 500	10%
乙	99	800	750	79 200	74 250	4 950	6.25%
合计				134 200	123 750	10 450	7.79%

甲、乙产品的计划产品构成 = $\dfrac{100}{90}$ = 10:9

甲、乙产品的产量同比增长 10% 后，实际产品构成 = $\dfrac{110}{99}$ = 10:9，亦即虽然实际产量比计划增长了 10%，但产品构成未变。成本降低额从计划的 9 500 元增加到了 10 450 元，但成本降低率仍然是 7.79%，甚至各个产品单独的成本降低率也未变。由此可见，在产品的品种构成和单位成本不变的情况下，产品产量的变动只影响成本降低额，不影响成本降低率。

实际中，产品品种构成变动有两种情况，一种是由于产品品种生产计划引起的；另一种是各种产品都完成了计划，但根据市场需要对某些比较受欢迎的产品增加了产量引起的。在分析时，需要先分析各种产品生产计划是否已经完成，如果没有完成计划，要进一步查明原因。根据表 11-17 的可比产品成本降低计划表，算出甲、乙产品按照上年实际单位成本计算的品种构成分别为：

甲产品成本占总成本比重 = $\dfrac{50\,000}{122\,000}$ = 40.98%，计划成本降低率为 10%；

乙产品成本占总成本比重 = $\dfrac{72\,000}{122\,000}$ = 59.02%，计划成本降低率为 6.25%；

全部产品成本计划降低率＝40.98%×10%＋59.02%×6.25%＝7.79%。

① 当甲乙两种产品成本降低率均完成了计划，但由于成本降低率较低的乙产品的比重由 59.02%上升到 70%，成本降低率较高的甲产品的比重由 40.98%下降到 30%，最后的全部产品成本降低率没有完成计划。结果计算如下：

全部产品成本降低率＝30%×10%+70%×6.25%＝7.375%<7.79%

② 当甲乙两种产品成本降低率均没有完成计划，甲产品成本降低率为 9.5%，乙产品成本降低率为 6%，均低于计划成本降低率，但由于成本降低率较低的乙产品的比重由 59.02%下降到 40%，成本降低率较高的甲产品的比重由 40.98%上升到 60%，最后的全部产品成本降低率超额完成计划。结果计算如下：

全部产品成本降低率＝60%×9.5%+40%×6%＝8.1%>7.79%

产品单位成本的变动也会对可比产品成本降低额造成影响。计算产品成本降低额，要涉及上年实际平均单位成本、本年计划单位成本和本年实际单位成本三个指标，在产品上年实际单位成本不变的情况下，本年的计划单位成本越高、实际单位成本越低，则成本计划降低额和降低率越低、成本实际降低额和降低率越高，成本计划完成得越好。

表 11-20 列出了某企业甲产品成本降低计划和实际的四种情况，其中计划产量、本年实际产量和上年实际单位成本都一样，计划单位成本和实际单位单位成本有所变动。在第一种情况下，与计划相比，可比产品成本的实际降低额增加了 140 元，实际降低率提高了 5%；在第二种情况下，与第一种情况相比，计划单位成本由 18 元升高到 18.5 元，成本降低额的实际与计划差异增加到 180 元，成本降低率的实际与计划差异提高到 7.5%；在第三种情况下，与第一种情况相比，本年实际单位成本由 17 元下降至 16 元，成本降低额的实际与计划差异增加到 240 元，成本降低率的实际与计划差异提高到 10%；在第四种情况下，与第一种情况相比，同时升高了计划单位成本（由 18 元升高到 18.5 元），降低了实际单位成本（由 17 元下降为 16 元），成本降低额的实际与计划差异增加到 280 元，成本降低率的实际与计划差异提高到 12.5%，变动最大。

表 11-20 ×企业可比产品成本实际降低情况表

编制单位：　　　　　　　　　　2014 年度　　　　　　　　　　单位：元

产品名称	产量		总成本（按计划产量计算）				计划降低情况		总成本（按实际产量计算）				实际降低情况		变动	
	计划数	本年实际	上年实际		本年计划		降低额	降低率	上年实际		本年实际		降低额	降低率	降低额	降低率
			单位成本	总数	单位成本	总数			单位成本	总数	单位成本	总数				
甲	80	100	20	1 600	18	1 440	160	10%	20	2 000	17	1 700	300	15%	140	5%
甲	80	100	20	1 600	18.5	1 480	120	7.5%	20	2 000	17	1 700	300	15%	180	7.5%
甲	80	100	20	1 600	18	1 440	160	10%	20	2 000	16	1 600	400	20%	240	10%
甲	80	100	20	1 600	18.5	1 480	120	7.5%	20	2 000	16	1 600	400	20%	280	12.5%

3. 可比产品成本降低计划完成情况的因素分析

结合例 11-3 的数据，下面采用连环替代法，分析各因素变动对可比产品成本降低计划完成情况的影响。有关数据参见表 11-17 和表 11-18。

连环替代法中的前两个步骤（确定经济指标的影响因素及其相互关系、确定基期和报告期的关系式）前面已有分析，此处只列出后三个步骤——连环顺序替代、将每次替换后的计算结果与替换前的上一次计算结果相比较、检验分析结果。

（1）连环顺序替代

① 按照计划产量、计划品种结构和计划单位成本计算可比产品成本的降低额和降低率：

$$成本降低额 = \sum 计划产量 \times \left(\frac{上年实际平}{均单位成本} - \frac{本年计划}{单位成本} \right)$$

$$=100 \times (500-450) + 90 \times (800-750)$$
$$=5\ 000 + 4\ 500 = 9\ 500（元）$$

$$\text{成本降低率} = \frac{\text{成本降低额}}{\sum \text{计划产量} \times \text{上年实际单位成本}} \times 100\%$$

$$= \frac{9500}{100 \times 500 + 90 \times 800} \times 100\%$$

$$= 7.79\%$$

② 按照实际产量、计划品种结构和计划单位成本计算可比产品成本的降低额和降低率：

这一步与上一步的区别仅仅是产量不同，由计划产量变为了实际产量。前面已经知道，在其他因素不变的情况下，产品产量的变动对产品成本降低率没有影响。因此，本步的成本降低率与上一步相同，仍为7.79%。成本降低额的计算公式如下：

$$\text{成本降低额} = \left(\sum \text{实际产量} \times \text{上年实际平均单位成本} \right) \times \text{成本计划降低率}$$

$$= 120\,000 \times 7.79\%$$

$$= 9\,344.26 \text{（元）}$$

成本降低率=7.79%

③ 按照实际产量、实际品种结构和计划单位成本计算可比产品成本的降低额和降低率：

$$\text{成本降低额} = \sum \text{实际产量} \times \left(\text{上年实际平均单位成本} - \text{本年计划单位成本} \right)$$

$$= 80 \times (500-450) + 100 \times (800-750)$$

$$= 4\,000 + 5\,000 = 9\,000 \text{（元）}$$

$$\text{成本降低率} = \frac{\text{成本降低额}}{\sum \text{实际产量} \times \text{上年实际单位成本}} \times 100\%$$

$$= \frac{9\,000}{80 \times 500 + 100 \times 800} \times 100\%$$

$$= 7.5\%$$

④ 按照实际产量、实际品种结构和实际单位成本计算可比产品成本

的降低额和降低率：

$$成本降低额 = \sum 实际产量 \times \left(\begin{array}{c} 上年实际平 \\ 均单位成本 \end{array} - \begin{array}{c} 本年实际 \\ 单位成本 \end{array} \right)$$

$$=80 \times (500-480)+100 \times (800-700)$$
$$=1\,600+10\,000=11\,600（元）$$

$$成本降低率 = \frac{成本降低额}{\sum 实际产量 \times 上年实际单位成本} \times 100\%$$

$$= \frac{11\,600}{80 \times 500 + 100 \times 800} \times 100\%$$

$$=9.67\%$$

（2）将每次替换后的计算结果与替换前的上一次计算结果相比较各因素对可比产品成本降低额的影响：

产品产量变动的影响：9 344.26-9 500=-155.74（元）

产品品种结构变动的影响：9 000-9 344.26=-344.26（元）

产品单位成本变动的影响：11 600-9 000=2 600（元）

三个因素的合计影响：11 600-9 500=2 100（元）

各因素对可比产品成本降低率的影响：

产品产量变动的影响：7.79%-7.79% =0

产品品种结构变动的影响：7.5%-7.79% =-0.29%

产品单位成本变动的影响：9.67%-7.5%=2.17%

三个因素的合计影响：9.67%-7.79%=1.88%

（3）检验分析结果

显然，无论成本降低额还是成本降低率，三个影响因素的代数和都与分析对象相等，说明分析结果是正确的。

（三）产值成本率的分析

产值成本率是指企业一定时期生产一定数量产品的生产成本与产品总产值的比率，表示每百元产值所需耗费的生产成本。该指标的数值越小，说明成本效益越大，反之则说明成本效益越小。企业可以对产值成本率的本年实际数与上年实际数和本年计划数相比较，确定变动趋势和计划完成情况。

【例 11-4】某企业 2014 年产品产值和成本的有关资料如表 11-21 和表 11-22 所示。

表 11-21 产品产值、成本计算表

2014 年   单位：元

产品	产量（件）		单价		单位成本		产值		成本	
	计划	实际	计划	实际	计划	实际	计划	实际	计划	实际
甲	50	60	8	8.5	5	6	400	510	250	360
乙	40	45	6	7	3	4	240	315	120	180
合计	—	—	—	—	—	—	640	825	370	540

表 11-22 每百元产值成本计算表

2014 年   单位：元

产品	计划	实际	比较
甲	62.5	70.59	+8.09
乙	50	57.14	+7.14
合计	57.81	65.45	+7.64

可以看出，该企业百元产值的实际成本比计划成本增加了 7.64 元，每种产品的实际成本都超标了。仔细分析可以看出，超标的主要原因是各产品的实际单位成本比计划单位成本的增幅都大于实际单位价格比计划单位价格的增幅。因此，关键问题是要控制成本的增长，使之下降到合理范围内，同时适当提高售价。

（四）主要产品单位成本表的分析

对全部产品生产成本表和可比产品成本降低计划完成情况的分析可以从总体上了解企业全部成本计划的完成情况。但是，在产量一定的情况下，成本总额取决于产品单位成本的大小。因此，还必须对主要产品的单位成本进行具体分析。通过对主要产品单位成本的分析，可以揭示各成本项目对主要产品单位成本的影响，发现各项消耗定额超支和节约的情况，找出各种产品成本升降的具体原因，进而根据各种具体原因，制定加强成本管理的具体措施，以有效地降低产品成本。对主要产品单位成本的分析，一般是先考察单位成本及其各成本项目的实际数与上期数、计划数、历史最好水平相比的升降情况，然后再对各成本项目进行个别分析，查明造成成本升降的具体原因。

1. 主要产品单位成本计划完成情况的分析

【例 11-5】某企业 2014 年甲产品单位成本的有关资料如表 11-23 所示。

表 11-23　甲产品单位成本表

2014 年

产品名称：甲　　本年计划产量：40
计量单位：件　　本年实际产量：50

成本项目	上年实际平均单位成本			本年计划单位成本			本年实际平均单位成本		
直接材料	128			98			84		
直接人工	200			162			152		
制造费用	160			135			128		
合计	488			395			364		
主要经济技术指标	上年数			计划数			实际数		
	单位用量	单价	金额	单位用量	单价	金额	单位用量	单价	金额
A 材料（千克）	10	8	80	9	7	63	9.5	6	57
B 材料（千克）	8	6	48	7	5	35	6	4.5	27
生产工时（小时）	20			18			16		

根据表 11-23 提供的资料编制甲产品单位成本分析表，如表 11-24 所示。

表 11-24　甲产品单位成本分析表

2014 年　　　　　　　　　　　　　　　　单位：元

成本项目	计划成本	实际成本	节约（—）或超支（+）		各项目变动对单位成本的影响（%）
			金额	%	
直接材料	98	84	-14	-14.29	-3.54
直接人工	162	152	-10	-6.17	-2.53
制造费用	135	128	-7	-5.19	-1.77
合计	395	364	-31	-7.85	-7.85

注：（-3.54）+（-2.53）+（-1.77）=-7.84，实际这三项相加应为-7.85，二者的差异主要是由于四舍五入引起的。

从表 11-24 可知，甲产品的实际单位成本比计划单位成本节约了 31 元，节约率为-7.85%。还可以看出，各成本项目都不同程度地有所节约，可以进一步分析各成本项目节约的具体原因。

2．主要产品单位成本表各项目的分析

（1）直接材料项目的分析

由于直接材料项目占单位成本的比重通常较大，所以对直接材料项目的分析是产品单位成本分析的重点。在分析材料项目变动时，首先分析哪些材料的实际成本与计划成本的差异较大；其次分析材料费用变动的原因。由于原材料费用主要由消耗数量和材料的价格构成，因此原材料费用的变动也主要受这两个因素的影响。其变动影响可由差额计算法计算如下：

$$\text{材料耗用量差异的影响} = \left(\text{实际单位耗用量} - \text{计划单位耗用量} \right) \times \text{材料计划单价}$$

$$\text{材料价格差异的影响} = \left(\text{材料实际单价} - \text{材料计划单价} \right) \times \text{实际单位耗用量}$$

根据例 11-5 的数据，计算如下：

A 材料耗用量差异的影响=（9.5-9）×7=3.5（元）

B 材料耗用量差异的影响=（6-7）×5=-5（元）

材料耗用量差异的影响合计=3.5+（-5）=-1.5（元）

A 材料价格差异的影响=（6-7）×9.5=-9.5（元）

B 材料价格差异的影响=（4.5-5）×6=-3（元）

材料价格差异的影响合计=（-9.5）+（-3）=-12.5（元）

材料差异的影响合计=（-1.5）+（-12.5）=-14（元）

可见，甲产品直接材料成本的节约是节省了材料耗用量和降低了材料价格所致。但是具体到单项材料，又可发现 A 材料的实际耗用量超标了，材料耗用量的减少主要是 B 材料的节约所至。因此，还需要进一步找到 A 材料耗用量超标的原因。

（2）直接人工项目的分析

企业的直接人工成本包括工资、奖金、津贴和补贴、福利费、社会保险、住房公积金、非货币性福利等。如果企业生产多种产品,直接人工成本一般按照产品所耗用的生产工时分配计入各种产品的成本。所以直接人工成本取决于单位产品的生产工时和小时工资率这两个因素。其中小时工资率的计算公式如下:

$$小时工资率 = \frac{直接人工成本总额}{生产工时消耗总额}$$

采用因素分析法,单位产品的生产工时和小时工资率这两个因素变动对直接人工成本的影响如下:

$$生产工时差异的影响 = (实际单位产品生产工时 - 计划单位产品生产工时) \times 计划小时工资率$$

$$工资分配率差异的影响 = (实际小时工资率 - 计划小时工资率) \times 实际单位产品生产工时$$

根据例 11-5 的数据,计算如下:

$$计划小时工资率 = \frac{单位产品直接人工计划成本}{单位产品计划工时} = \frac{162}{18} = 9(元/小时)$$

$$实际小时工资率 = \frac{单位产品直接人工实际成本}{单位产品实际工时} = \frac{152}{16} = 9.5(元/小时)$$

生产工时差异的影响=(16-18)×9=-18(元)
工资分配率差异的影响=(9.5-9)×16=8(元)
直接人工项目差异的影响合计=-18+8=-10(元)

从计算结果可知,直接人工项目差异总的影响是节约,但是具体到各个因素则不一样:由于生产工时的节约降低了 18 元,由于小时工资率的上升增加了 8 元。因此,需要进一步分析小时工资率上升的原因,寻求相应的对策。

(3)制造费用项目的分析

制造费用是企业为生产产品和提供劳务而发生的各项间接费用。制造费用是一种间接生产成本,包括企业生产部门管理人员的职工薪酬、折旧费、办公费、水电费、机物料消耗、劳动保护费、季节性和修理期间的停工损失等。制造费用的分析类似于直接人工费用的分析,包括单位产品的生产工时和小时费用率这两个因素。其中小时费用率的计算公式如下：

$$小时费用率 = \frac{制造费用总额}{生产工时消耗总额}$$

采用因素分析法，单位产品的生产工时和小时费用率这两个因素变动对直接人工成本的影响如下：

$$\begin{matrix}生产工时\\差异的影响\end{matrix} = \left(\begin{matrix}实际单位产\\品生产工时\end{matrix} - \begin{matrix}计划单位产\\品生产工时\end{matrix}\right) \times 计划小时费用率$$

$$\begin{matrix}费用分配率\\差异的影响\end{matrix} = \left(\begin{matrix}实际小时\\费用率\end{matrix} - \begin{matrix}计划小时\\费用率\end{matrix}\right) \times 实际单位产品生产工时$$

根据例 11-5 的数据，计算如下：

$$计划小时费用率 = \frac{单位产品制造费用计划成本}{单位产品计划工时} = \frac{135}{18} = 7.5(元/小时)$$

$$实际小时费用率 = \frac{单位产品制造费用实际成本}{单位产品实际工时} = \frac{128}{16} = 8(元/小时)$$

生产工时差异的影响=（16-18）×7.5=-15（元）

费用分配率差异的影响=（8-7.5）×16=8（元）

制造费用项目差异的影响合计=-15+8=-7（元）

从计算结果可知，制造费用项目差异总的影响是节约，但是具体到各个因素也不一样：由于生产工时的节约降低了15元，由于小时费用率的上升增加了8元。需要进一步分析小时费用率上升的原因，查明是职工薪酬、折旧费、办公费、水电费、机物料消耗等哪一个明细项目超支导致的，这就需要编制和分析制造费用明细表。

（五）各种费用明细表的分析

企业的生产经营活动会产生各种费用。制造费用作为生产费用计入产品成本，管理费用、销售费用和财务费用作为期间费用直接计入当期的损益。虽然它们的账务处理不一致，但都是由不同经济性质和经济用途的多种明细费用组成的，在分析考察时具有一定的共性。对这些费用的分析，应将各种费用的本年实际数与上年同期实际数和本年计划数进行比较，确定差异，然后分析差异的原因。与上年同期实际数相比较，可以了解企业成本管理工作的改进情况；与本年计划数相比较，可以考察企业成本计划的完成情况。由于各种费用所包括的费用项目具有不同的经济性质和用途，影响因素也不相同，因此在确定费用实际支出脱离计划差异时，不能只检查各种费用总额的完成情况，应按各种费用组成项目分别进行。此外，还要注意不同费用项目支出的特点，不能笼统地认为超支必然不好，节约必然合理。一些必要的费用支出如果过于节约，可能造成劳动生产率和产品质量的下降，降低企业的获利能力和可持续发展能力。由于费用项目众多，因此在分析时需要进行适当的归纳，抓住重点，详细考察其中占比重比较大的、或与计划相比发生较大偏差的项目。总括来看，各种费用项目可分为以下五类：

1. 生产性费用

生产性费用包括制造费用中的修理费、折旧费、机物料消耗等，这些费用的特点是属于半变动费用，即在一定的业务量范围内相对固定，超过这个范围就随着业务量的增加而上升。分析时可以将这些费用分为固定费用和变动费用两部分，建立数量模型，联系业务量的变动评价其变动的合理性。

2. 管理性费用

这类费用包括行政管理部门的职工薪酬、办公费、业务招待费等。分析时，应从提高使用效率、节约开支的角度出发，在保障合理支出的同时防止铺张浪费。

3. 发展性费用

如职工教育经费、研究开发费、设计制图费、试验检验费等。为了更好的发展，企业必须开展前沿性研究并为此支出一定的费用。但是这些费用应该建立在合理规划、经济可行的基础上，总量应该适度，在企业能够承受的范围内。

4. 防护性费用

如劳动保护费等。这些费用的支出需要根据安全生产的需要而制定，给一线的生产工人创造更好更安全的生产条件。但是，在具体开支时也要避免铺张浪费，做到有的放矢，好钢用在刀刃上。

5. 非生产性费用

这些费用包括材料、在产品、产成品的盘亏和毁损、因过失引起的停工损失等。这类费用应查明相关负责人的责任,加强物资保管,健全规章制度,杜绝类似事件再次发生。

(六)销售成本率和成本费用利润率的分析

销售成本率是指企业一定时期内产品销售成本与销售收入的比率。计算公式如下:

$$销售成本率 = \frac{产品销售成本}{产品销售收入} \times 100\%$$

这一指标反映了每取得百元销售收入所需要的销售成本。通常,产品销售成本和产品销售收入指的是主营业务成本和主营业务收入。其影响因素主要有三个方面:

1. 销售价格水平的变动。在其他条件不变的情况下,销售价格越高,销售成本率越低。为了提高售价,企业需要提高产品的质量和声誉,加强广告宣传。

2. 销售成本水平的变动。在其他条件不变的情况下,销售成本越低,销售成本率也越低。销售成本是按照一定的计价方式从完工成本转入的,因此与销售成本的结转方式及存货的计价方式有关。在物价波动频繁、通货膨胀严重的情况下,企业可以选用个别计价法、移动平均法等计价方式,使销售成本真实反映企业的生产成本水平。

3. 销售产品的品种结构的变动。不同的产品的成本和售价都不相同,因此,如果销售产品的品种结构发生改变,将会对销售成本率产生影响。因此,在进行销售成本率分析时必须考虑品种结构这一因素。

成本费用利润率是指企业一定时期的利润与成本费用的比率。其计算有以下几种形式:

$$成本费用利润率 = \frac{利润总额}{成本和费用} \times 100\%$$

$$成本费用营业利润率 = \frac{营业利润}{成本和费用} \times 100\%$$

成本费用一般包括主营业务成本和三项期间费用,或者只包括主营业务成本和产品销售费用,通常不包括其他业务的成本。当然,相应的也要从分子的利润指标中将其他业务利润扣除，以使分子分母的组成成分相对应。成本费用利润率反映了企业的投入产出水平，是企业成本效益的重要指标。指标的数值越高，表明每百元产品的成本和费用取得的利润越多。

影响成本费用利润率的因素很多，包括销售价格的变动、销售数量的变动、营业税金及附加的变动、主营业务成本和三项期间费用的变动、销售产品的品种结构的变动等。成本费用的增加既降低分子的数值又增加分母的数值，因此将降低整个成本费用利润率指标的数值。相反，成本费用的减少将提升整个成本费用利润率指标的数值。可见，企业控制好成本费用的确是非常重要的。此外，与销售成本率指标相同，企业销售成本的结转方式也会对成本费用利润率指标产生影响。因此，在分析该指标时，要结合各项影响因素，进行综合考察和评价。

知识链接

传统的成本管理只是一种注重短期利益的战术性成本管理，是单纯的为了降低成本而降低成本。它只是在局部范围内降低每一作业成本，实现成本最低，而并不关心整体上的成本最优。另外，传统成本管理过分强调财务方面的信息，而忽视了非财务方面的信息，如及时交货次数、顾客的投诉次数等数据。这样的成本管理方式往往会使得企业无法获得战略管理所需的信息，不利于企业形成持久的竞争优势。同时，传统成本管理主要是针对企业内部的生产过程，一般是以人工成本、材料成本为主要控制对象，而对企业的供应、销售和售后等环节则大多不给予考虑，对企业的外部价值链更是视而不见，这必然会导致企业缺乏持久竞争力。

与传统成本管理相比，战略成本管理更具优势。我们将以经济型酒店为例，从经济型酒店内部价值链的辅助活动（即基础设施建设、人力资源管理、质量保证和采购）和外部价值链（包括与供应商、顾客的关系）对战略成本管理进行说明。

1. 基础设施建设/采购

初始投资会涉及酒店选址、建造装修、购置设备等方面成本的发生，而这些成本一旦发生，就作为固定资产被确定下来。同时，初始投资额还会影响到投资回报率。另外，由于这部分支出会在以后的会计年度中摊销，所以它的大小也会对以后年度的成本有着直接的影响，因而投资初期的成本控制就显得尤为重要。

在选址方面，经济型酒店通常会选在交通便利的大中型城市。因为大中型城市旅游业比较发达，商务活动比较频繁，经济型酒店有着较好的长远发展前景。同时，这样的地带商业活动繁华，方便经济型酒店将餐饮、娱乐等业务外包。在建造装修方面，与自行构建相比，租赁是相对比较经济的。利用旧厂房、旧旅馆、旧仓库等进行改造，可以减少土地租赁成本和人工等建设成本，还可以大大缩短开张的时间，节约了经济型酒店的时间成本。

而在购置设备方面，经济型酒店往往会尽量避免购置大型设备。但为了基本的需要，它可能安装单体式家用空调，而清洗服务则可能采用外包的方式。

2. 人力资源管理

人力资源管理在企业管理中比较重要，它主要包括：人员招聘、雇佣、培训、开发、晋升、薪酬等方面的内容。价值链中任何一项作业都离不开人力资源，因而它是支撑整个价值链的重要因素，在经济型酒店成本管理中占据着重要的地位。经济型酒店对其成本实行有效管理是实现经济性和持久竞争力的有效方式之一。

经济型酒店实现经济性的重要措施之一就是其人力资源成本的节约。传统酒店客房员工比可能达到1:2，但经济型酒店一般不超过1:0.4。因而对经济型酒店的客房服务人员素质要求比较全面。然而目前国内还大量缺少这种人才。因此，经济型酒店可能需要加大培训费用。相关的培训费用，从短期来看，会增加成本；但从长期来看，可以大大减少经济型酒店服务人员的数量，从而降低服务人员工资薪酬的支出，其实是有利于降低其成本的。另外，服务人员素质的提高，有利于经济型酒店整体服务的提升。基于人力资源的重要性，经济型酒店在绩效、晋升等其他方面也要做好，将培养人才和留住人才相结合。

3. 质量保证

这项内容可能是传统成本管理中没有涉及的。经济型酒店虽然以经济性作为其特性之一，但也不能一味地为了降低成本而降低其客房基础设施的质量。购置质量差的床单和被套，从短期来看是节约了成本，但其更换次数变多了，成本其实是增加的。同时，这还可能会给顾客带来不舒服的感觉，从而导致客源的减少，这也不利于经济型酒店持久的发展。经济型酒店的质量保证可以使其避免一些纠纷、官司等成本的发生，同时还可以使其获得顾客较高的满意度，从而增强顾客的忠诚度以及酒店的持久竞争力。

4. 与供应商的联系

经济型酒店不是单独存在的，而是处在一个社会环境中。在经济型酒店的外部价值链中，供应商是个重要的因素。与它的关系好坏将会直接影响到经济型酒店的成本，进而会对房价产生影响。就目前来看，连锁型的经济型酒店竞争力比较强，因为连锁型的经济型酒店实行统一或集中采购，一般能够适用较高的优惠政策，从而可以降低采购成本。同时，连锁型的经济型酒店与选定的两三家供应商建立和保持良好稳定的长久战略伙伴关系，既能在某种程度上降低缺货成本、保证其产品质量，又能保证其采购具有一定的成本优势。

5. 与顾客的关系

传统的成本管理模式一般只到售出商品或服务就算结束了，不会延伸至顾客这个环节。而在战略成本管理模式下，经济型酒店也必须考虑与顾客关系这个价值链。"顾客是上帝"，是其收入的来源。处理好这个价值链是增强竞争力的有效手段。调查顾客的满意度，征求顾客对酒店的改进建议，可能会多出这部分工作的人工成本。然而，这样的举措可以使其适应顾客或者市场的需求变化。提供价格适宜又让顾客满意的服务，必然会增强其持久竞争力。

综上所述，价值链是战略成本管理的一个分析工具，用价值链来对经济型酒店进行成本管理，其实是一系列过程的集合。它综合考虑了内部和外部整个价值链，具有全面性和系统性。该方法是在战略管理思想的指导下进行的，此时不再单单是降低成本，而是在结合考虑了企业的持久竞争力的同时进行成本管理。

——印倩倩，李武武. 价值链视角下经济型酒店战略成本管理研究. 商业时代，2010（8）.

案例讨论

甲企业 2014 年按照成本项目编制的全部产品生产成本完成情况的数据如表 11-25 所示，试计算各成本项目的差异额与差异率，以及各成本项目差异对总成本的影响程度，并根据计算结果对该企业的成本计划完成情况作一评价。

表 11-25　全部产品成本分析表

编制单位：甲企业　　　　　　　　2014 年度　　　　　　　　单位：元

成本项目	本年实际产量的总成本		实际与计划相比		各成本项目差异对总成本的影响程度
	计划总成本	实际总成本	升降额	升降率（%）	
直接材料	40 000	48 000			
直接人工	20 000	23 000			
制造费用	15 000	12 000			
全部产品成本	75 000	83 000			

练习题

1. 某企业 2014 年 3 月份单位产品计划工时为 20 小时，单位产品直接人工计划成本为 240 元；单位产品实际工时为 18 小时，单位产品直接人工实际成本为 234 元。

要求：分别计算生产工时差异的影响、工资分配率差异的影响、直接人工项目差异的影响合计。

2. A 企业 2014 年度可比产品成本降低计划和实际完成情况的有关资料如表 11-26 和表 11-27 所示。

表 11-26　可比产品成本降低计划表

编制单位：A 企业　　　　　　　　2014 年度　　　　　　　　单位：元

可比产品名称	计划产量	单位成本		总成本（按计划产量计算）		计划降低指标	
		上年实际	计划	上年实际	计划	降低额	降低率%
甲	120	300	280				
乙	100	500	450				
合计							

表 11-27　可比产品成本实际降低情况表

编制单位：A 企业　　　　　　　　2014 年度　　　　　　　　　　单位：元

可比产品名称	实际产量	本年实际单位成本	总成本（按实际产量计算）			实际降低情况	
			上年实际	计划	本年实际	降低额	降低率%
甲	100	320					
乙	110	480					
合计							

要求：

（1）计算可比产品成本的实际降低额和计划降低额；

（2）计算可比产品成本的实际降低率和计划降低率；

（3）计算实际脱离计划的差异；

（4）分析各因素变动对降低任务完成情况的影响。